# 文登干部南下

## ——苏州篇

WEN DENG GAN BU NAN XIA

SU ZHOU PIAN

中共威海市文登区委党史研究中心 编

中国文史出版社

## 中共威海市文登区委党的文献编审委员会（《文登干部南下——苏州篇》编审委员会）



## 《文登干部南下——苏州篇》编纂人员

老区和老区人民，为我们党领导的中国革命作出了重大牺牲和贡献。这些牺牲和贡献永远镌刻在中国共产党、中国人民解放军、中华人民共和国的历史丰碑上。我们要永远珍惜、永远铭记老区和老区人民的这些牺牲和贡献，继承和发扬老区和老区人民的光荣传统，为实现“两个一百年”奋斗目标、实现中华民族伟大复兴的中国梦而不懈奋斗！

——习近平

迟浩田 上将

中共中央政治局原委员、中央军委原副主席，
原国务委员，国防部原部长

# 前 言

干部南下，是中国革命史上中共中央作出的一次重大战略决策。解放战争后期，战场形势发展迅速，人民解放军取得了一系列重大胜利，随着新解放区的不断扩大，亟需大批干部接管建政。1948 年至 1949 年间，为支援新解放区，中共中央从山东老解放区抽调大批地方干部随军南下，参与新区的接管与建设。中共胶东区委是山东成立的第一个区委，党组织成立早、领导力强，干部队伍革命觉悟高、政治素质好，在中央“大调干”的形势下，胶东区先后抽调近 5000 名地方干部南下。南下干部分赴中原、江南、西南等地，躬行“老区精神”，不畏艰难险阻，组织领导新解放区的政权接管、土地改革和社会主义建设，深刻影响了新中国成立初期的社会历史进程。

文登是革命老区，家国情怀深深根植于文登儿女的血脉之中。1937 年 12 月 24 日，天福山起义在这里举行，打响胶东抗战第一枪，擎起了胶东武装抗日大旗，开启红色胶东时代。1944 年 9 月，文登全境解放，全面建立人民政权，党组织领导人民建党建政，恢复生产，支援全国解放。整个解放战争时期，文登有 2.2 万余名热血青年参军入伍，有 3.5 万余名民工踊跃支前，有 360 余名地方干部响应号召随军南下。1948 年 3 月至 1949 年 6 月，文登南下干部先后分 3 次抽调编入中原支队、华东南下干部纵队和西南服务团，分赴河南、湖南、苏南、川东和云南等地开展接管建政工作。南下干部告别亲人，远赴异乡，克服水土不服、语言不通、斗争环境险恶等诸多困难，扎根当地，勤勉克己，无私无畏，将毕生的热血和青春韶华融铸在新区的热土中，为新区的解放和建设事业作出了不可磨灭的贡献，在共和国的史册上书写了时代荣光。

文登是一座红色之城，红色是文登的底色。文登一直高度重视红色文化的研究和传承，新一届区委成立以来，致力打造“好学文登、红色文登、智造文登”城市品牌，围绕挖掘红色资源，丰富红色文化内涵，区委主要领导明确指出，加强文登干部南下历史研究很有必要，也较为迫切，南下干部是好学文登、红色文登的优秀代表，在文登历史上应有他们浓墨重彩的一笔。为加强南下干部历史研究，区委党史研究中心成立专题组，对文登干部南下史料进行挖掘整理。2023 年 3 月，专题组启动编研工作，先期对第 2 次抽调南下苏州进行研究，这批干部南下人数最多，进驻地最为集中，南下后主要接管苏州地区的吴江县和太仓县。经过两年的征集与研究，区委党史研究中心梳理了干部南下历史脉络，对文登干部南下新区参与的土地改革、兴修水利、发展生产等历史事件、重要贡献进行了专题研究，形成《文登干部南下——苏州篇》，全面记录文登干部接管建设吴江、太仓的历史进程，真实再现文登干部南下苏州的革命历程。

鉴史知今，继往开来。文登干部南下的历史，是文登儿女留给后人的宝贵精神财富，也是文登厚重历史文化的重要组成部分，在新时代彰显出新的精神价值和内涵。通过该书的编写，让我们回眸那段“南下”的峥嵘岁月，铭记干部南下的光荣历史和奉献精神，从中汲取不竭的动力，赓续红色血脉，弘扬光荣传统，续写开拓新征程、奋进新时代新的光辉篇章。

编　者

2025 年 4 月

# 目　录

# 第一部分　南下苏州

◎南下大战略

◎风雨南下路

◎建功在江南

# 第一章 南下大战略

解放战争到了1947年7月，中国人民解放军已由战略防御转为全国性战略进攻，国民党军队节节败退。随着解放区的不断扩大，接管建设新解放区亟需大批干部。为解决从革命到执政这一过渡时期所需大批干部的来源问题，一场由北向南的千里“大输血”轰轰烈烈地展开，南下干部群体也应运而生。

# 第一节　中共中央作出重大战略部署

干部南下与人民解放战争的烽烟密切相关。随着人民解放军不断将战争引向国民党统治区，抽调干部随军开辟新区成为各级党组织面临的一项重要任务。从 1947 年底开始，中共中央有组织地抽调干部南下中原、江南和大西南等地。

## 挺进中原

解放战争爆发后，经过人民解放军一年的作战，战争形势发生了显著变化。针对敌我双方战略态势，中共中央作出了人民解放军由战略防御转入战略进攻的决策，决定将战略进攻的主要方向指向中原地区，并确定了“三军配合、两翼钳制”的战略部署。此后，刘邓大军实行中央突破，千里挺进大别山，揭开了战略进攻的序幕。

1948 年初，国民党为了改变军事上的被动局面，改“全面防御”战略为“分区防御”战略，集中主要兵力于中原地区，同解放军进行争夺。为了将在中原占优势的国民党军队加以调动和分散，以利于中原三路解放军相互配合，寻机歼敌，中共中央决定于 1948 年 1 月，由粟裕率领华东野战军西线兵团三个纵队和一批地方干部做渡江准备，计划到江南开辟新解放区，以吸引大批国民党军队回防，减轻解放军在中原战场上的压力。

为此，中共中央华东局根据中央指示，决定这批地方干部主要从胶东和鲁中两个解放区抽调。胶东区党委接到任务后，从北海、东海、西海、南海 4 个地委抽调 600 余名干部，于春节前后分别以地委为单位集中。3 月中旬，这批干部在胶东区党委副书记金明带领下启程，经掖县、寿光、利津等县，于 4 月 7 日到达惠民县的桑落墅一带，与鲁中区南下干部会合，经整编后，又于 4 月 12 日出发，南赴河南省濮阳县集结。后来，中央撤销了粟裕率部先行渡江的计划，这批南下干部于 6 月初编为中原支队，由金明任支队长兼政委，熊少南任参谋长，转赴豫西地区，由中共中央中原局（简称中原局）分配到江汉、陕西、桐柏和豫西地区工作。中原局考虑到将来要抽调大批干部赴长江以南新区开展工作，因此将中原支队的干部相对集中于部分县进行试点，以便积累新区工作经验。这批干部在豫西等地区开展征粮支前、清匪反霸、减租减息和动员青年参军等项工作，较好地完成了中原局交给的任务。

1949 年春，中原局为迎接解放军渡江和全国解放，决定再次抽调大批山东南下中原的干部随军南下接管新的解放区。原中原支队的干部，除少量留下继续坚持原地工作外，大部分随军渡过长江，被分配到湖南省邵阳等地工作。

此次干部抽调，是文登（原文登县和昆嵛县）第一次抽调干部南下，支援新解放区。文登县、昆嵛县共抽调干部 78 名，分别由文登县县长常惠、昆嵛县县长丛健带队，南下后常惠被分配到河南省桐柏县任县长，丛健被分配到河南省西平县任县长。

1948 年 3 月，胶东区党委从北海、东海、西海、南海 4 个地委抽调的干部，在胶东区党委副书记金明带领下启程南下。图为部分南下干部合影

## 文登区划情况

为适应抗战形势需要，1941 年 12 月，胶东区党委决定，将文登县划为文东县（1945 年 1 月改称文登县）、文西县（1945 年 1 月改称昆嵛县），并同时建立了两县县委。分县时，文东县设天福山、邹山、章村、高村、环海、黄山、齐山、靖海、柘阳、侯家、松山、大河 12 个区和五垒岛镇，共辖 637 个自然村，各区、镇都建立了区委、镇委。文西县设葛家、林村、虎山、套河、长山、山马、文山、管山、旸里、龙泉、酒馆、白鹿、马山 13 个区，共辖 610 个自然村，各区也都建立了区委。1956 年 3 月，文登县、昆嵛县重新合并为文登县（今山东省威海市文登区）。

常惠，原名滕世好，1918 年 5 月生，山东省荣成县人，1940 年 1 月加入中国共产党。历任荣成县民众动员委员会工作团副团长、荣成县政府代理秘书、中共胶东区委党校机关党支部书记、文登县县长。1948 年 3 月随军南下至河南省桐柏县任县长。后历任中共中央中原局宣传部干事，中共湖北省随县县委副书记、县长，中共安陆县委书记、县长，中共孝感地委常委、宣传部部长，中国科学院测量与地球物理研究所领导小组组长、党委书记，中国科学院长沙矿冶研究所副所长，冶金部长沙矿冶研究院副院长等职。1983 年 9 月离休。2003 年 12 月病逝。

丛健，原名王有巡，1914 年 1 月生，山东省文登县人，1938 年 10 月加入中国共产党。历任文荣威地区人民自卫团第二分团指导员、文登县第三区区长、东海专员公署民政科科长、昆嵛县县长。1948 年 3 月随军南下至河南省西平县任县长。后历任河南省商丘专员公署专员，中共商丘地委委员兼统战部部长、财委副主任。1952 年调地质部门工作，历任地质部测绘司负责人，地质部六四一队队长、党委书记，西北地质局副局长、党组成员，甘肃省地质局局长、党组书记，甘肃省重工业局局长、党组书记，地质部物探研究所所长、党委书记，中国地质科学院党委委员，地质矿产部西安地质矿产研究所所长、党委书记，物探研究所所长、党委书记等职。1981 年 11 月离休。1987 年 12 月病逝。

## 南下江南

1948年，解放战争形势发生了重大变化，战争双方军事力量对比向着有利于人民解放军的方向发展。9月16日，中国人民解放军华东野战军发起济南战役，揭开了夺取全国胜利的战略决战序幕。

随着辽沈、淮海、平津三大战役相继展开，全国已处于革命胜利的前夜。1948年10月28日，根据“九月会议”确定的基本方针，中共中央作出了抽调大批北方老解放区干部随军南下接管新区的决策，发布了关于准备五万三千干部的决议。中共中央华东局根据中央的指示，作出了从山东抽调15000名干部准备随军南下江南的决定。其中从胶东区抽调3650名干部，配备成1套区党委级、7套地委级、42套县区级共50套党政领导班子。按照中共中央华东局的指示，山东的南下干部先后分两批抽调：第一批3000余人，于1949年1月前集结于益都县王岗村（今属山东省青州市）的中共华东局党校学习；第二批12000余人，于1949年3月集结于临城（今山东省枣庄市薛城区），与已先期到达的第一批南下干部会合。在临城期间，山东全体南下干部进行了整训学习，被统一整编为华东南下干部纵队，刘少卿任华东南下干部纵队司令员，温仰春任政治委员兼政治部主任。纵队下辖四个支队，鲁中南区干部为第一支队；华东局直属机关南下干部为第二支队；渤海区南下干部为第三支队；胶东区南下干部为第四支队。1949年3月，这批干部踏上了南下的征途，分别接管上海、浙江和江苏等地。南下干部在接管新区中基本上担任了当地的主要领导，为新区地方政权建设和经济社会发展作出历史性贡献。

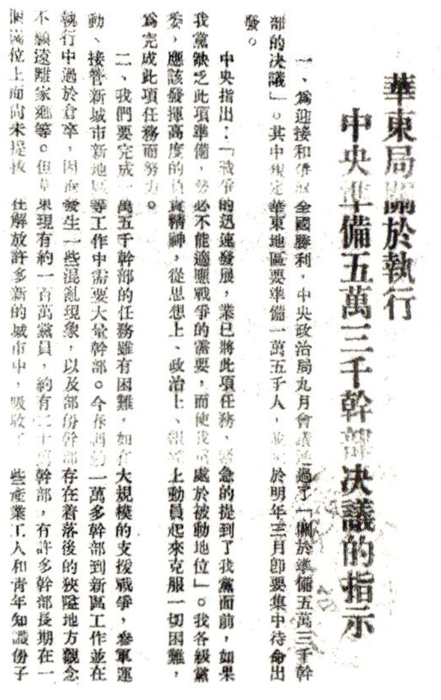

《华东局关于执行中央准备五万三千干部决议的指示》

3月中上旬，胶东南下干部所在的第四支队先于其他支队离开临城出发南下，首先到达扬州、南通一带，与苏北的南下干部会合集训，准备接管苏南。渡江战役打响后，他们紧随渡江部队之后，从扬州一带渡过长江，参加苏南地区的接管建政工作。1949 年 8 月，其中部分干部又被抽调出来，奔赴福建、四川等地，参加了当地的接管和政权建设。

在此次干部抽调中，文登县、昆嵛县共抽调干部 265 名。其中第一批干部 80 名，被分配到苏北等地；第二批干部 185 名，分别由文登县委代理书记鲁琦、昆嵛县委民运部部长王一峰带队，南下后主要接管苏南地区，其中文登县和牟平县的干部合并接管苏州地区的吴江县，昆嵛县和乳山县的干部合并接管苏州地区的太仓县。这是文登（原文登县和昆嵛县）干部南下人员最多、建制最全、影响最为广泛的一次。

《山东分局组织部调一万五千干部南下的情况补充报告》

鲁琦，1918 年 1 月生，山东省海阳县人，1936 年 9 月参加革命活动。1937 年 12 月至 1939 年 7 月，先后在陕北公学和延安马列学院学习，1938 年 2 月加入中国共产党。历任中共中央山东分局宣传部干事，中共湖西地委宣传部宣传科科长，湖西日报社副社长兼总编辑，中共湖西地委宣传部宣传科科长兼报社社长，中共胶东区委机关报《大众日报》副总编辑，中共文登县委副书记，中共文登县委代理书记兼县独立营政委。1949 年 4 月随军南下，任中共吴江县委书记。后历任苏州行政区专员公署副专员、专员，中共苏州市委书记，中共中央华东局组织部组织指导处处长，中央第四办公室工业组副组长，中共中央办公厅工业组研究员、代组长。1966 年 6 月至 1978 年 1 月，在“文化大革命”中受迫害。1978 年 1 月调到中国科学院政研室工作；1978 年 6 月，担任中国科学院自然科学史研究所临时党委书记。1988 年 12 月离休。2008 年 8 月病逝。

王一峰，1917年10月生，山东省昆嵛县人，1941年5月加入中国共产党。历任昆嵛县葛家区议城乡党支部书记、中共昆嵛县林村区委组织委员、中共东海地委组织部干事、中共昆嵛县委民运部部长。1949年4月随军南下，任中共太仓县委副书记。后历任中共太仓县委常委、副书记，中共苏州地委农委副书记，中共常熟县委书记，中共如东县委书记，南通地区行政公署副专员，南通地区“革命委员会”副主任，中共南通地委副书记。1983年5月离休。2002年12月病逝。

## 奔赴大西南

1949年上半年，随着解放战争的迅猛发展，中共中央根据解放大西南的形势发展需要，决定成立西南服务团，为解放大西南准备干部。1949年6月11日，中共中央发出了《关于准备三万八千干部的布置》，决定从华东、华北、东北和宁沪等地调配干部随军南下开辟和接管新区。

西南服务团中的山东干部主要由两部分组成。一部分是华东支前司令部带队支前的3000余名山东支前干部，中共中央华东局命令这批干部于7月到南京集训，成建制地转入西南服务团。山东支前干部后来主要到达川东、川南和重庆地区。另一部分是中共中央华东局从山东抽调的1200名地方干部，其中县以上干部200名。为完成抽调任务，中共山东分局迅速部署，为集中训练、加强教育，成立了南下干部学校。后接中共中央华东局通知，此次只抽调老干部，于是中共山东分局从南下干部学校1000余名干部学员中挑选南下干部270人及具有工作能力、身体健

进军大西南

康的南下干部爱人 70 人，西南籍干部 10 人，共计 350 名干部组成“南下干部队”，由周贤任大队长、孙振华任政委。大队下设三个中队：渤海地区干部编入一中队，队长薛汉鼎、指导员宿士平；鲁中南地区干部编入二中队，队长李正一、指导员周兴柏；胶东地区干部编入三中队，队长陈亚生、指导员王子贤。

1949 年 9 月，各地参加西南服务团的队伍，陆续汇集到西南服务团总团所在地南京，进行政治、军事学习。在集训的同时，西南服务团的建制按照重庆、川东、川南、云南和贵州等地进行编队并初步确定了各队分配去向。经过一个月的集训和整编，17000 余名西南服务团成员于 1949 年 10 月 1 日从南京出发，踏上进军大西南的征途。中共中央华东局从山东抽调的 350 名干部于 9 月 24 日从济南出发，10 月 5 日到达徐州，在徐州与西南服务团总团会合后正式编入中国人民解放军西南服务团云南支队。随后，西南服务团经郑州到武汉。到达武汉后，少数支队乘轮船至湖南益阳，多数支队从武汉乘火车至长沙进行休整，后按接管地区重新进行了整编，各随野战军前进。

云南支队第六大队部分干部在长沙合影留念

云南支队整编后由刘林元任支队长，马继孔任政委，下设六个大队。山东抽调干部除部分调入川南支队、贵州干部队（又称西进支队）外，大部分被编入云南支队第六大队，第六大队下设三个中队。11 月 16 日，云南支队结束在长沙的休整后，先乘火车至湘潭，然后动员体弱有病、行军困难的妇女成立支队留守处（共有 30 多位同志留守，她们于 1950 年 3 月到达贵阳，与贵阳留守处会合，在 1950 年 5 月到达昆明参加工作），其他人员于 11 月 18 日从湘潭出发，徒步进军云南。11 月 25 日，支队到达邵阳，集体听取了马继孔政委的行军总结。11 月 28 日，中国人民解放军第二野战军派部队护送云南支队西进，横穿湘西，于 12 月 27 日到达贵阳。1950 年 1 月 2 日，云南支队沿滇黔公路继续西进，于 22 日到达贵州盘县稍作休整后，2 月 9 日到达云南沾益。2 月 20 日，云南支队到达昆明市郊小石坝进行整编分配工作，至此云南支队历时 5 个多月的行军历程宣告结束。云南支队第六大队自 1949 年 9 月 24 日从济南出发，途经鲁、苏、豫、鄂、湘、黔、滇七省，行程八千余里，胜利完成进军云南的光荣任务。

山东南下干部所在的云南支队第六大队根据工作的需要对干部进行了分配：一中队大部分干部和大队部、二中队、三中队的一部分干部被分配到云南省市党政机关；二中队大部分干部被分配到玉溪专区；三中队大部分干部被分配到曲靖专区；第六大队余下的部分干部被分配到武定专区。这些安排到省市机关和三个专区的干部大多是按原职级分配，担负着各级正副领导职务。他们与西南服务团的同志一起为解放大西南、建设大西南作出了重要贡献，有的甚至献出了宝贵的生命。

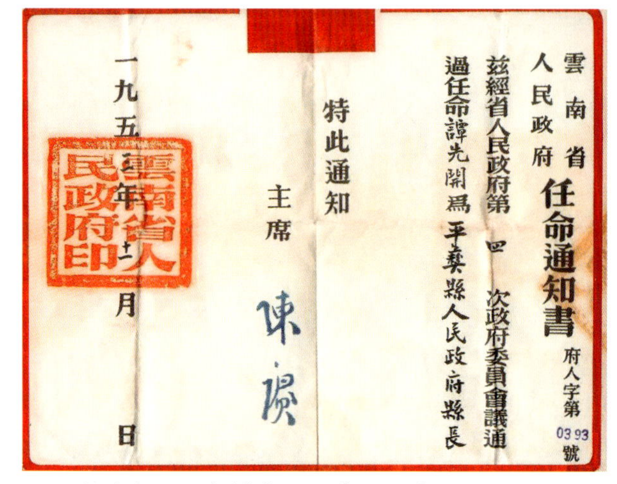
雲南省人民政府任命通知書 府人字第 0393 號

茲經省人民政府第 四 次政府委員會議通過任命譚先開為平彝縣人民政府縣長

特此通知

主席 陳賡

一九五[illegible]年十一月 日

雲南省人民政府印

文登南下干部谭先开任命通知书

在此次干部抽调中，文登（原文登县和昆嵛县）共抽调干部 20 余名，由昆嵛县委书记邵风带队。南下后邵风被分配到云南省直机关，文登县、昆嵛县抽调的大部分干部被分配到曲靖地区。

邵风，1920 年 5 月生，山东省乳山县人，1939 年 1 月加入中国共产党。历任中共东海特委民运部干事、中共文登县委教育团团长、中共东海地委党训班教员、中共文登县委宣传部部长、中共牟海县委宣传部部长、中共东海地委秘书主任、中共胶东区委支前司令部秘书主任、中共牟平县委书记、中共昆嵛县委书记。1949 年 8 月随军南下，任云南省政策研究室农村工作组组长兼云南省农办副主任。后历任中共宜良地委秘书长、中共宜良地委副书记，中共曲靖地委书记、第一书记，中共大理白族自治州委书记兼军分区政委，云南农业大学“革命委员会”副主任，云南省农办副主任、主任，云南省副省长兼省农办主任。1983 年 7 月离休。2004 年 8 月病逝。

# 第二节 中共中央发出渡江南进的指示

解放战争后期，根据中共中央的战略部署，中共中央华东局从山东解放区抽调大批地方干部，组成华东南下干部纵队，随人民解放军南下接管、建设江南新解放区。此次南下干部抽调的显著特点是成建制抽调，即按照区、地、县的建制搭配好班子，成套地抽调干部，南下后整建制地接管一个地区。由于抽调干部彼此熟悉，便于管理，因此干部南下后也利于迅速开展接管建政工作。

## “九月会议”召开

1948 年秋，在全国解放战争进入第三年的时候，中国的军事、政治和经济形势发生了更加有利于人民，而不利于国民党统治集团的重大变化。1948 年 8 月 3 日至 7 日，国民党统治集团为挽回颓势，在南京召开军事检讨会。会议确定，要迅速扩充军力，在长江以南和西南地区，利用地广人众的条件，迅速组训 150 万人的二线部队，计划先组成 50 个步兵师、10 个骑兵师。就在国民党力图挽回败局的同时，中共中央于 1948 年 9 月 8 日至 13 日在河北省平山县西柏坡召开政治局扩大会议，史称“九月会议”。这次会议是中共七大以后召开的一次重要会议，为人民解放军与国民党军队进行战略决战，彻底打倒蒋介石，有计划有步骤地夺取新民主主义革命在全国的胜利，从思想上、政治上、组织上作了重要的准备。会议分析了全国解放战争的形势，讨论了为夺取全国政权准备所需要的干部工作。会议指出：“夺取全国政权的任务，要求我们党迅速地有计划地训练大批能够管理军事、政治、经济、党务、文化教育等项工作的干部。战争的第三年内，必须准备好三万至四万下级、中级和高级干部，以便第四年内军队前进的时候，这些干部能够随军前进，能够有秩序地管理大约五千万至一万万人口的新开辟的解放区。”

1948 年 10 月 28 日，中共中央根据“九月会议”确定的基本方针，作出了《关于准备五万三千个干部的决议》。决议指出：“战争的迅速发展，业已将夺取全国政权所需要的干部的准备工作紧急地提到了我党面前。如果我党缺乏此项准备，势必不能适应战争发展的需要，而使我党处于被动的地位。”会议决定从各解放

西柏坡“九月会议”旧址

区抽调53000名干部随军南下开辟新区工作，并将抽调干部的任务做了分配，其中华北17000名，华东15000名，东北15000名，西北3000名，中原3000名。

## 中共中央华东局部署抽调南下干部

### 中共中央华东局

中共中央华东局，是抗日战争胜利后为了贯彻“向北发展、向南防御”的战略方针而成立的重要组织机构。1945年9月，中共中央华东局成立，机关驻山东省临沂市。它是中共中央派出的领导华东地区包括山东分局党委，苏北、苏南、皖北、皖南区委，浙江、福建省委和上海、南京市委工作的部门。

抗日战争时期，山东解放区的工作主要由中共中央山东分局领导。1945年9月抗战胜利后，原先活动于江苏、安徽一带的中共中央华中局与新四军奉命北上。中共中央华中局与山东分局合并成立了中共中央华东局（简称华东局），作为中共中央在华东地区的代表机关，负责领导华东各解放区的工作。1949年3月，华东局领导机关奉命南下之后，根据中共中央指示，在山东地区又重建了山东分局。而早在1945年8月13日，在原山东省战时行政委员会（1943 年 9 月以前为山东省战时工作推行委员会）的基础上，山东省政府成立，这是中国共产党领导的第一个省政府。从党政组织体系来看，在华东局和山东省政府领导下，山东省设有渤海、胶东、鲁中、鲁南、滨海等行政区。1948 年 7 月，鲁中、鲁南、滨海三个解放区合并为鲁中南解放区。每个行政区都有完整的党政军机构（区党委、行政主任公署、军区）。行政区下设专员区（亦称地区），每个专员区也有完整的党政军机构（地委、专员公署、军分区）。专员区下设县，同样设有完整的党政军机构（县委、县抗日民主政府、县大队）。县下又设区，区下设乡，乡管理村。

随着解放战争形势的发展，华东局驻地逐渐南移。1949 年 5 月机关驻地迁至上海市。1953 年 1 月，苏北、苏南和南京市合并为江苏省，南京市改为省辖市。1953 年后，华东局领导山东分局、上海市委和苏、皖、浙、闽四个省委。1954 年 4 月，中央政治局扩大会议决定撤销大区一级党政机构。11 月，华东局停止对外办公。1960 年 11 月，根据中央政治局决定，华东局重新开始办公。1961 年 2 月起，华东局领导上海市委和山东、江苏、浙江、安徽、江西、福建省委。“文化大革命”开始后，受 1967 年 1 月夺权运动的冲击，华东局停止工作。

为贯彻中共中央“九月会议”精神，1948 年 12 月，华东局在当时机关驻地闵家庄（今属山东省青州市）召开各战略区负责人会议，传达中共中央政治局通过的《关于准备五万三千个干部的决议》，部署抽调干部南下支援新区工作，并于 12 月 25 日发出《华东局关于执行中央准备五万三千干部决议的指示》（简称《指示》）。会议决定，中央分配给华东地区抽调 15000 名干部的任务全部由山东承担。当时的山东解放区下辖鲁中南、胶东、渤海 3 个战略区以及济南市、昌潍特区、潍坊市。华东局就 15000 名干部的落实做了具体分配：

鲁中南区配备 1 套区党委级、10 套地委级、40 套县区委级，共调干部 3680 人；

胶东区配备 1 套区党委级、7 套地委级、42 套县区委级，共调干部 3650 人；

渤海区配备 1 套区党委级、5 套地委级、41 套县区委级，共调干部 3456 人；

济南市配备 1 套区党委级、2 套地委级、5 套县区委级，共调干部 576 人；

昌潍特区配备半套地委级、5 套县区委级，共调干部 404 人；

潍坊市配备 3 套县委级，共调干部 225 人；

华东局直属机关除配备 1 套中央局级、1 套区党委级、5 套半地委级、15 套

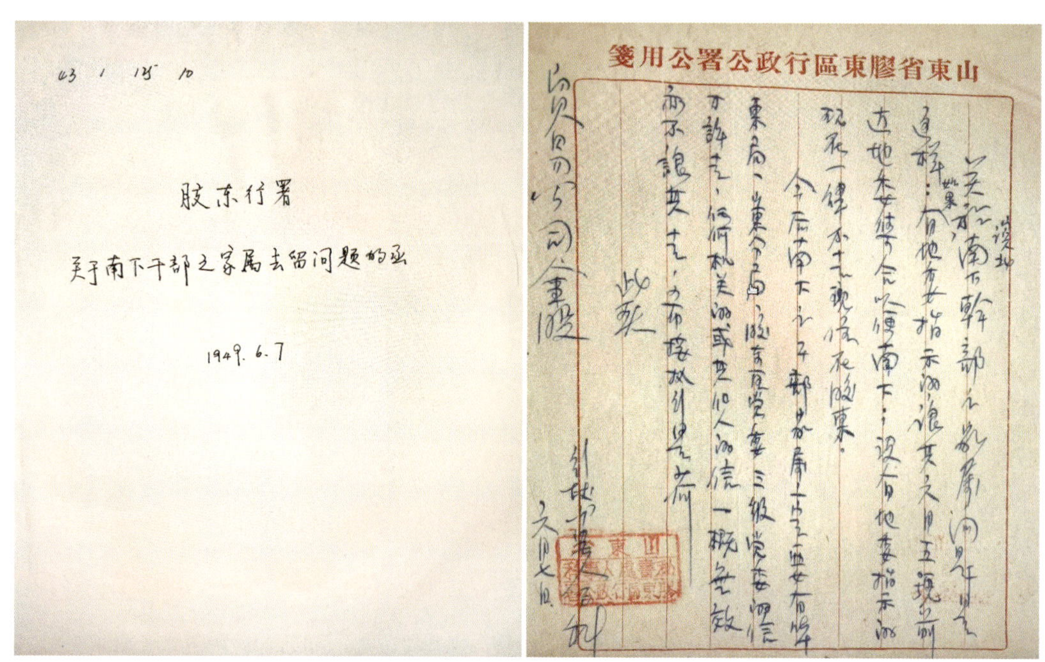
43 1 135 10

胶东行署

关于南下干部之家属去留问题的函

1949.6.7

山東省膠東區行政公署公用箋

《胶东行署关于南下干部之家属去留问题的函》

县区委级外，另配备城市工作干部 1475 人，共计 3009 人。

《指示》要求，抽调南下的 15000 名干部分两期集结：1948 年 12 月底为第一期，共调 3000 名干部；1949 年 2 月底为第二期，共调 12000 名干部。《指示》强调，此次调往新区的 15000 名干部因为要随军前往新区工作，必须精干简便，暂不带爱人和孩子，待到新区工作环境安定之后，才迎其家属去。

经过紧张的宣传动员和积极的组织筹备，山东各战略区抽调南下干部的工作全面展开。各战略区的南下区党委配备为：鲁中南区党委由区党委委员张劲夫、张雨帆、魏思文、刘建中、李培南及第一地委书记林乎加等组成一套区党委，张劲夫为南下区党委书记，张雨帆任行署主任，魏思文任组织部部长，林乎加任宣传部部长，刘建中任民运部部长，李培南任军区副政委兼政治部主任，胡定千任军区副司令员，带队南下；渤海区党委经研究决定，抽调区党委副书记兼组织部部长刘格平、区党委宣传部部长陈放、区行政公署副主任李文、军区副政委周贯五、渤海第四地委书记彭瑞林 5 人为南下区党委委员，区党委城工部副部长冯乐进任南下区党委秘书长，带队南下；胶东区党委由赵明新、曹漫之、宫维桢、梁岐山等组成南下区党委，赵明新任党委书记，曹漫之任行政公署主任，宫维桢任宣传部部长，梁岐山任组织部部长，带队南下；济南特别市委、华东局直属机关党委也分别配备了一套区党委的班子。各地、市委也各组成一套地委班子南下，南下各地委、专署、军分区负责人名单由区党委研究确定，并报华东局，具体实施时个别有所变动。

赵明新，1914年2月生，山东省乐陵县人，1935年8月加入中国共产党。南下前任中共胶东区委常委、组织部部长。1949年4月，率胶东地区3600多名干部南下。南下后，历任中共苏南区委常委、组织部部长，中共苏南区委副书记，中共上海市委常委、组织部部长。1954年，任第一汽车制造厂党委书记、吉林省委委员。1965年9月，任中国科学院华东分院党委书记兼院长。1967年1月，受“四人帮”的诬陷和迫害含冤去世。1979年2月，平反昭雪，恢复名誉。

曹漫之，1913年9月生，山东省荣成县人，1932年4月加入中国共产党。南下前任胶东区行政公署主任兼胶东区支前司令部司令员。后调往中共中央华东局，主持起草了《中国人民解放军入城三大公约七项守则》和《华东军区司令部、政治部入城守则公告》等文件。南下后，历任上海市军事管制委员会政务接管委员会副主任，中共上海市人民政府党组成员、上海市人民政府第一副秘书长兼民政局局长、上海市人民政府区政指导处处长。1952年2月在“三反”运动中，被错误地开除党籍并撤销党内外职务。1979年4月，恢复政治名誉和党籍。此后，先后担任政协上海市委员会常务委员兼法制研究委员会副主任、华东政法学院副院长兼教育长、《法学杂志》主编、中国青少年犯罪学研究会会长、中国社会学学会顾问、上海市社会学学会会长、上海市国际问题研究中心顾问、上海市老年人社会学研究会会长等职。1991年7月病逝。

## 中共胶东区委执行抽调干部的情况

### 中共胶东区委员会

中共胶东区委员会，是中国共产党领导胶东地区的组织机构，自1933年3月第一届中共胶东特委建立后，胶东广大地区各级党组织的工作主要由中共胶东特委领导。1938年12月，中共胶东特委在掖县葛城村召开胶东区第一次党员代表大会，选举产生了中共胶东区委员会（简称胶东区党委)。胶东区党委成立后，中共胶东特委随之撤销。1939年1月后，隶属于胶东区党委的东海特委、北海特委、南海特委、烟台市委相继建立。1940年1月，根据胶东区党委指示，北海特委、南海特委相继撤销，分别成立中共胶东区第二地方委员会（亦称北海地委）和中共胶东区第四地方委员会（亦称南海地委）；1940年5月，东海特委撤销，成立胶东区第一地方委员会（亦称东海地委）；1940年10月，胶东区党委成立中共胶东区第三地方委员会（亦称西海地委）。全国解放战争时期，胶东区党委辖东海、北海、西海、南海地委和烟台、威海卫（1947年6月由地级市改为县级市，划归东海地区）、青岛市委，以及莱阳城厢特区委员会（县级，1946年3月撤销）。1946年7月，滨海区党委撤销，所属滨北地委划归胶东区党委管辖。胶东区党委机关驻莱阳、青岛等地。1950年5月，中共胶东区委及所属各地委撤销，分别成立了文登、莱阳、胶州三个地委，隶属中共山东分局。

中国共产党胶东行政区划的开端始于1941年2月，胶东区行政联合办事处在栖霞县成立，隶属山东省战时工作推行委员会。1942年7月，胶东区行政联合

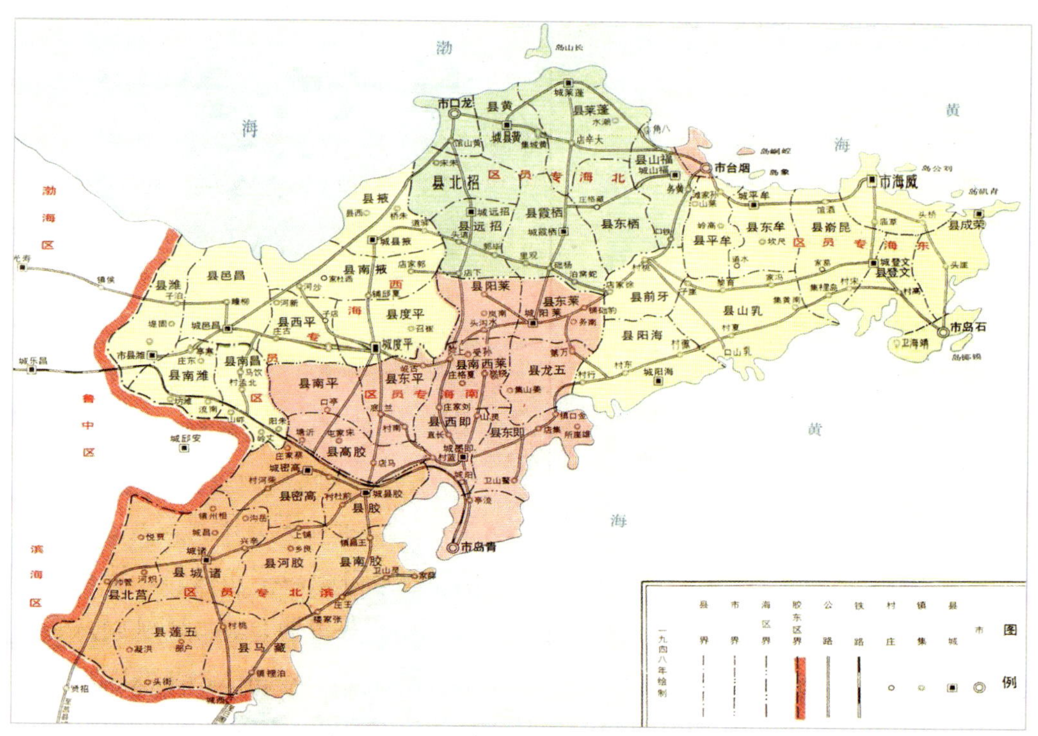


胶东区行政区划图［图片引自《中国共产党烟台画史第一卷（1921—1949）》，中共党史出版社2015年10月版］

办事处撤销，成立胶东区行政主任公署。1944 年 4 月，胶东区行政主任公署改称胶东区行政公署。全国解放战争时期，胶东区行政公署隶属山东省政府，辖东海专署、北海专署、西海专署、南海专署、烟台市政府、威海卫市政府、莱阳城厢特区政府和滨北专署。至解放战争结束，全区共辖 5 个专区、1 个直属市、39 个县、3 个县级市、1 个县级特区和 1 个县级办事处。1950 年 5 月，胶东区行政公署撤销。

东海专区：威海卫市、石岛市，荣成、文登、昆嵛、牟平、乳山、海阳、牙前 7 县。

北海专区：龙口市，长山岛特区，蓬莱、黄县、招远、招北、栖霞、栖东、福山 7 县。

西海专区：掖县、掖南、平度、平西、昌邑、昌南、潍北、潍南 8 县。

南海专区：崂山办事处，莱阳、莱东、莱西南、五龙、平南、平东、即墨、即东 8 县。

滨北专区：胶县、胶南、胶高、胶河、高密、诸城、莒北、藏马、五莲 9 县。

直属市：烟台市。

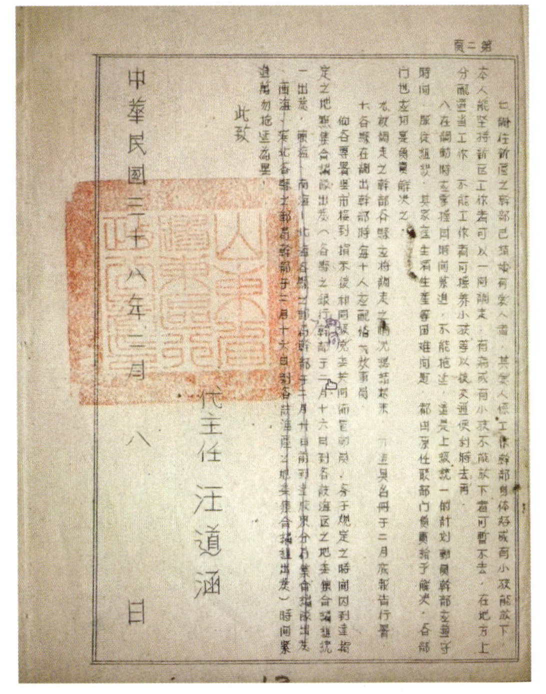

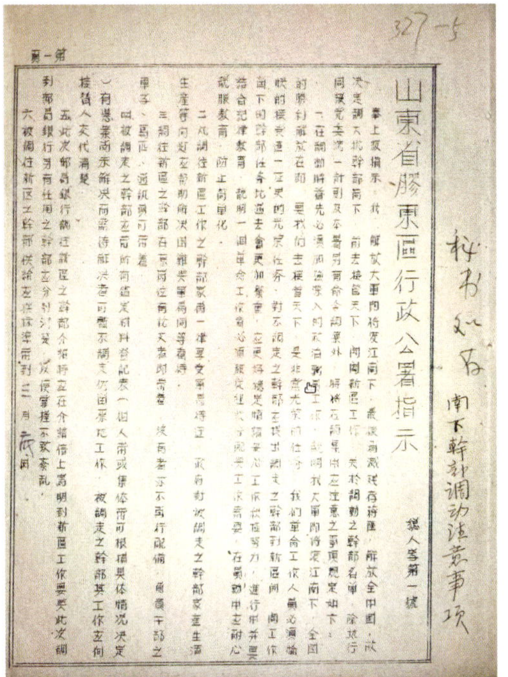

《山东省胶东区行政公署关于南下干部调动注意事项的指示》

胶东区党委接到华东局的指示后，立即于 1948 年 12 月底召开地委书记、组织部长会议，进行研究部署。根据华东局指示，胶东区党委在全区抽调 3650 名干部，其中党务干部和民运干部 1778 名，政府财粮干部 1604 名，军事干部

268 名。各级主要领导干部人数为：区党委级干部 15 名、地委级干部 70 名、县委级干部 294 名。因为此前胶东区为准备南下支援新区已抽调 1000 名干部赴中共华东局党校培训，折合为 2 套地委级、10 套县委级党政领导班子，因此这次胶东需再抽调 2650 名。会议决定：东海地委和北海地委各配备 1 套地委、8 套县委级党政领导班子，南海地委和滨北地委各配备 1 套地委、5 套县委级党政领导班子，西海地委配备 1 套地委、4 套县委级党政领导班子。其中地委每套配备干部 60 名，县委每套配备干部 75 名。会议强调，要严格执行华东局“以新区为主，照顾老区”的原则，打破保守思想，树立全国“一盘棋”的观念，保证南下干部的质量，并大胆提拔使用干部。为了避免发生偏差，要求严格执行批准手续，分区委员以上南下干部须经县委讨论，报地委批准；县委部长以上干部须经地委讨论，报区党委批准；地委以上干部由区党委研究，报华东局批准。整个工作要求 1949 年 2 月底之前完成。

会后，各地委立即行动起来，迅速组织落实。在抽调干部的动员方式上，各地一般以县为单位，召开全体干部会议，深入进行接管新区的形势教育和服从组织决定的纪律教育；组织全体干部座谈讨论，在提高思想认识的基础上，表明自己的态度，然后由组织根据干部政治和身体等方面情况，确定并公布南下干部名单。在抽调干部过程中，胶东区各级党委坚决贯彻落实华东局的指示精神，打破本位主义，确保南下干部的质量。东海地委书记宫维桢、南海地委书记梁岐山和副书记辛少波、滨北地委书记张彦和副书记李仲林、威海卫市长张维兹等一大批主要领导干部带头南下。为做好干部南下出发前的准备工作，胶东区党委、胶东行署为抽调南下人员制定了具体的供给标准和供给范围。在供

致

中華民國卅八年二月十日

《山东省胶东区党委、胶东区行署关于此次抽调南下人员供给通知》

给标准上，胶东区党委按照胶东地区的物价，详细规定了对抽调干部办公用品经费、伙食费、津贴保健费、女性卫生费、医药费、粮草费用和车夫马匹等旅费的临时供给标准。在供给范围上，考虑到各县区抽调准备较早且需先前往地委集合，因此供给由行军之日起发放至 1949 年 3 月底，各县区抽调人员供给由原所在县、分区负责，到达地委后，供给转由各地委承担；地委抽调人员的供给由其原所在地委负责，自 1949 年 2 月 21 日发放至 3 月底；胶东区党委、胶东行署直属机关的机关部门抽调人员的供给由其原所在直属机关部门负责，按区党委规定的供给范围，自 1949 年 2 月 21 日发放到 3 月底。

在军区干部的抽调上，华东军区给胶东军区分配的任务是抽调 1 套军区、7 套军分区、42 个县的军事干部。胶东军区接到任务后，迅速下达关于大量培养提拔干部的指示，在各军分区进行讨论、布置、提拔干部的同时，确定了南下干部名单。军区共抽调干部 272 名，其中军事干部 85 名、政治干部 98 名、供给干部 57 名、卫生干部 32 名。

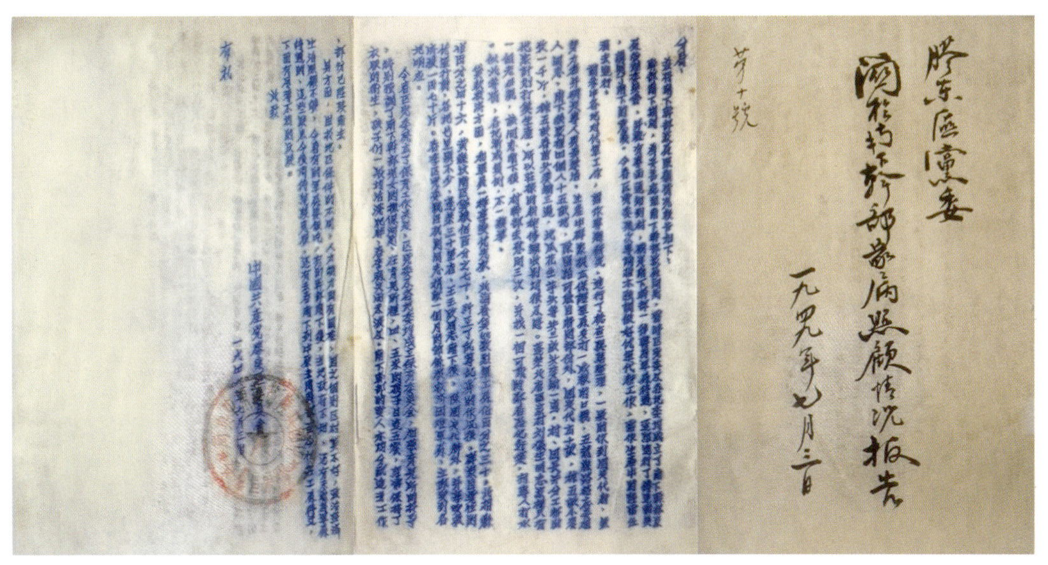
第十號

胶东区党委

关于南下干部家属照顾情况报告

一九四九年七月二日

《胶东区党委关于南下干部家属照顾情况报告》

南下干部确定之后，各级党委认真征求南下干部的意见，帮助他们解决实际问题。在家庭生活方面，对南下干部的家庭给予军属待遇，对确实有较大困难者进行个别调整。对干部配偶问题，凡配偶身体健康、不带孩子，是脱产干部并愿意随行者，一律安排一起南下。

由于各级党委动员充分，组织得力，领导干部带头，胶东区干部南下工作进行得比较顺利，按时超额完成了任务。

# 第二章　风雨南下路

在中共胶东区委的积极筹备和组织下，1949年1月，文登（原文登县和昆嵛县）南下江南的第一批80名干部启程前往中共华东局党校（驻益都）培训学习；1949年2月，文登（原文登县和昆嵛县）第二批185名干部启程前往中共华东局党校（南移临城）集训。这两批南下干部在临城统一整编为华东南下干部纵队第四支队，随军渡江南下，第一批干部被分配到苏北等地开展工作，第二批干部被分配到苏南地区开展工作。

# 第一节 组织发动

按照华东局的指示，胶东区需配备3650名干部南下，因为此前为准备南下支援新区，胶东区已组织1000名干部，作为第一批抽调干部，赴中共华东局党校培训，因此在第二批抽调干部中，胶东区需再抽调2650名干部。按照胶东区党委的部署，其中东海地委需配备1套地委、8套县委共660名干部。

## 东海地委动员部署

东海地委接到胶东区党委的指示后，立即于1949年1月4日召开组织部长工作会议，对干部南下工作进行研究部署。会议集体学习华东局指示和有关文件决议，要求各县按照上级指示执行。

在干部抽调过程中，东海地委坚决贯彻落实华东局和胶东区党委的指示精神，执行上级“以新区为主，照顾老区”的原则，东海地委书记宫维桢、地委副书记兼组织部部长孙加诺带头报名南下。按照胶东区党委的要求，东海地委严格执行批准手续，分区委员以上干部须经县委讨论，报东海地委批准；县委部长以上干部须经东海地委讨论，报胶东区党委批准；东海地委以上干部由胶东区党委研究，报华东局批准。

东海地委书记宫维桢

东海地委副书记
兼组织部部长孙加诺

为了保质保量按时完成抽调任务，东海地委领导各县积极宣传发动，取得了不错的成效。在动员抽调干部的方式上，地委召开全体干部会议，深入进行接管新区的形势教育和服从组织决定的纪律教育；组织全体干部座谈讨论，在提高思想认识的基础上，表明自己的态度。机关干部按部门划成小组，分头座谈，个人报名表态，然后大家根据个人的具体情况，包括家庭状况、身体情况等进行公议，最后由组织根据干部政治和实际等方面情况，将存在思想认识不到位、身体素质不适应、家庭负担过重等情况的干部从最初的名单中去除并替换，最终确定并公布南下干部名单。

到 1949 年 2 月，东海地委抽调的南下干部班子配备工作基本完成，地委所辖文登、昆嵛、荣成、牟平、海阳、乳山、牙前各县和威海卫市共抽调干部 627 名，勤杂人员 175 名，共计 802 名，其中地委级干部 4 名，县级干部 60 名，超额完成抽调任务。后因青岛解放在即，荣成县南下干部被胶东区党委留下接管青岛。

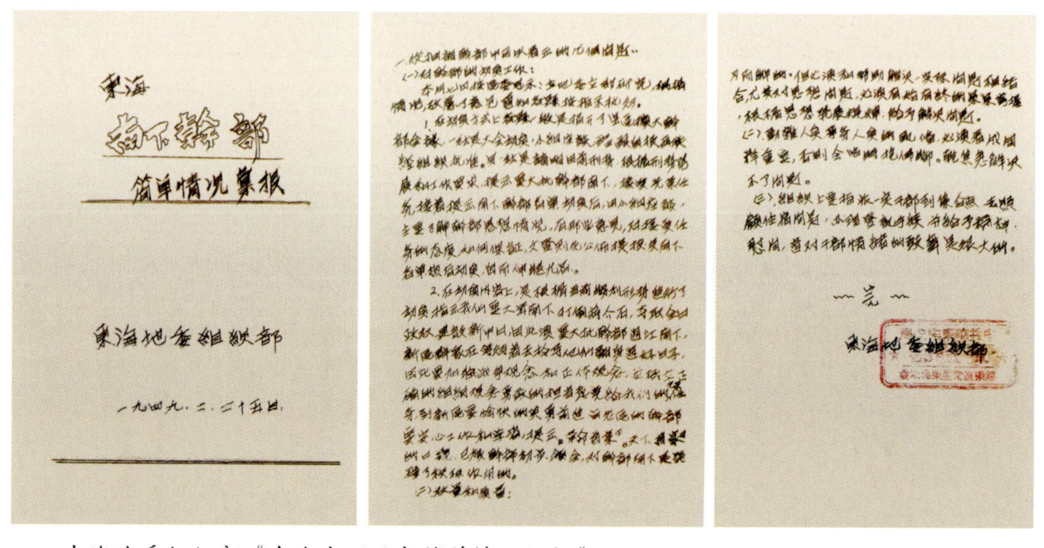
东海

南下干部

简单情况汇报

东海地委组织部

一九四九.二.二十五日

——完——

东海地委组织部

东海地委组织部《东海南下干部简单情况汇报》

## 文登县、昆嵛县组织动员

1947 年，在文登县、昆嵛县子弟兵团的配合下，人民解放军主力部队粉碎了国民党继续进犯胶东解放区的企图，国民党军队被迫龟缩，文登县、昆嵛县成为解放战争的大后方，各项工作都在党的领导下顺利开展起来。特别是随着文登县、昆嵛县土地改革的开展，人民群众参军支前的热情高涨，整个解放战争期间，文登县、昆嵛县共有 22000 余人参军入伍，组织了 7 次较大规模的民工支前运动。轰轰烈烈的民工支前运动，为南下干部的组织和宣传工作做了精神上的铺垫和思想上的准备。

接到东海地委的指示安排后，文登县、昆嵛县在继续做好支前工作的同时，立即着手安排抽调干部工作。根据组织安排和个人报名相结合的原则，两县分别召开分区委领导干部会议，进行宣传发动，讲明南下的重大意义，在自觉自愿、不影响老区工作的原则下，很快初步确定了南下干部名单。两县领导干部带头报名参加南下，文登县委代理书记鲁琦、县委组织部部长侯书堂，昆嵛县民运部部长王一峰等都积极报名。在分区层面，许多区委书记、区长报名参加南下。两县根据既要组织好干部南下，又要兼顾地方工作的实际，各配备了两套班子，一套南下，一套留地方工作。

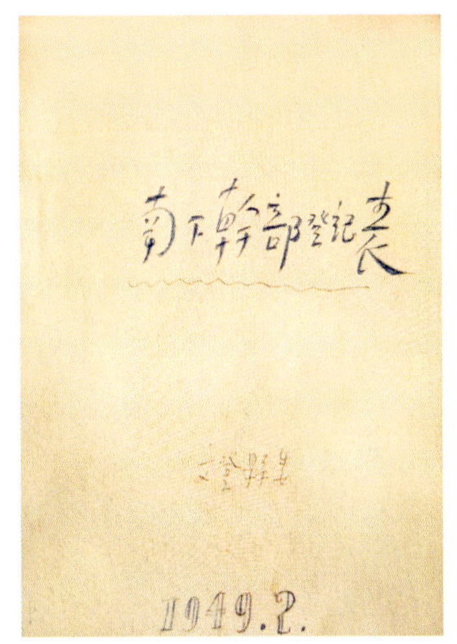
南下幹部登記表

文登縣

1949.2.

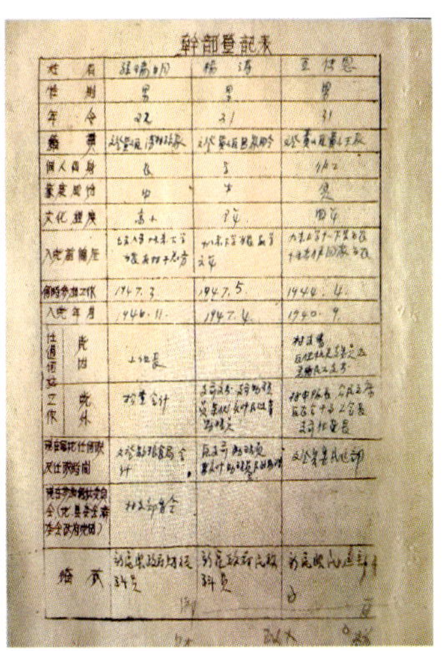
幹部登記表

文登县委《南下干部登记表》

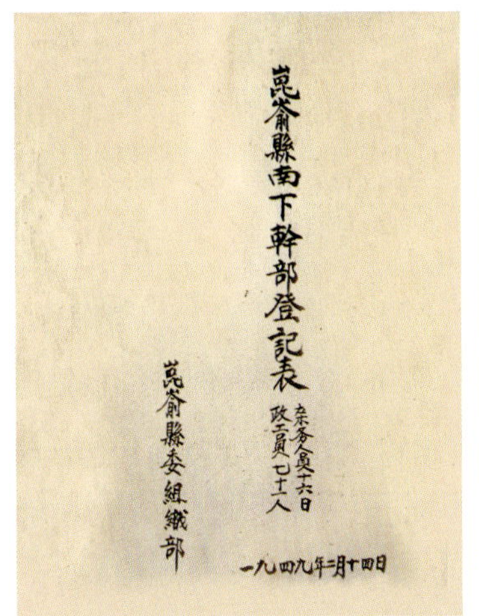
崑嵛縣南下幹部登記表

崑嵛縣委組織部

一九四九年二月十四日

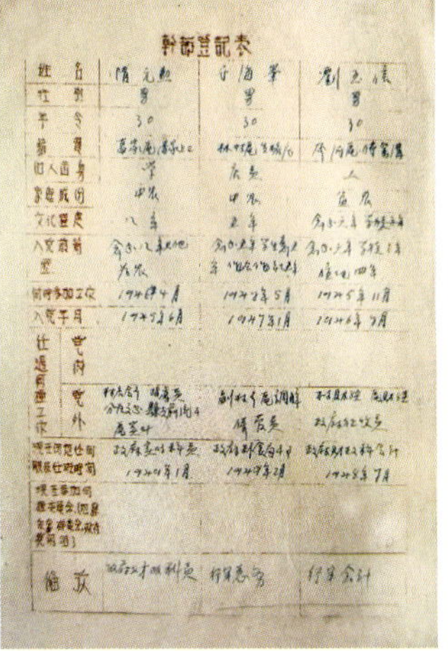
幹部登記表

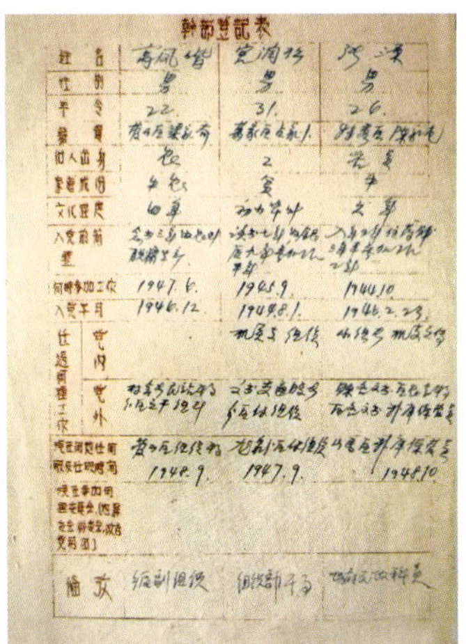
幹部登記表

昆嵛县委组织部《昆嵛县南下干部登记表》

## 南下抽调困难与县委解决措施

对调往江南新区工作，干部的思想认识和态度不甚一致。绝大多数干部认识到新区亟需干部的情况，服从革命事业的安排；少数干部或多或少有思想顾虑，但也能服从组织调动；个别干部明确提出不服从调动，被组织进行了调整。从文登县、昆嵛县的《关于南下干部思想情况汇报》和《关于南下干部的情况汇报》中可以看出，有干部或因个人、或因家庭原因，对抽调南下的决定持模棱两可的态度。一方面，大部分干部是土生土长的北方人，突然调往南方工作，存在一定抵触心理；另一方面，干部对此前工作的各方面已经比较熟悉，调往陌生的地方，开展新的工作需要花费大量精力。特别考虑到南北方在风俗习惯、气候条件、地理环境上的差异，一些干部不愿背井离乡。因而在两县的情况汇报中，均有干部出现在会上表态同意南下，但回家与家人商议后拒绝南下的思想变化。

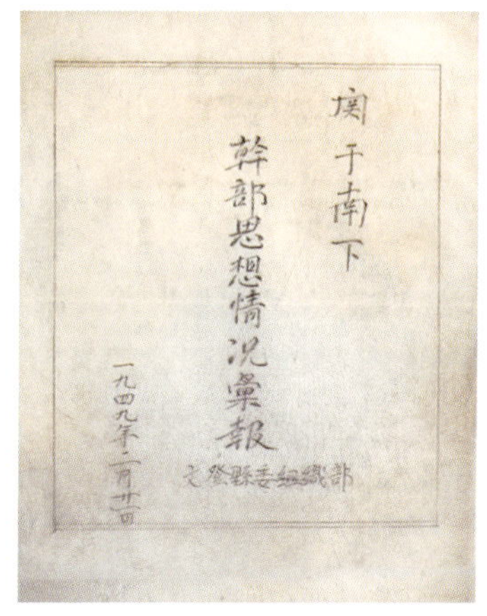
関于南下
幹部思想情况彙報
文登縣委組織部
一九四九年二月十四日

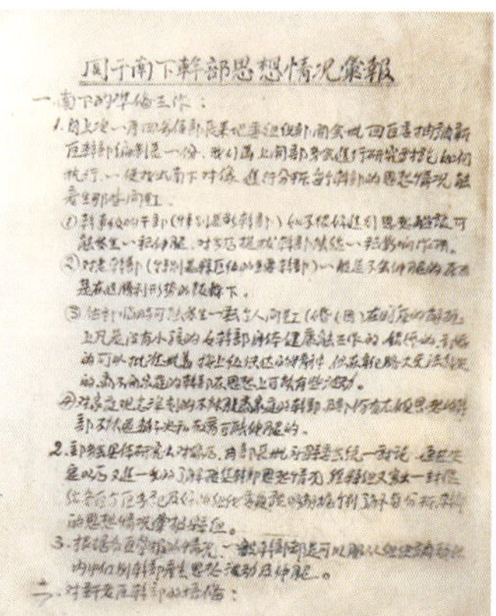
関于南下幹部思想情况彙報

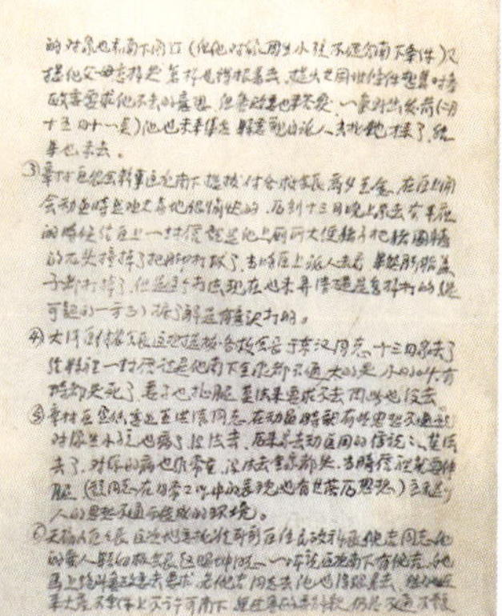

文登县委组织部《关于南下干部思想情况汇报》

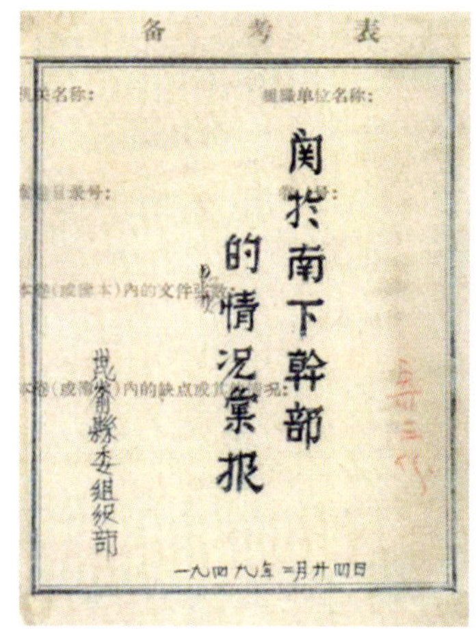
备考表
関於南下幹部的情况彙报
昆嵛縣委組织部
一九四九年二月廿四日

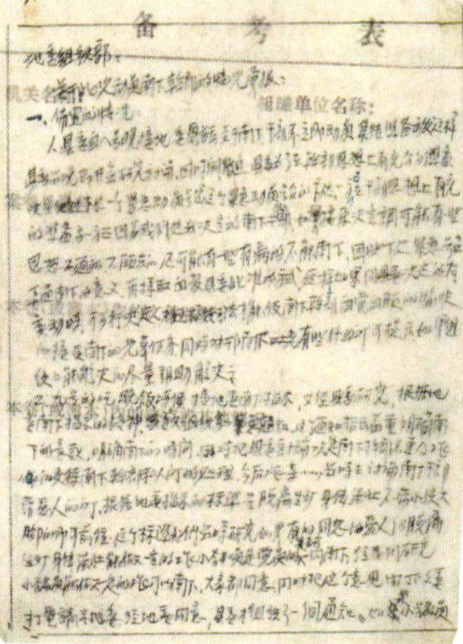

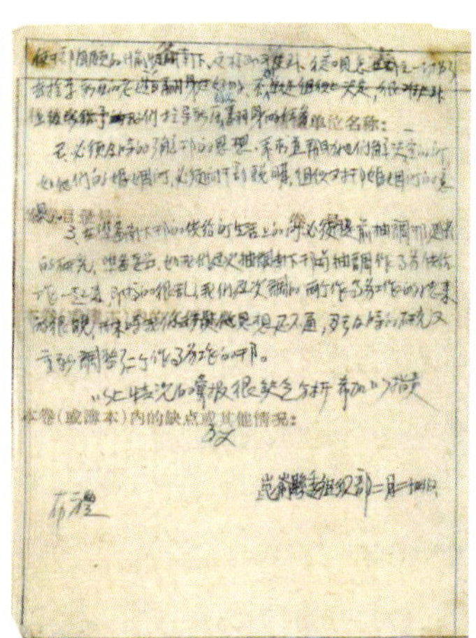

昆嵛县委组织部《关于南下干部的情况汇报》

在抽调过程中，两县县委发现还有部分干部对于南下抱有“和平”而非“战斗”的态度。部分旱情特别严重地区的农村干部，疲于长期开展抗旱、赈灾、治荒、征粮等工作，认为新区的工作更好开展；部分干部认为南下就是出门长见识，跟着部队南下解放后可以过上好日子。针对这些情况，县委通过分组谈话、个人谈话等方式，扶正干部对于南下的态度，使南下干部在思想上保持高度统一。

对于继续留在老区或新提拔接手南下干部原职工作的干部，两县县委也进行了大量的工作，解决一些未能获批南下的干部的思想波动，以防止抽调后老区工作无法继续顺利开展。文登县、昆嵛县一般采取的方法是召开县区扩大干部会，以座谈的形式，让抽调南下的原职干部分享工作经验，为留任及新任干部提供未来的工作方向。

南下干部名单确定之后，各级认真征求南下干部的意见，帮助他们解决实际问题，特别是婚姻家庭问题。胶东区党委对此问题坚持“已结婚有爱人者，其爱人系工作干部身体好或有小孩能放下，本人能坚持新区工作者可以一同调走”的原则。在胶东区党委所执行的标准之下，文登县委规定，没有小孩、身体健康、能进行一定工作的女性干部，可申请随丈夫南下；昆嵛县委规定，小学教员、有一定工作能力的女性党员干部，可申请随丈夫南下。而对于不愿南调或不符合随军南下条件的干部家属，两县均给予其军属待遇，采取补助、代耕等措施，对其家庭生活给予一定的照顾。

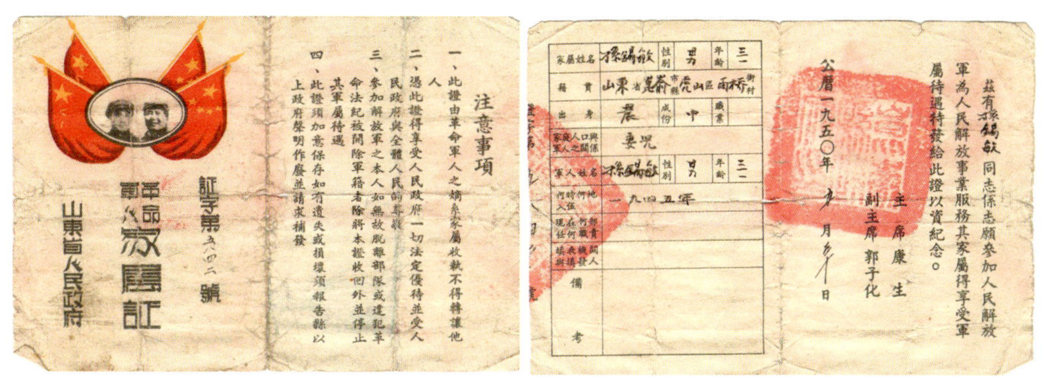
革命軍人家屬証

証字第五八四二號

山東省人民政府

注意事項

一、此證由革命軍人之嫡系家屬收執不得轉讓他人

二、憑此證得享受人民政府一切法定優待並受人民政府與全體人民的尊敬

三、參加解放軍之本人如無故脫離部隊或違犯革命法紀被開除軍籍者除將本證收回外並得停止其軍屬待遇

四、此證須加意保存如有遺失或損壞須報告縣以上政府聲明作廢並請求補發

| 家屬姓名 | 孫錫敏 | 性別 | 男 | 年齡 | 三一 |
|---|---|---|---|---|---|
| 籍貫 | 山東省崑嵛縣[illegible]山區[illegible]村 | | | | |
| 出身 | 農 | 成份 | 中 | 職業 | |
| 家庭人口與軍人之關係 | 妻兒 | | | | |
| 軍人姓名 | 孫錫敏 | 性別 | 男 | 年齡 | 三一 |
| 何時何地入伍 | 一九四五年 | | | | |
| 現在何部任何職責 | | | | | |
| 填表機關與填發人 | | | | | |
| 備考 | | | | | |

茲有孫錫敏同志係志願參加人民解放軍為人民解放事業服務其家屬得享受軍屬待遇特發給此證以資紀念。

主席 康生

副主席 郭子化

公曆一九五〇年 月 日

南下干部家属享受军属待遇。图为文登南下干部孙锡敏留存的山东省人民政府革命军人家属证

总体来看，文登县、昆嵛县干部南下工作进行得比较顺利。文登县抽调干部 75 名，勤杂人员 20 名，由文登县委代理书记鲁琦带队；昆嵛县抽调干部 71 名，勤杂人员 19 名，由昆嵛县委民运部部长王一峰带队。两县共计 185 名，按时超额完成了任务。

# 第二节　培训学习

为提高南下干部的政治素质，及时掌握新区接管政策，华东局分别在益都（今山东省青州市）、临城（今山东省枣庄市薛城区）对南下干部进行了集中培训，将全体南下干部统一整编为华东南下干部纵队，待命南下。

## 益都培训

1949年1月，文登（原文登县和昆嵛县）第一批抽调干部集结到位于鲁中南区益都县王岗村的中共华东局党校集中学习，其中文登县39人、昆嵛县41人，他们与山东各战略区抽调的干部统一编成中共华东局党校的4个部，其中鲁中南区干部编为第一部，华东局机关干部编为第二部，渤海区干部编为第三部，胶东区干部编为第四部。中共华东局党校由张鼎丞任校长、温仰春任副校长。

第一批抽调干部在中共华东局党校（驻益都）集中培训照片

1949年1月18日，中共华东局党校在益都县王岗村举行隆重的开学典礼。南下干部在这里重点学习了毛泽东的新年献词《将革命进行到底》以及有关城市政策的文件等。培训共进行34天，为南下干部进入城市和新解放区工作打下了良好的基础。

在首批南下干部到中共华东局党校集结的同时，胶东区党委认真落实华东局闵家庄会议的要求，开始筹备5套区党委的架子，并且每个区党委也要求所属各地、县、区的党政军领导机关分别配备2套领导班子，一套留下坚持当地工作，一套随军南下接管新解放区。经过紧张的动员和积极的筹备，到1949年初，山东各地战略区的班子配备工作基本完成。

## 临城集训

1949 年 1 月 8 日，中共中央政治局会议通过《目前形势和党在一九四九年的任务》，指出：“一九四九年夏、秋、冬三季需要随军使用的五万三千个干部，必须及时地征调和训练好。”2 月 3 日，中共中央发出《中央关于军事形势和准备渡江南进干部的指示》，指出：“华东、华中调动集中及训练一万五千干部的工作，应立即动手去做，并于二月底在徐州集中待命。”华东局随即指示中共华东局党校南移临城，同时命令从山东各战略区抽调的南下干部以地区为单位，火速到临城集结。

### 中央关于军事形势和准备渡江南进干部的指示*

（一九四九年二月三日）

华东局，刘陈邓，粟谭，中原局，华北局，林罗聂[1]，东北局：

（一）国民党有在京沪线组织抵抗及放弃该线将主力撤至浙赣路一带之两种可能。依据近日情报，第一种可能性仍是有的，但第二种可能性业已增加，即是说用解决北平问题的方法和平地解决南京、芜湖、镇江、苏州、无锡、杭州、上海等处的可能性业已增加。我们应当针对这两种可能情况，准备两种对付方法。

（二）如果在今后一时期内证明国民党仍然采取在京沪线织〔组〕织坚决抵抗的方针，则我们仍应按原定计划，华野、中野休整至三月底为止，准备四月渡江，五六两月夺取宁、镇、锡、苏、杭、芜诸城。

（三）如果国民党依照近来日益增多的情报所说，是准备在长江南岸一线作某些抵抗，不准备集中兵力守南京等城，而将主力撤至浙赣线布防，则我们应作提早一个月行动的准备。华野、中野应休整至二月底为止，准备三月即行渡江，于占领镇江、芜湖之后，即去占领南京。然后依据自己的工作能力逐步地去占领苏杭。既然没有大的仗打，则我军可于占领南京后再行休整。如果我们能于三月或四月占领南京（这是最重要的），则召开政协会议，成立民主联合政府应在占领南京以后举行，这样在国际国内就会产生极好的影响。

（四）因此（甲）华东、华中调动集中及训练一万五千干部的工作，应立即动手去做，并于二月底在徐州集中待命。（乙）华北局所担任的一万七千干部，亦应于二月底集中八千人于石家庄，加以训练待命，交华东局率领随华野、中野向江南前进。（丙）豫皖苏分局所属及皖西区党委所属干部，应准备分出接收芜湖及皖南地区所需要的干部。豫皖苏分局的其他大部分干部则准备使用于武汉方向。（丁）东北局应准备以一批城市工作干部交华东局，去接收上海，因华东局的干部无接收上海的能力。此项干部目前尚不实行抽调，但须准备抽调，其数目及质量以后商定。（戊）东北局除一部城市工作干部外，华北局除八千干部外，中原局除皖西及豫皖苏分局的一部分干部外，其余所担任抽调之全部干部，均应准备随林罗南下，使用于湘鄂赣三省及两广方面。东北局、华北局担任的干部，须于三月底集中，并训练完毕。中原局所担任的干部须于四月底集中，训练完毕。哈尔滨、沈阳、唐山、天津、北平的城市工作干部，准备抽调相当数量去接收上海、南京、苏州、杭州诸城，其余则准备抽调去接收武汉、长沙、南昌、九江、广州诸城。但目前应让他们在现在岗位上工作，取得经验，不要向他们说抽调的话，引起他们不安心工作。

（五）林罗所部主力应争取于三月中旬完成休整部队，改编傅作义部的任务，出动时间另行酌定。

中　央

丑江

根据中央档案原件刊印

《中央关于军事形势和准备渡江南进干部的指示》

1949 年 2 月 19 日，山东各地抽调的第一批南下干部近 3000 人，包括来自胶东的 1000 人，与中共华东局党校校部乘同一列火车从益都出发，经张店、周村、济南、泰安，于 21 日到达临城。

3 月初开始，山东各地抽调的第二批 12000 余名南下干部，包括胶东区抽调的 2650 名干部，按华东局的要求陆续到达临城附近的沙沟周边农村集中整训。

1949 年 2 月 15 日，文登县、昆嵛县、威海卫市和东海地委机关的干部集结到东海地委驻地文登县城报到，在文登县城整顿一天后，在东海地委书记宫维桢的带队下，由文登县城乘卡车出发到达莱阳县水沟头村。与此同时，乳山、牟平、海阳、牙前等县的南下干部也到达莱阳县水沟头村集合。东海地委的南下干部队伍以区委为小队、县委为中队、地委为大队统一编队。每个中队成立一个伙食单位，并设伙夫、会计、总务、事务员、通讯员、卫生员，以管理行军供给、卫生等问题。他们在莱阳县水沟头村整训三天后启程出发，步行到达潍坊。南下干部队伍在潍坊休整半天后，乘火车抵达临城。

1949 年 2 月，宫维桢带领干部途经文登留影

在临城期间，全体南下干部进行了紧张的学习和集训，先后学习了《目前形势和我们的任务》《城市工作政策》《中共中央关于保护工商业问题的指示》《中共中央关于接收官僚资本主义企业的指示》《中共中央关于军事管制问题的指示》《华东局关于江南新区农村工作的指示》《华东局关于接管江南城市的指示》等，其中重点学习了《中共七届二中全会决议》。华东局书记饶漱石向全体南下干部传达了党的七届二中全会精神，主要解决对党的工作重心从农村转移到城市的认识问题。

学习方式主要是上大课，听取华东局领导同志的传达报告，因传达的部分文件当时属于秘密文件，干部靠自做笔记、小组讨论等方式，以加深理解，增强记忆。通过学习研讨，干部们了解到三大战役后，中央解决国民党军队的方式有天津、北平、绥远三种，学习了有关配合军队征粮、征夫、征船及接管新解放区农村建设等相关政策。大多数干部来自山东老解放区的农村，经历过抗日战争和解放战争的锻炼，有一定武装斗争和群众工作的经验，但对江南的城市和新解放区完全陌生，因此对这次集训学习，南下干部们有着强烈的责任感和紧迫感。学习时间虽然不长，但在思想认识上解决了许多根本性的问题。一是明确了在夺取全国政权后，党的工作重心将从乡村转到城市，初步转变了过去以农村包围城市的习惯思想；二是明确了进入城市后必须以生产为重心，全心全意依靠工人阶级，争取团结知识分子和各界进步人士，没收对象是官僚资本家和买办资本家，对民族资产阶级要讲统战，采取“又团结又斗争”的方式；三是革命胜利后，必须保持谦虚、谨慎、不骄、不躁和艰苦奋斗的作风，时刻警惕资产阶级“糖衣炮弹”的侵袭。通过学习，南下干部们对如何接管城市以及新解放区工作的具体政策和方针方法等有了基本的概念，为顺利接管江南新解放区进一步明确了政策界限，打好了思想基础。

南下干部临城培训场景及培训旧址

根据华东局指挥部的规定，集训结束前，为每名随军南下干部发放了粗、细布军装各一套，军鞋两双和军帽一顶，并配以中国人民解放军胸章。

为南下干部发放的军装

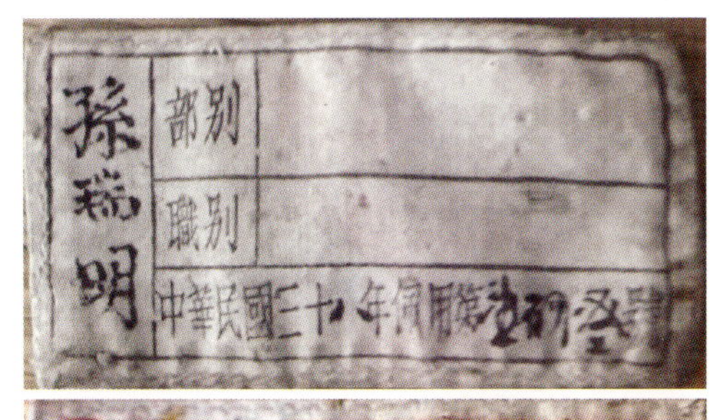


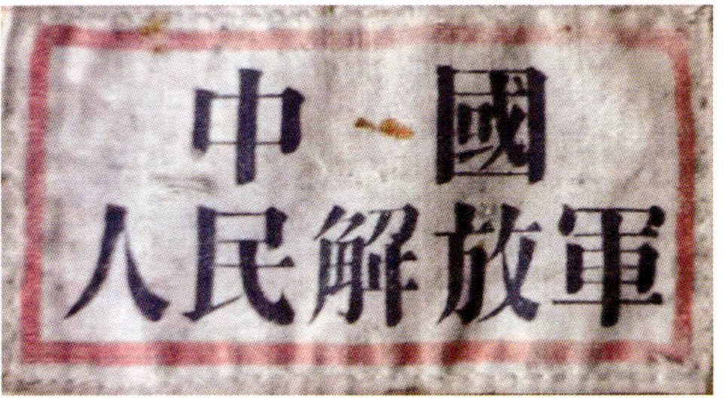


文登南下干部孙瑞明留存的胸章

# 第三节　挥师南下

根据华东军区司令部、政治部指示，在临城期间，山东全体南下干部被统一整编为华东南下干部纵队，并公布了南下干部纵队大队以上军政干部名单：刘少卿任纵队司令员，温仰春任政治委员兼政治部主任，刘德胜任参谋长，方忠立任政治部副主任。华东南下干部纵队下辖四个支队：鲁中南区南下干部为第一支队，司令员汪乃贵，政治委员张雨帆；华东局直属机关南下干部为第二支队，司令员赵毓华，政治委员王尧山；渤海区南下干部为第三支队，司令员周贯五，政治委员刘格平；胶东区南下干部为第四支队，司令员廖昌金，政治委员赵明新。

本次南下干部的选配，从抽调时就是为了适应新区接管需要，按照地区、县、分区的建制搭配好班子，然后整套抽调南下。南下干部依原有的地方建制，以地区为单位成立大队，包括：地委书记、秘书长、组织部、宣传部、民运部，专员、秘书处、财政科、粮食局、工商局、公安局、民政科、文教科、银行等，军分区司令员、参谋处、政治部、供给处、卫生处、保卫科等，南下后成建制接管一个地区。南下干部以县为单位成立中队，中队是一个县的班子，包括县委书记、县长、公安局长、组织部长等，每个县除配备好党务、政府、军事、民运、经济、财政、银行、贸易、机要、通讯、新闻、教育等各方面的干部外，通讯员、炊事员也要配套。到新解放区后，原则上一个中队接管一个县，一个南下班接管一个区。

临城集训后，华东南下干部纵队经新安镇、淮阴、淮安、界首、高邮抵达扬州。后渡长江，进入镇江，然后开赴丹阳。华东南下干部纵队各支队南下的时间和线路并不相同，主要分三批南下：一是胶东区南下干部所在的第四支队提前结束学习，于3月中上旬离开临城南下，首先到了扬州、南通一带与苏北的南下干部会合集训，准备接管苏南，在渡江战役打响后，紧随渡江部队之后，从扬州一带渡过长江，参加苏南地区的接管建政工作；二是各支队抽调的随军支前筹粮干部，于3月下旬从临城南下，经徐州、蚌埠至皖南，编入参加渡江战役的作战部队，从安徽无为县境内随军过江，负责筹粮支前工作；三是其他南下干部于3月底4月初离开临城南下，于4月底5月初从扬州附近过江。后华东南下干部纵队第一支队主要被分配到浙江，与第三支队的部分干部一同接管浙江各地；第二支队主要被分配到上海市直机关及所属各县区；第三支队大部分干部被分配到浙江，少数部被分配上海；第四支队在苏北地区与苏北的南下干部会合后，大部分干部到苏南地区参加接管和建政工作，其中文登南下江南的第一批 80 名干部被分配到苏北等地，第二批干部被分配接管苏南地区的吴江县和太仓县。

## 白蒲组编

1949 年 3 月，为顺利接管即将解放的苏南地区，中共华中工委从两淮、盐阜和胶东等地抽调的干部及苏（州）常（熟）太（仓）地区调集的地方干部，在苏北如皋县白蒲镇集训，并着手组建苏州地委及所属的县、区党委和政府。接管新区的干部队伍按照接管地区进行编队，苏州地委下设三个大队：一大队接管苏州地区各县，包括吴县、吴江、昆山、太仓、常熟；二大队接管公安系统；三大队接管苏州城区。这批干部组成南下干部总队，驻白蒲镇集中学习，为渡江接管新区做好思想准备和组织准备。

组织工作调整完成后，南下干部转入学习培训阶段，培训内容以党的七届二中全会精神和华东局有关江南城市接管的方针政策为主。党的七届二中全会决定党的工作重心从乡村转移到城市，号召全党必须用极大的努力学会管理城市。通过学习，大家理解了“各按系统，整套接收，调查研究，逐步改造”的方针，了解到城市工作的重要性。培训中，干部们还学习了《中国人民解放军布告》《入城守则和纪律》等文件，了解了接管人员服从组织安排、模范执行党的政策的要求。同时，针对苏州各地接管工作，南下干部还学习了苏州地下党组

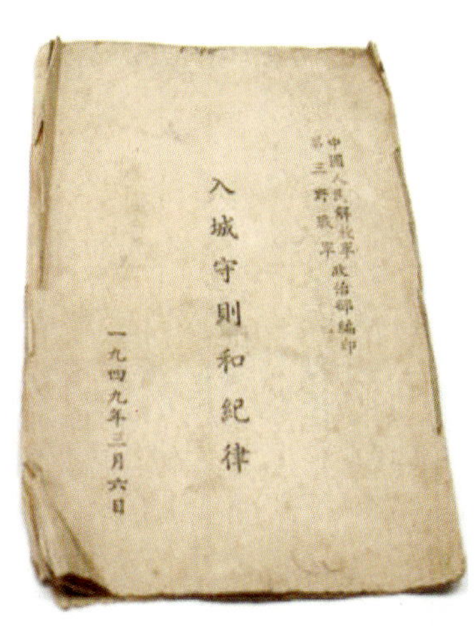

中國人民解放軍第三野戰軍政治部編印

入城守則和紀律

一九四九年三月六日

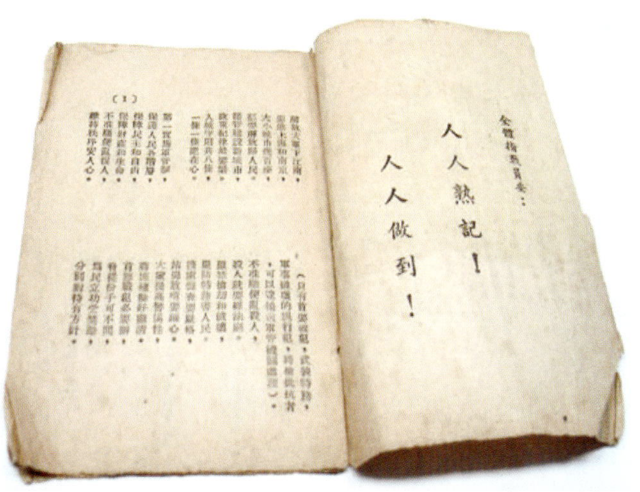

全體指戰員：

人人熟記！

人人做到！

南下干部集训时的部分学习材料

织编印的地情资料《苏州概况》及苏州行政区各县地下党编印的各县概况，对苏州各地社会经济方面概况都有了初步的了解和掌握。

在白蒲镇集训中，接管吴江县的干部队伍被编为苏州地委第一大队第二中队，也称吴江中队，由鲁琦担任领队。吴江中队主要由文登县、牟平县的南下干部及苏北和吴江当地干部组成。这些干部组成了县委、县政府和八个区委的领导班子，成为日后新生的吴江人民政权主要领导和骨干。他们在集训中除了学习有关政策法规外，还要熟悉吴江的情况。为此，吴江中队学习了由吴江地下党多方收集编印的地情资料《吴江材料》，书中详细介绍了国民党党、政、军、警、监狱、交通、商会、银行及学校等情况，为南下干部接管工作提供了材料和依据。通过吴江中队袁焕（吴江县同里人，由两淮地区派遣加入吴江中队）对家乡风俗、人文历史等情况的介绍，南下干部对吴江县整体情况有了更深的了解，极大方便了随后的接管工作。在白蒲镇，中共华中工委还决定了吴江县委及其下辖各区委的干部任职名单，安排吴江中队准备南下与吴江地下党会合。随后，吴江县委按统一规格刻制了吴江县委、县人民政府和县委各部门的印鉴图记。4月19日，“吴江县人民政府印”正式启用。

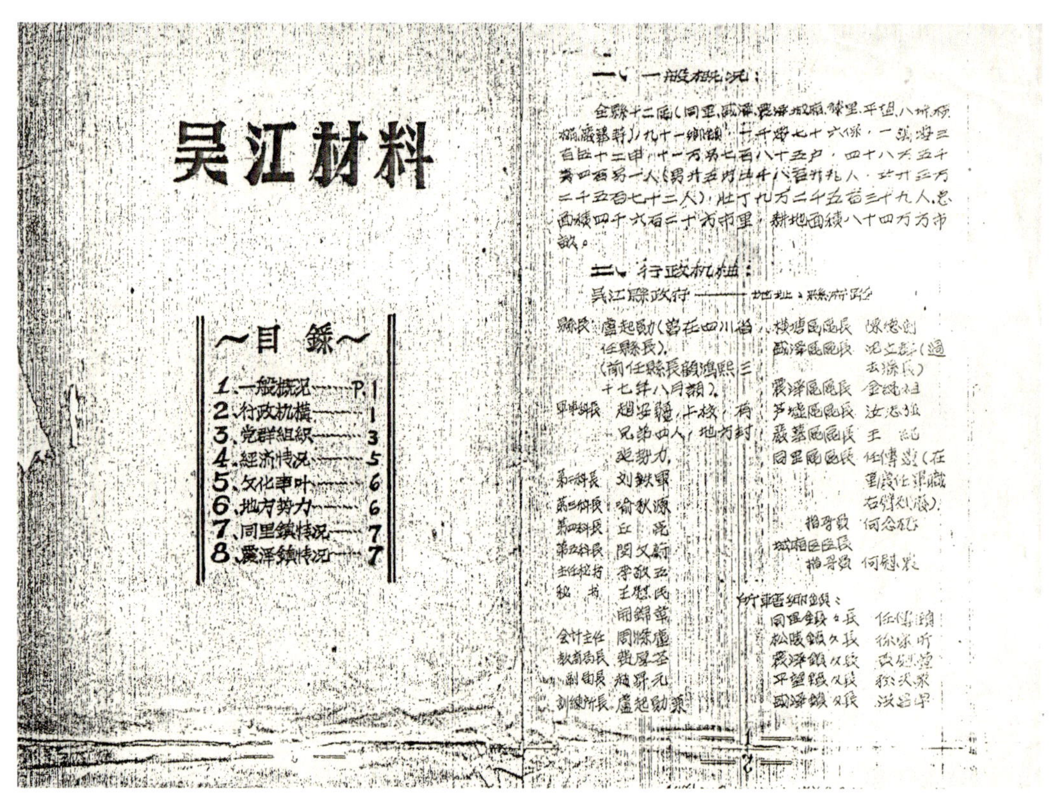

吴江材料

~目錄~



一、一般概況：

全縣十二區（同里、盛澤、震澤、城廂、黎里、平望、八坼、横扇、嚴墓、莘塔）九十一鄉鎮，[illegible]，一萬[illegible]三百[illegible]十二甲，十一万[illegible]七百八十五户，四十八万五千[illegible]四百[illegible]一人（[illegible]），壯丁九万二千五百三十九人。總面積四千六百二十方市里，耕地面積八十四万方市畝。

二、行政机構：

吴江縣政府——地址：縣府路

縣長 盧起勛（曾在四川省任縣長）。（前任縣長顧鴻熙三十七年八月調）。
軍事科長 趙安[illegible]，上校，有兄弟四人，地方封建势力。
第二科長 刘[illegible]
第三科長 喻秋源
第四科長 丘 [illegible]
第五科長 閔文蔚
主任秘书 李敬五
秘书 王慰民
周錦章
会计主任 周[illegible]
教育局長 費[illegible]
副局長 [illegible]
训練所長 盧起勛兼

横塘區區長 [illegible]
盛澤區區長 沈立[illegible]（過去縣長）
震澤區區長 金[illegible]
莘塔區區長 [illegible]
嚴墓區區長 王 [illegible]
同里區區長 任傳[illegible]（在重慶任軍職 [illegible]）
指導員 何念[illegible]
城廂區區長
指導員 何[illegible]

所辖鄉鎮：
同里鎮々長 任傳[illegible]
松陵鎮々長 徐[illegible]
震澤鎮々長 [illegible]
平望鎮々長 [illegible]
盛澤鎮々長 [illegible]

介绍吴江地情的《吴江材料》

接管太仓的干部被改编为太仓中队，主要由昆嵛县、乳山县的南下干部及苏北和太仓当地干部组成。在白蒲镇，他们学习了根据太仓地下党组织提供资料编印的《太仓概况》，了解和熟悉了国民党在太仓的党、政、军、警组织状况及太仓的经济、文化、民情、风俗等情况。后来南下干部又学习了《太仓概况补充材料》，与《太仓概况》相比，其内容更具体、更翔实、更详细，为南下干部提供了详尽真实的参考资料。

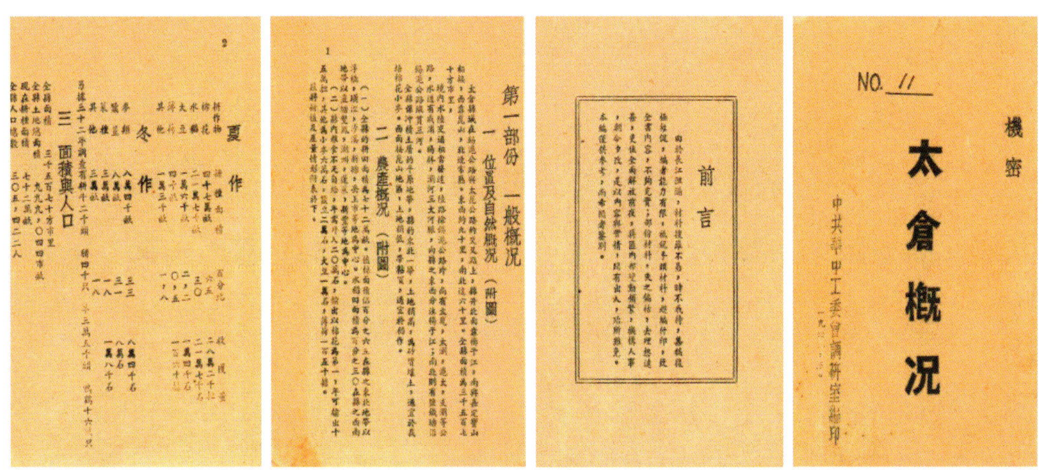


中共华中工委会调研室编印的《太仓概况》

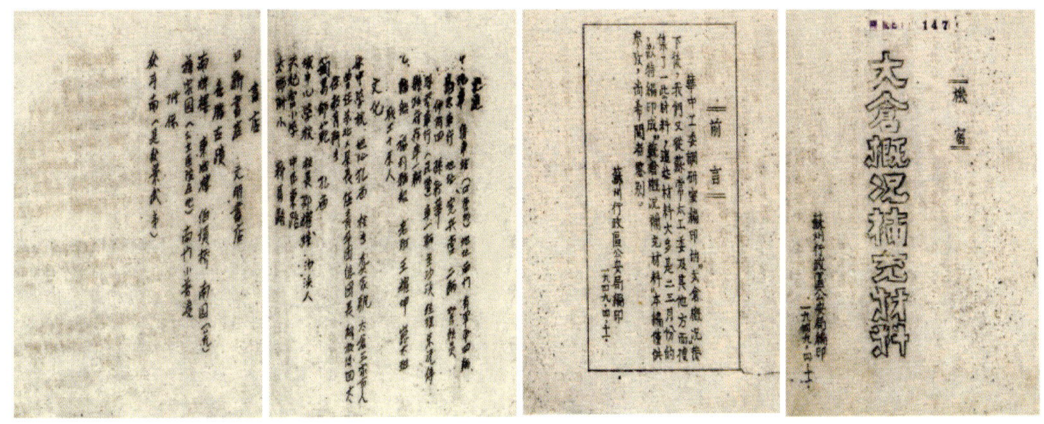


苏州行政区公安局编印的《太仓概况补充材料》

4 月 19 日，太仓县委、县政府及所属区委、区政府成立。李铭堂为太仓县委代理书记，王一峰为副书记；浦太福为太仓县政府县长，王杰为副县长。同时公布了城区、沙溪、浏河、浮桥、双凤、璜泾 6 个区委、区政府领导名单。

中共七届二中全会后，中共中央下达了一系列文件，对全国解放后的各项工作作了重要指示。中共中央华东局秘书处和中共华中工委秘书处将这些重要

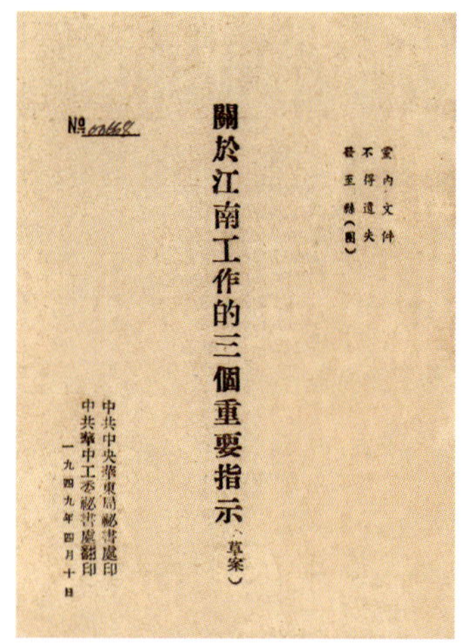
黨內文件
不得遺失
發至縣（團）
關於江南工作的三個重要指示（草案）
中共中央華東局秘書處印
中共華中工委秘書處翻印
一九四九年四月十日

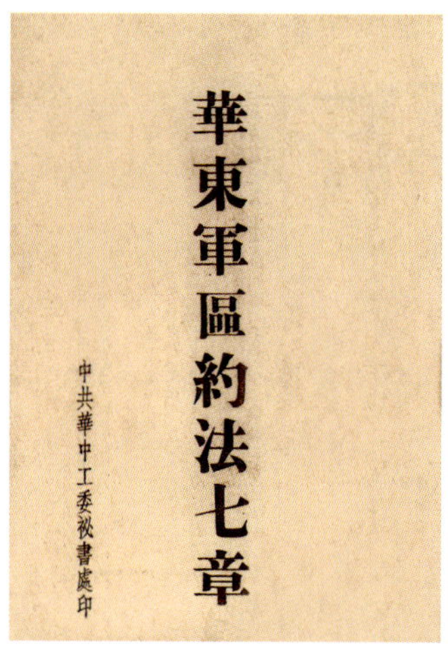
華東軍區約法七章
中共華中工委秘書處印

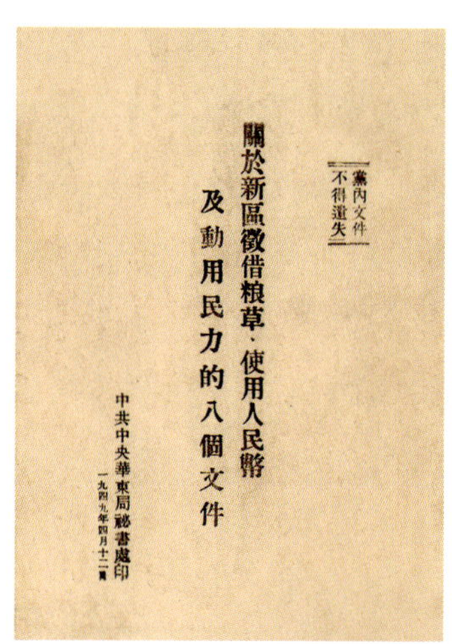
黨內文件
不得遺失
關於新區徵借糧草、使用人民幣及動用民力的八個文件
中共中央華東局秘書處印
一九四九年四月十二日

中共中央华东局秘书处和中共华中工委秘书处翻印的政策性文件

文件进行翻印，迅速下达贯彻执行。这些重要文件包括《关于江南工作的三个重要指示（草案）》《华东军区约法七章》《关于新区征借粮草、使用人民币及动用民力的八个文件》等。1949 年 4 月，中共中央华东局发出《关于我军南进与各游击区会师的工作指示（草案）》，提出会师时应该注意的问题。这些文件为南下干部接管新区提供了政策性指导和行动指南。

## 渡江南下

4 月 20 日，国民政府拒绝在和平协定上签字，国共和谈破裂。21 日，中国人民革命军事委员会主席毛泽东和中国人民解放军总司令朱德发出《向全国进军的命令》，中国人民解放军第二、第三野战军在东起江阴、西至九江的湖口，长达 1000 里的战线上，强渡长江天堑，彻底摧毁了国民党苦心经营三个半月的

第三野战军二十七军“济南第一团”强渡长江

人民日報

向全國進軍的命令

（一九四九年四月二十一日）

中國人民革命軍事委員會主席 毛澤東

中國人民解放軍總司令 朱德

《人民日报》发布毛泽东主席、朱德总司令《向全国进军的命令》

长江防线。4 月 23 日，中国人民解放军占领南京，宣告国民党统治的覆灭。

在人民解放军的掩护下，接管苏南地区的南下干部相继随军渡江。为了顺利渡江，南下干部按照要求轻装前进，男同志行李不得超过 7 公斤，女同志行李不得超过 5 公斤，多出的行李物品一律交留守处保管。4 月 24 日，南下干部从靖江八圩港渡江，25 日乘木船顺利到达江阴的夏港镇，26 日随即赶往无锡，后抵达已解放的常熟。正值江南的雨季，阴雨连绵不断，且行军之处水网密集，沿途很多公路、桥梁都在国民党逃跑时被炸毁，所以南下干部经常绕道而行，行军艰苦不言而喻。

文登南下干部吴芳坤留存的纪念章

## 成立苏南行政公署

1949 年 4 月，中共中央批准了华东局关于苏南区党委、军区、行署的人选。4 月 26 日，苏南行政公署宣告成立，驻无锡市。

4 月 26 日下午，人民解放军二十九军指挥所和八十五师师部进抵浒墅关，部署攻城。经过激烈战斗，27 日拂晓，二十九军分别从平门、阊门、金门、娄门入城。4 月 27 日清晨，苏州古城和吴县解放。当日，民盟苏州地下支部印发了大量《光明报》号外，报道苏州古城解放。

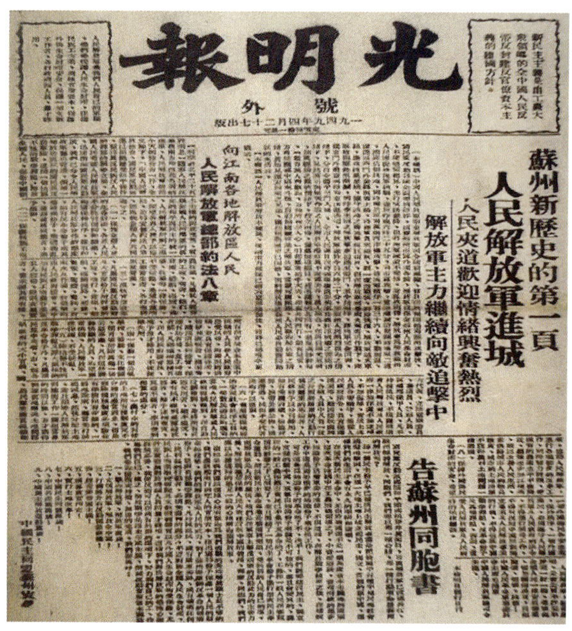
光明報
號外
一九四九年四月二十七日出版
蘇州新歷史的第一頁
人民解放軍進城
人民夾道歡迎情緒興奮熱烈
解放軍主力繼續向敵追擊中
向江南各地解放區人民
人民解放軍重申約法八章
告蘇州同胞書

1949 年 4 月 27 日，《光明报》号外报道苏州古城解放

4 月 27 日，苏南行政公署划吴县城区为苏州市，周围地区为吴县，苏州市、吴县分治；同时设立苏州行政区，辖区为苏州市、吴县、常熟、昆山、吴江、太仓 6 县（市）。

同日，常熟解放。华东南下干部纵队第四支队的南下干部一行随军经无锡、江阴，抵达已解放的常熟。文登县、牟平县的南下干部在常熟休整一天后，在吴江县委书记鲁琦和县长杨明的带领下，由浒墅关步行至苏州，住宿在苏州火车站站台。28 日，继续步行至胥门附近。在苏州期间，吴江中队鲁琦等负责同志听取了中共苏锡常工委书记周克和中共苏州工委书记张云曾介绍吴江县地下党组织的情况。28 日当晚，文登县、牟平县的部分南下干部奔赴吴江县。

蘇南行政公署佈告 秘政字第二號

本署為加强領導建設新蘇南，特呈請中國人民解放軍華東軍區批准，將管轄區域劃分為一個直屬市、四個行政分區。直屬市設人民政府管轄之，各行政分區各設專員公署管轄之。計：

一、無錫市 轄原無錫縣第一、第二、第五三個指導區。
二、鎮江區 轄鎮江、江寧、丹陽、揚中、句容、溧水、高淳等七縣。
三、武進區 轄武進、無錫、江陰、溧陽、金壇、宜興等六縣。
四、蘇州區 轄吳縣、崑山、常熟、太倉、吳江等五縣。
五、松江區 轄松江、奉賢、金山、寶山、南滙、上海、川沙、嘉定、青浦等九縣。

上開區域劃分與管轄關係除呈報並分行外合亟佈告週知！
此佈。

中華民國三十八年五月 日
主任 管文蔚
副主任 劉季平 陳國棟

苏南行政公署布告

昆嵛县和乳山县的南下干部于 30 日晚抵达常熟支塘。中共苏州地委副书记许亚、孙加诺介绍了太仓境内国民党军队企图负隅顽抗等情况，指示接管干部在常熟县城休整待命。嘉太工委副书记李成吾到达太仓北部迎接人民解放军，于 5 月 1 日与南下的太仓县委、县政府在支塘会师。接管太仓县的干部队伍，后由常熟支塘到达太仓沙溪，等待太仓解放。

# 第四节　接管新区

1949 年 4 月 27 日，苏州解放，接管苏州的南下干部总队千余名干部和人民解放军一起进入苏州，开展建立和巩固人民政权的各项工作。

## 苏州全境解放

人民解放军胜利渡江，国民党二九六师仓皇逃离苏州。国民党苏州驻军只剩一二三军一八二师，以及交警大队、保安队等地方武装，分别布防于城北、城西之虎丘、枫桥、横塘一线，掩护主力东撤，并炸毁了浒墅关东西两侧的两座铁路桥，妄图阻断人民解放军的行动。

人民解放军二十九军于 4 月 23 日夜解放无锡，所属八十五师、八十六师和八十七师之二六〇团、军炮团等部担任解放苏州的主攻任务。部队于 4 月 26 日凌晨从无锡出发，沿沪宁铁路向苏州进军。下午 2 时，军指挥所和八十五师师部到达浒墅关后，以八十五师的 3 个团为主攻，展开对苏州的攻击。各团在傍晚时分到达苏州城西的运河一线，做好攻击准备。27 日拂晓，解放军对苏州城发起总攻，经短促激烈的战斗，击溃盘踞在枫桥、铁铃关、高板桥一线及虎丘山附近的国民党守敌。八十五师各部分别向苏州城内追击前进，从平门、阊门、金门、娄门入城。八十六师二五七团于 27 日凌晨进抵木渎镇，该地已无敌踪。4 月 27 日 6 时 40 分，古城苏州宣告解放。接管苏州的南下干部总队千余名干部和人民解放军一起进入苏州，开展建立和巩固人民政权的各项工作。

1949 年 4 月 27 日晨，人民解放军从平门、阊门、金门、娄门入城。图为平门

在解放苏州的战斗中，人民解放军歼敌一八二师

市民冒雨庆祝苏州解放

五四四、五四五团近两个连，保安团1个连投降，敌主力东窜昆山。

由于人民解放军以摧枯拉朽之势迅速推进，刚于22日移驻常熟的国民党军三〇八师师部，次日即带领部队向太仓方向撤逃。至23日下午，国民党驻军全部撤离常熟县城，留下一部分保安团部队亦于25日下午全部逃跑。后在常熟武工队的教育下，保安团开始陆续投诚。4月27日，苏（州）常（熟）昆（山）太（仓）武工队入城，宣告常熟人民获得解放。

4月29日上午，人民解放军二十九军八十七师二六〇团顺利挺进吴江，从北门入城。当晚，金佩扬、朱帆等地下党领导同志与随军南下接管政权的干部队伍胜利会师。4月30日，人民解放军进驻古镇同里。吴江东南各镇也次第解放。5月5日，人民解放军二十七军七十九师二三七团先头部队从震泽经严墓、桃源去乌镇、新塍。至此，吴江全境解放。

国民党军队在长江防线崩溃之后，又在上海近郊布下重兵，准备死守上海。原驻苏州的国民党一二三军一八二师5000余人溃退至昆山，挖掘战壕，构筑工事，企图苟延残喘，阻滞解放军前进。

5月12日，人民解放军第三野战军发起上海战役外围战。二十六军以七十八师二三二团、二三三团从昆山以西向县城之敌实施正面攻击，县城守敌未敢抵抗，就弃城沿铁路向东逃窜。二十六军七十六师二二六团、二二七团、二二八团，分乘民船400余条，堵住敌人东逃上海的退路，于当晚10时先期抵达西巷车站，与东逃之敌相遇，歼敌300余人。13日拂晓，战斗结束，昆山宣告解放。

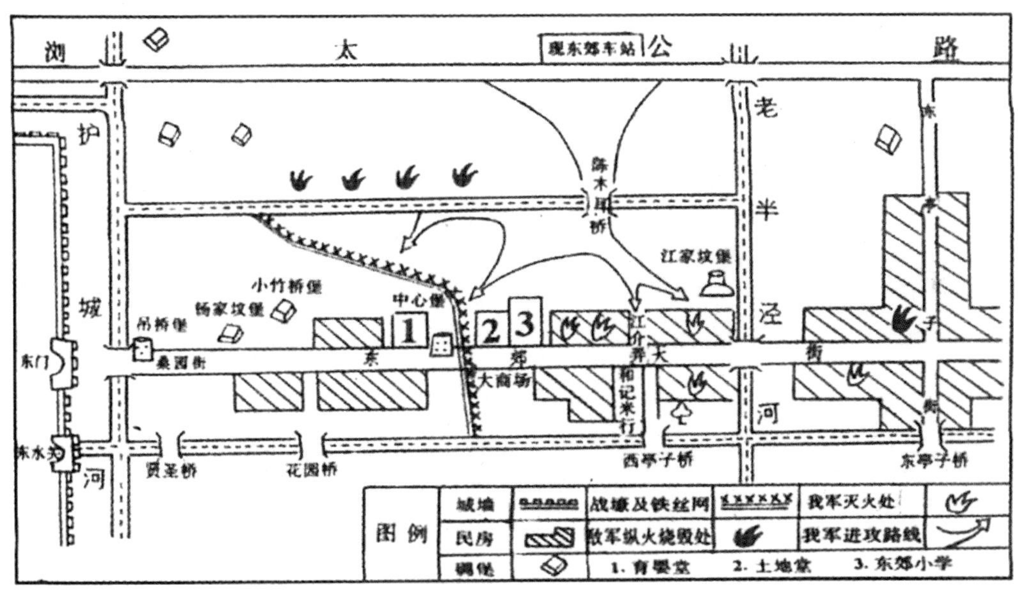

太仓解放示意图（引自《太仓市革命老区发展史》，江苏人民出版社2019年9月第1版）

5月上旬，人民解放军在武工队和群众的协助下，先后解放太仓璜泾全区和沙溪、双凤、浮桥等区的部分乡镇。12日，十兵团二十八军八十三师二四七、二四八团分别从东西两面包围太仓县城；八十四师二五二团迂回到太仓城南新丰镇附近，切断沪太公路，阻敌南逃；警备八旅二十二团的1个营佯攻太仓北门。深夜11时，太仓解放。

至此，苏州全境宣告解放。

## 人民政权诞生

1949 年 4 月 30 日，根据中国人民解放军华东军区司令部、政治部命令，中国人民解放军华东军区苏州市军事管制委员会成立，韦国清任主任，宫维桢、李幹成、惠浴宇等 12 人任委员。苏州市军事管制委员会为苏州市实行军事管制时期的最高权力机关，统一领导全市军事、行政等各项工作。同日，中共苏州地方委员会和苏州行政区专员公署成立，宫维桢任中共苏州地方委员会书记，许亚、孙加诺分别任副书记，李幹成任苏州行政区专员公署专员，张维兹任副专员。同日，中共苏州市委员会和苏州市人民政府也宣告成立，惠浴宇任市委书记兼市长，林修德任市委副书记，吴明任副市长。苏州市军事管制委员会和苏州市人民政府的成立，标志着旧苏州的结束和新苏州的诞生。

参与苏州城市接管的部分人员在苏州市人民政府门前的合影

早在 3 月间，中共华中工委即抽调淮阴、淮安、盐阜和胶东等地党政干部组成接管苏州的班子，并在如皋县白蒲镇进行了一个多月的集中学习，确定了“自上而下，按照系统，原封不动，整套接收”的方针，为接管苏州做好了思想和组织准备。在白蒲镇组建的各县班子，也陆续到职工作。

4 月 27 日，吴县县委书记俞臻、副书记刘鑫，到达县机关所在地浒墅关。5

月 1 日，吴县县长傅宗华发布“政字第一号”布告，正式宣告吴县人民政府成立，下辖东山、西山、黄埭、浒关、木渎、淞北、淞南、阳澄 8 个区。

4 月 29 日晚，吴江县委书记鲁琦带领南下干部一行到达吴江，与金佩扬、朱帆等吴江地下党领导同志会师。5 月 3 日，吴江县人民政府发布“政字第一号”布告，宣告吴江县人民政府正式成立。鲁琦任中共吴江县委书记，李前、金佩扬任副书记，杨明任吴江县县长，朱帆任副县长。吴江县下辖城厢、同里、芦墟、黎里、平望、盛泽、震泽、严墓 8 个区。

4 月 30 日，常熟市军事管制委员会宣布成立，王治平任主任，孙加诺、李凌任副主任。

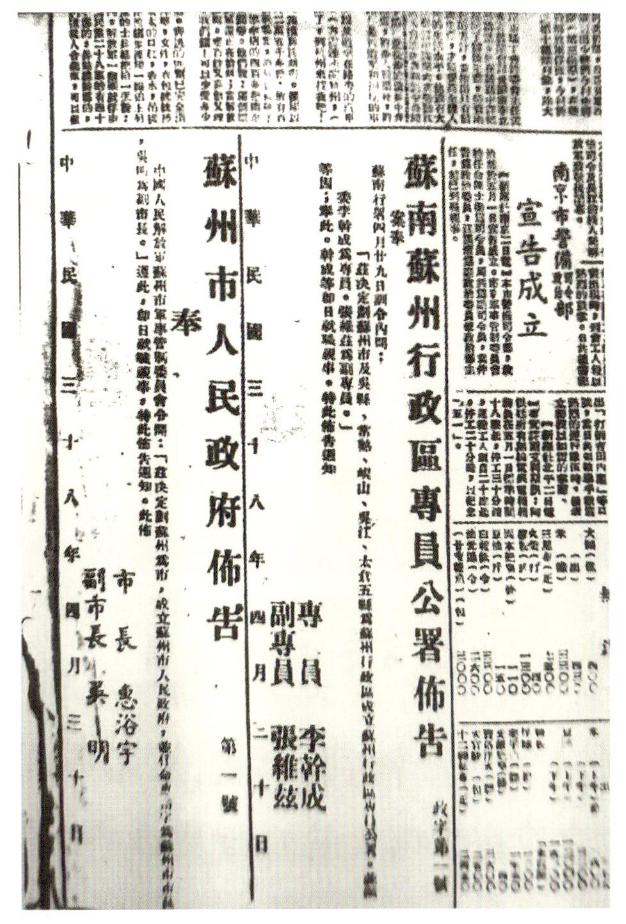
南京市警備司令部
宣告成立

蘇南蘇州行政區專員公署佈告
政字第一號
案奉
蘇南行署四月廿九日訓令內開：「茲決定劃蘇州市及吳縣，常熟、崑山、吳江、太倉五縣為蘇州行政區成立蘇州行政區專員公署，[illegible]委李幹成為專員，張維茲為副專員。」等因；奉此。幹成等即日就職視事。特此佈告週知
專員 李幹成
副專員 張維茲
中華民國三十八年四月二十日

蘇州市人民政府佈告
第一號
奉
中國人民解放軍蘇州市軍事管制委員會令開：「茲決定劃蘇州城市，成立蘇州市人民政府，[illegible]為蘇州市市長，吳[illegible]為副市長。」遵此，即日就職視事，特此佈告週知。此佈
市長 惠浴宇
副市長 吳明
中華民國三十八年四月三十日

苏南苏州行政区专员公署布告、苏州市人民政府布告

李凌任中共常熟县委书记，陈刚、康克任副书记。钱伯苏任常熟县长，韩培信任副县长。

由李聚茂、刘同温、吕功臣、史机恕、荣木棠、冷作述、刘振东 7 人组成的中共昆山县委员会于 4 月底抵达昆山正仪，设立办事机构，张贴安民布告。5 月 13 日拂晓，人民解放军解放昆山。当天，昆山县委、县政府进入县城，县长刘同温出示布告，宣布昆山县人民政府正式成立。

5 月上旬，中共太仓县委和太仓县人民政府驻沙溪办公。5 月 12 日深夜，太仓解放。13 日上午，县委、县政府进驻县城。李铭堂任中共太仓县委代理书记，王一峰任副书记，浦太福任太仓县县长，王杰任副县长。

至此，苏州地区及所属各县新政权全部宣告诞生。

## 城市接管

江南各地解放后首要工作是尽快完成城市接管、稳定社会秩序，为恢复和发展经济打好基础。华东局拟定了《关于接管江南城市工作的指示》，指出对新收复的人口在5万以上的城市或工业区，均应实行一个时期的军事管制制度，一切部队干部及接收人员必须坚决遵守入城纪律等。该指示于1949年5月经中央批复后发出，为江南广大地区的顺利接管指明方向。苏州市军管会与地、市各级党政机关在认真学习领会中央和华东局有关城市接管文件精神的基础上，遵循“各按系统，自上而下，原封不动，先接后分”的接管方针，按照先城市后乡村，以城市为主兼顾乡村的步骤对苏州展开全面接管。

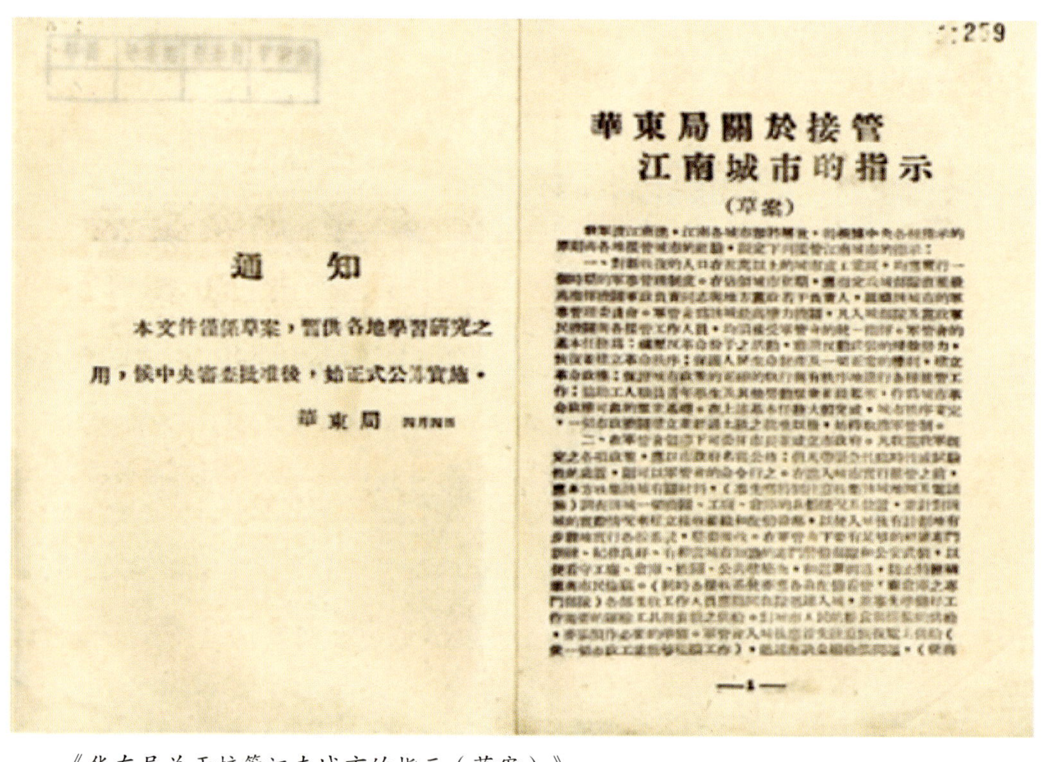

通 知

本文件僅係草案，暫供各地學習研究之用，候中央審查批准後，始正式公佈實施。

華東局 四月四日

259

華東局關於接管江南城市的指示

（草案）

—1—

《华东局关于接管江南城市的指示（草案）》

苏州市的接管工作由市军管会统一领导。常熟县（市）接管工作由常熟市军管会、地委、专署统一领导，常熟县（市）委、县（市）政府协助进行。苏州行政专区其余各县则由县委、县政府负责当地接管工作，重点放在较大的城镇与企业，另有地委、专署派代表接收重要工矿企业。至6月中旬，苏州共接收239个国民党机关单位，其中接管142个，撤销80个，移交苏南区7个，遣回原地10个，接管工作基本结束。

# 第三章 建功在江南

枪声远去，热血依旧。文登南下干部远离家乡和亲人，远离和平安宁的环境，在陌生而艰苦的条件下，以大无畏的精神和饱满的热情投入到江南新解放区的工作中。这批干部成建制地分配接管吴江县和太仓县，少数干部被调整到苏州市、常州市等地。南下干部经历过革命战争的洗礼，积累了丰富的老解放区的工作经验，他们依靠当地群众，发展党的组织，建立人民政权，开展剿匪、支前、土改等工作，为江南新解放区的接管建设作出了重要贡献。

# 第一节 吴江县委、县政府的建立

1949 年 4 月 29 日至 5 月 5 日，吴江县全境先后获得解放。中共吴江县委员会、吴江县人民政府相继成立，揭开了吴江县新的历史篇章。以南下干部为主体的县委、县政府，向群众广泛宣传党的政策，开展接管接收工作，为巩固新政权、促进国民经济的全面恢复和初步发展打下良好基础。

## 建立新政权机构

1949 年 4 月 29 日上午，人民解放军二十九军八十七师二六〇团顺利挺进吴江，由北门进入县城松陵镇。当日傍晚，鲁琦带领苏州地委第一大队第二中

解放初期领导成员合影（前排左 4 为县委书记鲁琦，前排左 5 为县长杨明）

队从苏州盘门出发，于晚上 22 时抵达吴江县城，与在县城的吴江地下党负责同志胜利会合。4 月 30 日，人民解放军二十九军八十七师二六〇团三营进驻古镇同里。5 月 1 日，吴江县城召开各界人民解放庆祝大会，晚上举行火炬游行，人们载歌载舞，欢庆解放。5 月 3 日，人民解放军二十七军七十九师二三七团抵达震泽镇。5 月 4 日，人民解放军二十八军八十三师侦察营挺进平望镇后，由当地地下党负责人带路，相继解放了盛泽镇、黎里镇。5 月 5 日，八十三师丹阳支队进驻芦墟镇。二十七军七十九师二三七团先头部队从震泽经严墓、桃源去乌镇、新塍。至此，吴江全境解放。全县大军军集，吴江人民喜气洋洋，运草筹粮，热烈欢迎解放军。从此，吴江历史揭开了新的一页。

中共吴江县委和吴江县人民政府的干部配备，早在 1949 年初就在苏北的如皋县白蒲镇确定。“吴江县人民政府印”于 4 月 19 日正式启用。南下接管政权的干部到达苏州后，中共苏锡常工委书记周克、中共苏州工委书记张云曾向鲁琦等负责同志介绍了吴江地下党组织的情况。由于吴江县有多个系统的地下党组织，所以原先在苏北如皋县白蒲镇确定的干部配备又被重新作了调整。根据 4 月 27 日苏南行政公署训令，上级任命鲁琦为中共吴江县委书记，李前、金佩扬为县委副书记。县委设秘书处、组织部、宣传部、民运部。

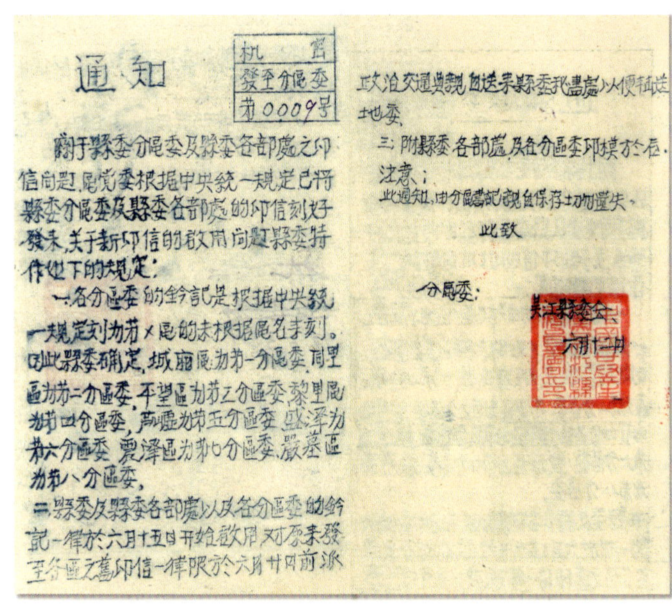

通知

机密
發至分區委
第0009号

關于縣委分區委及縣委各部處之印信問題，區党委根据中央統一規定已将縣委分區委及縣委各部處的印信刻好發来，关于新印信的啟用問題縣委特作如下的規定：

一、各分區委的鈐記是根据中央統一規定刻为第×區的未根据區名来刻。因此縣委确定，城廂區为第一分區委，同里區为第二分區委，平望區为第三分區委，黎里區为第四分區委，蘆墟为第五分區委，盛澤为第六分區委，震澤區为第七分區委，嚴墓區为第八分區委，

二、縣委及縣委各部處以及各分區委的鈐記一律於六月十五日开始啟用，对原来發至各區之舊印信一律限於六月廿日前派政治交通員親自送来縣委秘書處以便轉送地委。

三、附縣委各部處及各分區委印模於后。

注意：
此通知，由分區書記親自保存切勿遺失。

此致
分區委：

吴江縣委会
六月十二日

吴江县委签发至分区委通知

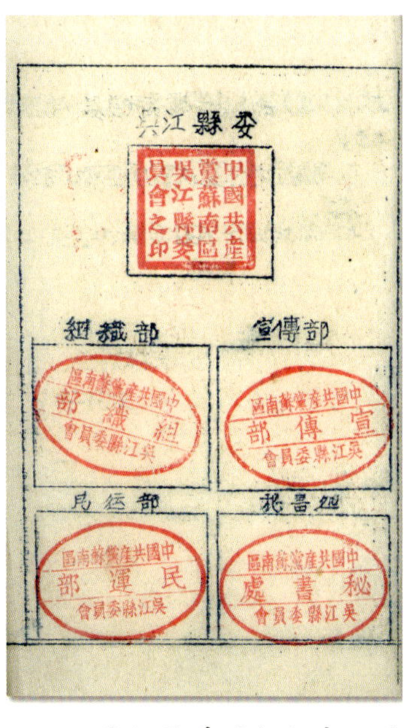


吴江县委及组织部、宣传部、民运部、秘书处印章

5月3日，吴江县人民政府颁发“政字第一号”布告，宣告吴江县人民政府正式成立。杨明任吴江县县长，朱帆任副县长。县政府设立秘书室、民政科、生建科、司法科、教育科、粮食局、公安局、中国人民银行吴江支行、财政科、税务局、电信局、邮政局、工商局吴江支局等政府机构。县政府机关驻吴江县松陵镇。

5月4日起，新建立的吴江县委、县政府开始各项接管工作。

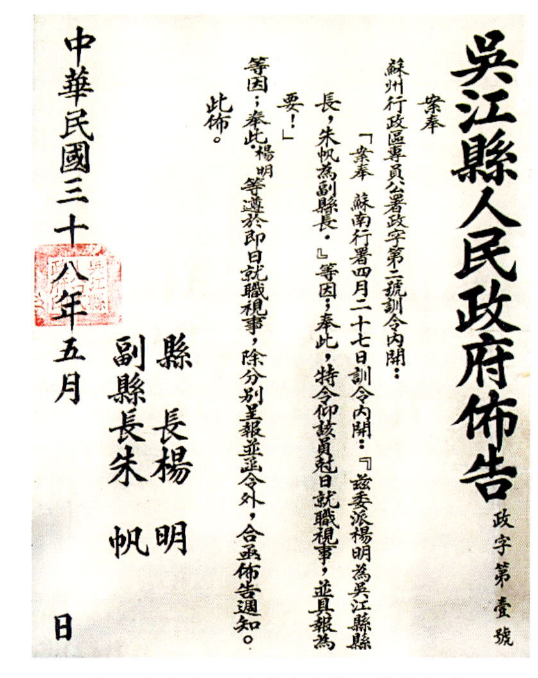
吴江縣人民政府佈告 政字第壹號

案奉

蘇州行政區專員公署政字第二號訓令內開：

「案奉 蘇南行署四月二十七日訓令內開：『茲委派楊明為吳江縣縣長，朱帆為副縣長。』等因；奉此，特令仰該員剋日就職視事，並具報為要！」

等因；奉此，楊明等遵於即日就職視事，除分別呈報並函令外，合亟佈告週知。

此佈。

縣長 楊明

副縣長 朱帆

中華民國三十八年五月 日

吴江县人民政府“政字第一号”布告

## 解放初期吴江县八大区领导名单

1949年5月16日，吴江县建立城厢区、同里区、平望区、黎里区、芦墟区、盛泽区、震泽区、严墓区八个区政权，任命了各区委（副）书记、（副）区长：

城厢区委书记：刘毓礼（文登县）
区长：王世清（文登县）
同里区委副书记：肖永俊（文登县）
区长：毕自安（文登县）
平望区委书记：王佐（牟平县）
区长：李德伟（文登县）
黎里区委书记：姜曰性（牟平县）
副区长：孔宪章（牟平县）
芦墟区委书记：姜明山（文登县）
区长：刘永佐（牟平县）
盛泽区委书记：王克礼（牟平县）
区长：孙尚志（牟平县）
震泽区委书记：孙群山（牟平县）
区长：宋协秀（牟平县）
严墓区委副书记：丛树华（牟平县）
区长：周丕新（牟平县）

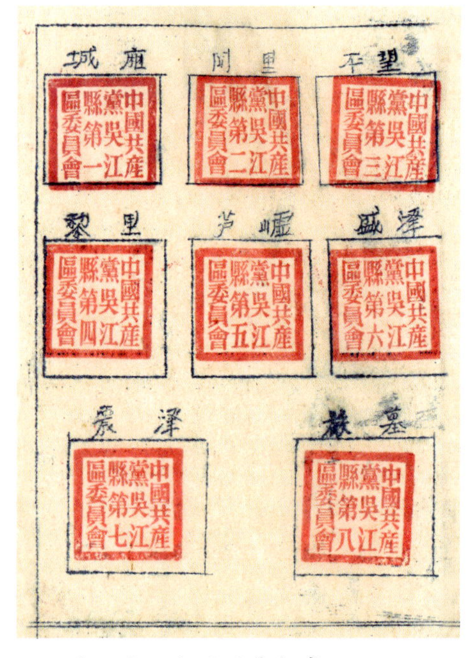

吴江县八个区区委印章

## 接管旧政权机构

吴江县委、县政府根据华东局“按照系统，整套接收，调查研究，逐渐改造”的接管方针，开始接管国民党党政军机构及金融企业机构。吴江县原是国民党反动统治的“模范县”，反动势力十分猖獗。解放前夕，各个系统的地下党组织多次挫败敌人的抢劫和破坏活动，但仍有部分重要档案资料被劫走和烧毁，部分重要物资被转移，军政要员逃离吴江，给接管工作带来难度。同时，国民党残余分子不时散播谣言，进行反动宣传，一些旧职人员由此产生消极、抵触情绪，甚至对抗接管。县委、县政府广泛地向各界群众宣传党的接管政策，加强对接管干部的思想教育，提高干部执行政策的自觉性，增强干部对接管工作的信心；集中旧职人员，宣传接管政策，责令限期移交。

由于吴江不是全境同时解放，而且在实行县、区、乡政权接管时，正处于解放军向南疾进与支援上海战役之际，因此接管工作采取先城镇后乡村、先北后南逐步接管的办法，先接收与支前有关的部门（粮食、建设等），坚持既要实行接收又要兼顾支前任务的原则，推动接管工作顺利进行。

接管党政军机构。接收国民党吴江县政府民政科、财政科、社会科、教育科、建设科、军需科及地方法院、田粮处、地整处、税捐处、统计室、公有款产管理委员会、积谷保管委员会、救济院、县参议会，国民党军警机关的警察局、保安团、防空监视哨、劳动服务团、民众自卫总队，国民党党团机关的县党部、三青团，国民党区乡机构8个区署、38个乡镇公所。

接管卫生机构及金融机构。接收卫生院、医药器材一部、省立医字后勤专署，电信局、邮政局、中国农民银行、中央合作金库、江苏省农民银行、县银行之私营部分。

接管文教机构。接收省立吴江乡村师范、县立吴江中学各1所（后由专署管理），河南流亡中学5所（接收后奉命回原籍），小学233所，私立中学5所，私立小学3所，吴江民众教育馆及盛泽分馆各1所。公立中小学教职员工全部予以留用。

接管档案室。接管各类档案文件共2400卷。

接管物资，包括军用物资与非军用物资。接收自卫队武器，计轻机枪20挺、快枪17支、匣枪57支、手枪44支、步枪349支、汤姆式4支、卡宾枪6支、各种枪弹24888发。其他军用物资主要是15000件各类服装、鞋子、蚊帐以及汽船2艘等。非军用物资有3个仓库，主要是新棉衣和旧服装。

接管粮食。接管粮仓5处，计白米41.5万余公斤、稻谷286万余公斤、烧草 5 万余公斤、麻袋 8000 只。

接管土地房屋。接收土地 1.31 万亩、房屋 800 多间。

接管银行资财。接收收购米 5020 石（1 石为 60 公斤）、农袋米 2885 石、金饰品 5 两 4 钱 2 分，库存现金、金圆券 11639424.25 元。

接管旧职人员。县、区、乡原有旧职人员共 649 人，自己告退、裁遣 441 人，留下 208 人。政府通过组织旧职人员集训，宣传共产党的政策，使之安心工作，有问题者则作出交代。根据“首恶者必办、协从者从宽、立功者受奖”的政策方针，对无劣迹者经过教育后量才录用，决定去留，正式录用 188 人。对被遣散的人员每人发给 10 天生活粮和遣散费，让其回乡参加生产。这种做法起到了很好的效果，旧职人员深为人民政府的宽大政策所感动。被遣散者得到了政府的生活照顾，放下思想包袱，消除了恐惧心态。被留用者因能在人民政府工作而怀着愉快的心情积极学习，提高自己。

5 月 12 日，县政府对接收工作作了初步总结，宣布吴江县总人口数 468631 人，其中男 236768 人、女 231863 人；总户数 93726 户；全县土地数 128.35 万亩。全县行政区划分为 8 个区、12 个镇、26 个乡，计 443 个保、6493 个甲。城厢区辖松陵镇、八坼镇、南厍乡、越溪乡，同里区辖同里镇、新三乡、石泓乡，平望区辖平望镇、横扇镇、溪港乡、梅堰乡，黎里区辖黎里镇、黎东乡、黎西乡、黎北乡，芦墟区辖芦墟镇、北厍镇、莘塔镇、周庄乡，震泽区辖震泽镇、大儒乡、大庙乡、七都乡、八都乡、开弦弓乡、柳塘乡、蠡泽乡，严墓区辖铜罗镇、南麻乡、善骏乡、集贤乡、志和乡、桃源乡，盛泽区辖盛泽镇、谢圣乡、洪福乡、忠介乡、新杭乡。

5 月 17 日后开始接收乡镇公所。村政权尚未建立，暂时仍沿用保甲长征借粮草，支援前线。

吴江各级政权机构先后建立，以恢复生产、安定人民生活和剿匪反霸为中心的各项工作全面展开。

# 第二节 南下干部在吴江的历史贡献

在建立和巩固新解放区的过程中，南下干部发挥了不可替代的作用，他们中大多数人被安排在地方各级党政部门任职，构成了新区县、区领导机构的核心。进驻吴江的南下干部政治立场坚定，工作经验丰富，很快与当地人民融为一体，积极开展工作，赢得了人民群众的拥护和支持，为吴江的建设和发展作出了开拓性贡献。

## 支援前线

在新中国成立初期，进驻吴江县的南下干部开展工作困难重重。一方面，南下干部与当地群众语言不通，向群众宣传政策需要借助当地人翻译。同时，在水乡工作，出门时常需要坐船，北方干部需要克服各种生活上的难题。另一方面，当地中共党组织的力量薄弱，南下干部深入基层需要借助国民党时期留下的保甲长，因此开展工作举步维艰。基层工作千头万绪，接管政权工作还未结束，又开始征粮征柴，筹备战用物资，为解放上海做准备。

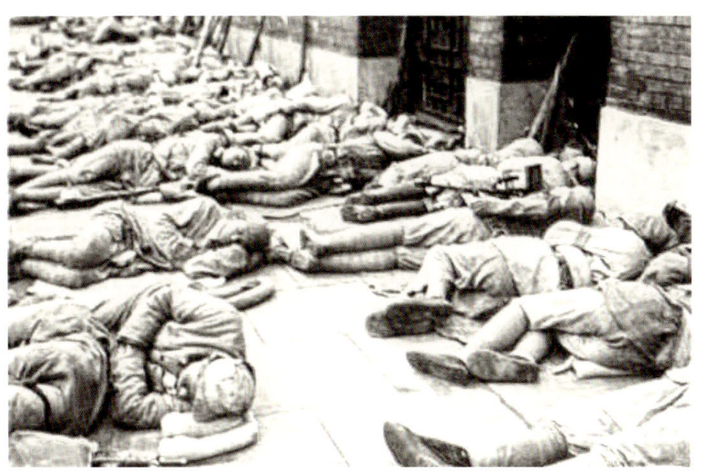

解放上海，二十七军八十师部队指战员不打扰居民露宿上海街头

1949年5月12日，中国人民解放军发起上海战役。吴江邻近上海，为支援上海战役，县委、县政府成立了吴江县支援前线办事处，县长杨明任主任，副县长朱帆任副主任。吴江县每区设支前干部1人，专门负责办理民力、车船、器材、物资等，以备支前急需，支前办事处依靠全县人民，在动员民力、船只运输、组织民工修桥筑路、发动群众借粮献粮等方面，作出一系列努力，取得了巨大成绩。

为支援上海战役及部队南下，吴江县动用民力船只运送到上海、嘉兴、太仓、苏州的粮食512万公斤。协助剿匪部队动用船只543条，转运伤病号与战俘船只125条。1949年5月上旬，县委、县政府派遣干部带领县独立大队1个连的战士，冒着敌机轰炸和残匪袭击的危险，护送四五十条粮船驰泊于上海郊区泗泾，待上海解放后又立即把粮食运进上海，出色地完成了支前任务。解放初期，吴江境内苏嘉公路、平湖公路上的桥梁被国民党溃军炸毁。为了保证解放军顺利挺进，县委、县政府组织民工夜以继日，全力抢修，水陆交通得以恢复。

为了支援南下部队及上海战役参战部队的粮草供给，县委、县政府发起了轰轰烈烈的借粮献粮运动。吴江人民热情高涨，各界人士积极协同，在较短的时间内，完成筹借和捐献。据统计，支援上海战役大米280万公斤，其中供给就地驻军大米200万公斤，支援邻近地区大米80万公斤；筹借捐献柴草200万公斤。

1949年6月，参加上海战役的中国人民解放军第九兵团二十七军，第十兵团二十八军、二十九军等部队移师吴江休整。休整期间，各部队都按编制在吴江补充了兵力。

## 剿匪肃特

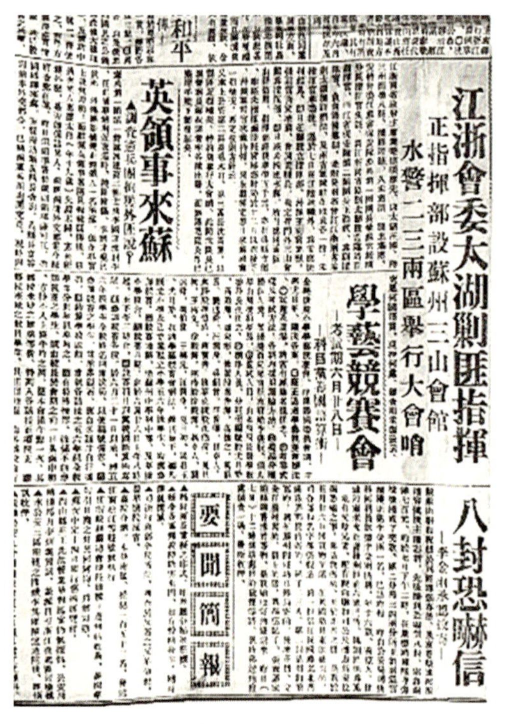
江浙會委太湖剿匪指揮
正指揮部設蘇州三山會館
水警二三兩區舉行大會哨
八封恐嚇信
學藝競賽會
英領事來蘇
和平
要聞簡報

《苏州明报》报道太湖剿匪

太湖土匪由来已久，国民党统治时期，封建帮会、土匪势力极为猖獗。一直以来群众中都流传着“太湖土匪捉勿尽，民不聊生苦中苦”的民谣。吴江靠着东太湖，处于江、浙、沪交界的三角地区，匪情较为复杂。在解放初的前两个月中，各区抢劫案频频发生，而且国民党匪特和地方恶霸相互勾结，到处制造谣言，张贴反动标语，煽动、欺骗和恐吓群众，采取各种方式进行破坏和捣乱，向新生的人民政权进行疯狂的反扑。

1949年5月26日，苏南军区根据党中央和华东军区的指示，颁发了剿匪作战第一号命令，指示各地区组织剿匪机构进行彻底清剿，并确定了“先剿陆上，后剿湖中”的方针。6月6日，吴江县委发出关于肃清土匪的7条指示，指出党政军目前最重要的任务之一，就是迅速肃清散兵股匪，迅速建立发展县、区武装，迅速安定秩序，以利建设工作的顺利进行。7月初，苏南军区召开了第一次军事剿匪会议，下达了剿匪作战第二号命令。13日，苏南区委、苏南行署、苏南军区遵照华东军区指示精神，作出《关于开展太湖地区肃清残匪，发动群众建设政权工作的决定》，成立太湖地区剿匪委员会，统一指挥太湖地区剿匪工作。

以南下干部为主体的吴江县委、县政府遵照上级指示精神，采取“军政并进、剿抚兼施”的方法，在军事清剿的同时，向群众宣传全国胜利形势，动员群众配合剿匪，建立情报网，监视土匪的动态。

至1950年12月间，太湖剿匪战果显著，共歼灭武装匪特200余股、3400余人，缴获枪支2000余支。至1951年初，太湖地区的武装匪特已基本被肃清。此后，吴江县委、县政府又通过开展镇压反革命运动，清查逮捕了一些隐匿的零散匪特，历史上太湖地区绵延不断的匪患问题从此得以根除。

## 召开各界人民代表会议

1949年7月，中共中央发出关于召开各界人民代表会议的通知。9月，中国人民政治协商会议通过了《中国人民政治协商会议共同纲领》（简称《共同纲领》）。

根据中央通知精神和《共同纲领》的决定，吴江县委、县政府决定召开各界人民代表会议，专门成立了会议筹备委员会，县长杨明任主任。大会召开前，举行了第一次筹备委员会会议，讨论各项筹备工作。

1949年10月8日至10日，吴江县第一届各界人民代表会议第一次会议召开。出席会议的代表有157人，其中统战对象53人，占代表总数的33.7%，主要分布在工商、文教和宗教界。县长杨明作《吴江县5个月来工作概况》的报告，县委书记鲁琦作《关于施政工作报告》。会议选举产生了吴江县一届一次各界人民代表会议常务委员会，选举产生5名驻会委员，选举出席苏南一届一次各界人民代表大会代表11人。

1950年5月10日至13日，吴江县第一届各界人民代表会议第二次会议召开。县委书记鲁琦代表县委和县政府作《施政工作报告》，会议收到提案135件，通过了关于恢复农业生产等5项决议案。

1950年11月2日至5日，吴江县第二届各界人民代表会议第一次会议召开。

县委书记鲁琦作《关于吴江县实施土地改革意见》的报告，县长杨明作《政府工作报告》。会议收到提案 144 件，通过了关于实施土地改革等 4 项决议。会议选举产生县二届一次各界人民代表会议常务委员 35 人，鲁琦任主席。

1951 年 4 月 24 日至 27 日，吴江县第二届各界人民代表会议第二次会议召开。县委书记鲁琦作《关于普及深入开展抗美援朝运动的意见》的报告，县长杨明作《政府工作报告》。会议听取了县人民法庭《关于镇压反革命》的报告，通过了《关于在全县普及深入开展抗美援朝运动的决议》和《吴江县各界人民共同爱国公约》。

1951 年 11 月 17 日至 20 日，吴江县第二届各界人民代表会议第三次会议召开。会议中心议题是继续深入开展抗美援朝运动。县长杨明作《政府工作报告》，县委书记李前作《关于吴江县今后三个月几项主要工作的意见》的报告。会议通过了《关于继续加强抗美援朝工作》等 5 项决议案。

1952 年 10 月 9 日至 11 日，吴江县第二届各界人民代表会议第四次会议召开。会议中心议题是继续开展爱国增产节约运动，贯彻“四秋”工作，扩大城乡物资交流。县委书记李前致开幕词，县长杨明作《政府工作报告》。会议通过了《关于发展农业与工业、手工业生产》等决议。

吴江各界人民代表会议的召开，激发了各界群众参政议政的热情，适应了解放初期人民民主政权建设的需要，成为人民政府与广大人民群众联系的桥梁，对全县各项政治运动的开展和县委、县政府各项工作的完成，起到了积极的推动作用。

## 支援抗美援朝运动

1950 年 6 月，朝鲜内战爆发，美国打着联合国的旗号进行武装干涉，并派遣舰队入侵台湾海峡。10月初，美军悍然越过“三八线”，把战火烧向中国边境，严重威胁中国的国家安全，中共中央作出了“抗美援朝，保家卫国”的决策。10 月 19 日，中国人民志愿军跨过鸭绿江，开始了伟大的抗美援朝战争。

吴江县委、县政府领导全县人民投入到轰轰烈烈的抗美援朝运动之中。1950 年冬，吴江县成立了抗美援朝分会，县委副书记金佩扬任主席，县委宣传部部长林华、县工商联（筹）主任史嘉俊任副主席。由此，全县的抗美援朝运动广泛开展起来。运动大体经历了四个阶段：一是从 1950 年冬到 1951 年 2 月，以组织各界人民进行时事学习和宣传为中心，确立抗美援朝战争必胜的信心，激励广大人民的爱国热情；二是从 2 月下旬到 5 月，以反对美国重新武装日本为中心，广泛开展控诉运动，激发广大人民对美国侵略者的仇恨，把抗美援朝运动进一步引向深入；三是从 5 月到 11 月底，以响应和落实“推行爱国公约、捐献飞机大炮和加强优抚工作”三大号召为中心，广泛订立爱国公约，开展爱国捐献和优抚工作；四是 1951 年 12 月后，以响应毛泽东“增加生产、厉行节约，以支持中国人民志愿军”的号召，结合其他各项工作，推动运动持续深入开展。

抗美援朝运动中，全县先后掀起 3 次较大规模的参军热潮，表现了广大人民特别是工人、农民、学生对祖国的热爱。据统计，全县有母亲送儿子报名参军 1561 人，妻子送丈夫参军 1024 人，妇女报名参军 785 人，还成立了 28 个说服队。全县青壮年主动要求报名参军 25828 人，报名参加军事干部学校的青年学生 688 人。全县先后参军入伍 1138 人，在抗美援朝战争中牺牲 73 人，立功 118 人次。吴江的热血青年，用鲜血和生命在抗美援朝战争史上写下了光辉的一页。

吴江县盛泽区盛泽镇欢送抗美援朝应征入伍战士

在抗美援朝运动中，县委、县政府及各级党政部门的组织领导坚强有力，广泛深入地开展了宣传教育工作。1951 年开始，全县抗美援朝运动进一步普及和深化。县委、县政府把发动组织广大人民群众投入抗美援朝爱国运动作为一项重要的政治任务，强调宣传教育要围绕这一中心展开，以推动其他各项工作的进行。3 月上旬，县委、县政府通过总结土改胜利的活动，进一步发动开展抗美援朝、保家卫国运动。全县各地纷纷召开群众性的庆祝土改胜利和抗美援朝动员大会，举行声势浩大的游行活动。

除了参军热潮，在县委、县政府的号召下，全县还掀起订立爱国公约和增产捐献的热潮。各行各业纷纷制订爱国公约和增产捐献计划，积极参加讨论修订爱国公约。广大群众以实际行动响应中国人民抗美援朝总会发出的“订立爱国公约，捐献飞机大炮，优待烈属军属”三大号召。各界人士的政治觉悟空前高涨，爱国公约运动在抗美援朝战争中发挥了重大作用。在抗美援朝运动中，吴江上千名热血青年应征入伍，在朝鲜战场上为保卫和平、保家卫国浴血奋战。吴江县委通过组织开展代耕工作、发动群众慰问伤员、开展评模活动和开展爱国卫生运动的方式，有组织、有计划地开展各项拥军优属工作，有力支援了抗美援朝运动。

## 开展土地改革

1950 年 6 月召开的中共七届三中全会指出，为争取三年时间内实现国家财政经济状况的根本好转，需要做好土地改革等项工作。6 月 30 日，《中华人民共和国土地改革法》颁布实施，宣告土地改革运动开始。

吴江县平望区庆祝土改胜利大会

吴江县委根据苏南区党委的部署，在充分调查研究的基础上，结合实际，拟定了《吴江县土地改革准备工作计划草案》。1950 年 8 月 6 日，吴江县委决定在全县开展土地改革运动。全县土地改革的总体部署是：由点到面，逐步扩展；在试点的基础上，形成北四区（城厢、同里、黎里、芦墟）、南六区（平望、盛泽、坛丘、大庙、震泽、严墓），分两块先后进行。8 月 4 日至 10 月中旬，以城厢区浦北乡为典型试验乡，进行土改试点。10 月中旬至 11 月中旬，在北四区选择 6 个乡进行扩点试验。11 月下旬起，除在北四区全面展开外，同时在南六区每区选一个乡进行试点，这批 37 个乡的土改工作于 1951 年 1 月上旬结束，其余乡则在完成秋征的同时准备土改。1 月中旬，62 个乡的土改工作全面展开，到 3 月底结束。5 月中旬起，全县进入土改复查验收及颁发土地证阶段，至 1951 年 10 月，全县 106 个乡结束土改发证工作。颁发土地证和土地产权的确定，标志着吴江土地改革运动的胜利完成。

吴江的土地改革运动从1950年8月上旬开始，至1951年10月上旬结束，历时一年零两个月。在整个土改过程中，县委始终以《中华人民共和国土地改革法》和苏南行署《关于土地改革实施办法》为依据，认真贯彻执行党中央“依靠贫农、雇农，团结中农，中立富农，有步骤地、有分别地消灭封建制度，发展农业生产”的土地改革总路线和总政策，以满足贫、雇农群众对土地的要求为土地改革的主要任务，坚持党的群众路线，建立广泛的城乡反封建统一战线，保证了全县土改运动的胜利完成。

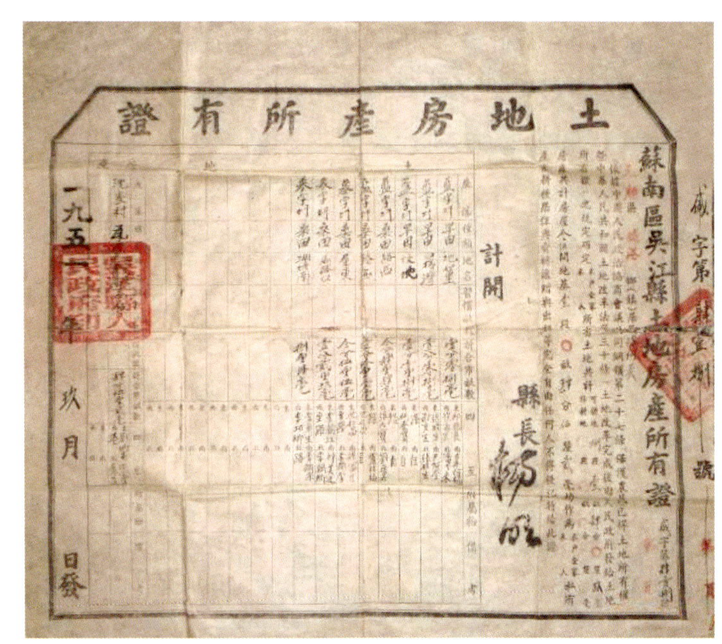
土地房產所有證

蘇南區吳江縣土地房產所有證

計開

縣長

一九五一年 玖 月 日發

土地改革后颁发的土地房产所有证

## 镇压反革命运动

全国解放后，残留在大陆的反革命分子不甘心自己的失败，继续进行破坏和捣乱活动。

1950年10月下旬，吴江县委根据苏州地委传达的关于镇压反革命运动的指示精神，制订了运动计划。确定的步骤是：首先审定有罪恶的国民党党、团、特主要分子名单；其次对反革命分子进行调查，收集材料，掌握罪证；最后进行清案工作，召开公安、司法、人民法院干部会议，决定处理方针。工作方法是：发动群众，以大会控诉为主要形式，根据控诉材料判定，再召开群众大会公开审理，宣判执行。为了加强对运动的领导，县委成立了保卫委员会，组成以县人民法院、公安、司法3个单位为基础，充实部分土改工作队力量的统一机构，设立材料科、侦捕科、审讯科、处决科，具体负责对五类反革命分子从调查到判决的全程工作。

1950年，全县正在开展土地改革运动，农村的镇反运动是在广泛进行反封建教育的基础上，结合土改开展的对恶霸地主的斗争。12 月 11 日至 13 日，县人民法院在同里、平望、城厢三地召开群众大会，开庭公审地主恶霸。12 月下旬，县委、县政府逮捕了一批恶霸地主，召开以区或几个区（乡）为单位组织的数千人至万人大会，由人民法院主持公审，群众进行控诉说理斗争，然后依法进行惩处。

1951 年 3 月 10 日，县委根据苏州地委《三个月镇反工作指示》，结合吴江县实际，拟定了《三个月工作计划》，规定自 4 月起，着重追捕逃往外地的恶霸地主和匪特。根据县委指示，各地迅速行动。据 7 个区、镇的不完全统计，被追捕法办的反革命分子有 35 人。3 月 23 日，吴江县召开万人公审大会，镇反运动形成高潮。

在镇压反革命运动后期，吴江县还进行了取缔反动会道门的斗争。1953 年 1 月，县政府颁发《关于取缔一贯道等反动组织的布告》，要求全县人民一致行动起来，积极协助政府，揭露反动会道门的各种反革命罪恶活动。全县的镇压反革命运动，从 1950 年 10 月开始，到 1953 年基本告一段落。

### 防治血吸虫病

解放初，农村广大群众迫切需要解决的医疗卫生问题是血吸虫病的治疗。当时，全县 18 岁到 32 岁的青壮年中，60% 以上感染血吸虫病，其中城厢区、

20 世纪 50 年代，全民查灭钉螺行动全面展开

大庙区占 80%，极大地影响了人民的身体健康和正常的生产劳动。

1951 年冬开始，全县普遍进行卫生教育，加强城镇的环境卫生治理，重点开展对血吸虫病的治疗。1952 年 3 月，吴江县委、县政府组织防治人员 30 余人，深入疫区，到城厢区浦东乡开始第一个血防工作试点，宣传、教育和发动群众，进行粪便管理，查治病人，培训防治人员。采用酒石酸锑钾疗法，首批治疗病人 46 人。6 月，血防试点扩大到浦北、平东、新参 3 个乡，各乡均成立了血防工作组，由乡长任组长。试点工作取得初步经验后，当年血防工作又推广了 5 个乡。1952 年 4 月，吴江县成立了防疫委员会，同年更名为爱国卫生运动委员会，领导全县人民开展爱国卫生运动。根据毛泽东“一定要消灭血吸虫病”的指示精神，1956 年吴江县、区、乡党政组织分别成立了防治血吸虫病领导机构，从而有计划地开展全面防治血吸虫病群众运动。1958 年，全县抽调 61 名医务人员，组成 12 个防治组、4 个技术辅导组，共粪检普查 70 万人份，查出病人 1.28 万人，用锑钾治疗 3.57 万人；普查耕牛 1.15 万头，查出阳性耕牛 173 头，并对其进行治疗。同时，在全县普查普灭钉螺。1959 年，全县灭螺 100 多万平方米，查病 26.60 万人，治疗 1.43 万人。1964 年，全县健全各级血防领导组织，确定重流行区以湖滨、同里 2 个公社为防治血吸虫病试点，轻流行区以震泽、铜罗 2 个公社为消灭血吸虫病试点，其他公社都选 1 个大队试点，摸索从生产出发，为生产服务，结合生产开展血防工作的经验。全县集中医疗卫生单位工作人员 360 多人，投入血防工作。1965 年 6 月 20 日，《解放日报》《新华日报》《健康报》分别报道铜罗公社依靠自己力量送走“瘟神”的经验。血吸虫病防治规模之大、发动之广、历时之久、影响之深，在吴江卫生防病工作中是绝无仅有的。

吴江县委、县政府立足于造福人民，努力改变环境卫生状况，全县医疗卫

第2版　1965年6月20日　星期日　解放日报　夏历乙巳年五月(小)廿一　明日夏至

自己动手送“瘟神”

——江苏省吴江县铜锣公社依靠群众消灭钉螺的经验

集中力量打歼灭战　除害兴利一举两得

坚持三结合的群众路线

1965 年 6 月 20 日，《解放日报》报道了吴江县铜罗公社消灭钉螺的经验

生事业落后的面貌逐步得到改善。

## 社会主义三大改造

随着党的过渡时期总路线的提出和“一五”计划的实施，吴江县根据上级部署，大力推进并完成了对农业、手工业和资本主义工商业的社会主义改造，顺利实现了从新民主主义到社会主义的历史性转变，初步建立起以生产资料公有制及按劳分配为主体和基本特征的社会主义经济制度。

吴江县的农业合作化运动是继土地改革之后，农村的又一次大规模的群众性的富有成效的变革运动。该运动经历了互助组—初级农业生产合作社—高级农业生产合作社 3 种形式，实际上成为互相衔接的 3 个步骤。第一步，组织起带有社会主义萌芽性质的临时互助组和常年互助组，但在生产过程中存在着因先干后干而导致收成好坏的矛盾，在分配过程中也存在着组员之间得益多少的矛盾；第二步，发展以土地入股、统一经营为特点的半社会主义性质的初级农业生产合作社，据统计，至 1956 年 1 月，全县初级社迅速发展到 1954 个，78804 户，占农户总数的 70%；第三步，建立土地和重要生产资料集体化的、社会主义性质的高级农业生产合作社，到 1956 年底，全县高级社发展到 445 个。在这一运动过程中，县委、县政府认真执行党的依靠贫农、巩固地团结中农的政策，遵循自愿互利、典型示范和国家帮助的原则。广大农民群众在党的领导下，彻底摆脱了小土地私有制的束缚，走上了合作经济的广阔发展道路，开创了建设社会主义农村的新时代，为促进农村生产力的发展打下了良好的基础。

解放初期，吴江县有个体手工业 1097 户 3000 余人，行业主要有棉纺织、丝织、粮油加工、酒酱、建材、铁木竹农具及以修理装配为主的机械等。1952 年，全县着手试办手工业生产合作社，开始对个体手工业进行社会主义改造。1953 年，随着党在过渡时期总路线的公布和宣传贯彻，手工业合作社进入普遍发展阶段。从 1955 年冬季开始，改造步伐急剧加快。1956 年 1 月，随着农业合作化和资本主义工商业社会主义改造高潮的掀起，手工业也组织起来走上合作化道路。具体步骤：第一批是 1956 年 7 月下旬至 8 月中旬，建立 28 个社、2 个小组；第二批是 8 月中旬至 9 月上旬，建立 27 个社、26 个小组；第三批是 9 月中旬至下旬，建立 14 个社、3 个小组。到 1956 年底，全县完成了主要手工业行业的合作化，组织起 123 个社（组），成员 5799 人，占全县手工业者总数的 97.84%。

党在过渡时期的总路线公布后，县委根据上级指示精神及时组织传达，对资本主义工商业采取“公私合营”的方式，逐步变私有制为公有制。1954 年 3 月，江苏省委作出《关于 1954 年扩展公私合营工业计划》的决定，县委、县政府经过周密的调查研究，结合本县实际制订相应的工作计划。新生丝棉织造厂于 1955 年 2 月向吴江县人民委员会申请公私合营。经过充分的统战协商，并认真做好资产定股等一系列工作，新生丝棉织造厂于 1955 年 11 月 1 日，经吴江县人民委员会工商科批准正式实行公私合营，成为吴江县第一个公私合营企业，改名“公私合营新生布厂”。1955 年底，苏州地委就资本主义工商业改造作出工作部署。县委根据上级指示，成立了吴江县对资改造领导小组，在全县迅速地进行对资改造有关政策的宣传和贯彻。1956 年 1 月上旬，全县的工厂、企业，全部向政府提出了合营申请。宣布批准公私合营后，有关企业随即转入清产核资工作。公私合营的实施，建立和健全了企业的管理制度，结束了过去生产经营的盲目性，为吴江工业的恢复创造了条件。至 1956 年 1 月，全县 7787 家私营工业、商业、手工业和交通运输业的工厂、企业，全部实行了公私合营或走合作化道路。

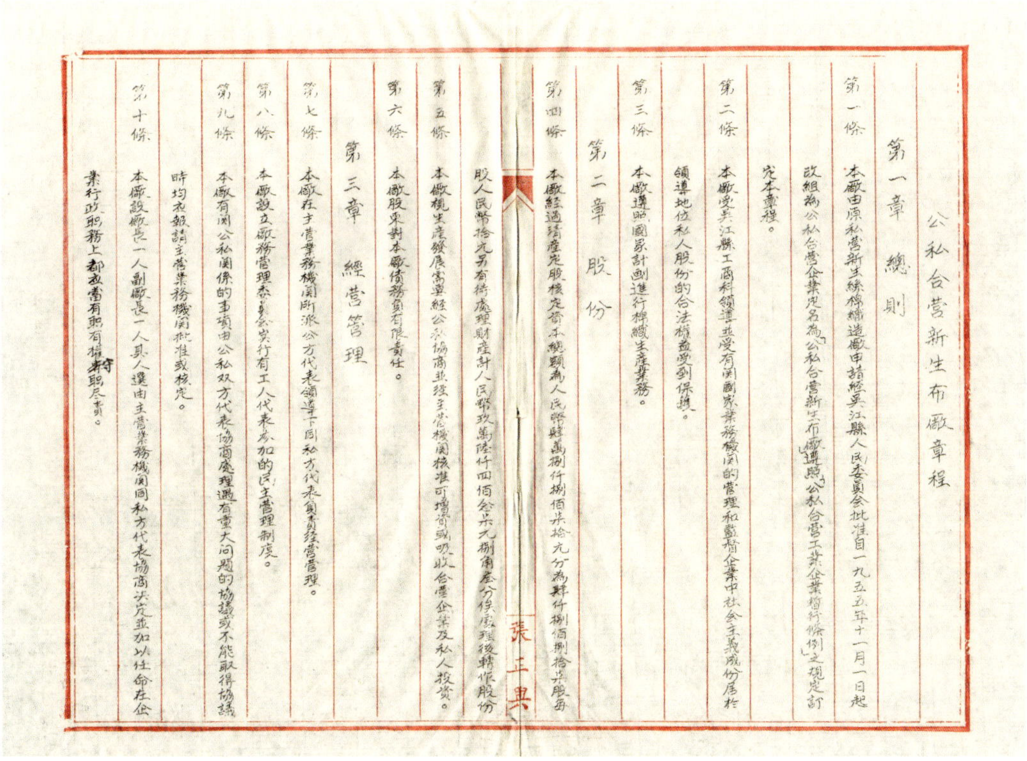
公私合營新生布廠章程

第一章 總則

第一條 本廠由原私營新生絲棉織造廠申請經吳江縣人民委員會批准自一九五五年十一月一日起改組為公私合營企業定名為「公私合營新生布廠」遵照「公私合營工業企業暫行條例」之規定訂定本章程。

第二條 本廠受吳江縣工商科領導並受有關國家業務機關的管理和監督企業中社會主義成份居於領導地位私人股份的合法權益受到保護。

第三條 本廠遵照國家計劃進行棉織生產業務。

第二章 股份

第四條 本廠經過清產定股核定資本總額為人民幣肆萬捌仟捌佰柒拾九元九分為肆仟捌佰捌拾柒股每股人民幣拾元另有待處理財產計人民幣玖萬陸仟四佰叁柒元捌角叁分俟處理後轉作股份

第五條 本廠視生產發展需要經公私協商並經主管機關核准可增資或吸收合營企業及私人投資。

第六條 本廠股東對本廠債務負有限責任。

第三章 經營管理

第七條 本廠在主管業務機關所派公方代表領導下同私方代表負責經營管理。

第八條 本廠設立廠務管理委員會實行有工人代表參加的民主管理制度。

第九條 本廠有關公私關係的事項由公私双方代表協商處理遇有重大问題的協議或不能取得協議時均應報請主管業務機關批准或核定。

第十條 本廠設廠長一人副廠長一人其人選由主管業務機關同私方代表協商決定並加以任命在企業行政職務上都應當有職有權守職尽責。

《公私合营新生布厂章程》

对农业、手工业、资本主义工商业进行社会主义改造，极大地解放了生产力，推动了国民经济的发展，壮大了社会主义经济力量，巩固了人民民主专政。

## 扫盲运动

解放后，人民政府积极实施工农业余教育。1949 年，吴江县教育科在城镇举办工人识字班，在农村举办农民学校，借鉴山东老解放区的做法，利用冬春农闲组织农民开展冬学。全县办冬学点 20 所，学员 2300 人。1950 年，城镇工人俱乐部共办职工补习班 4 所，学员 217 人。为了增加社教力量，帮助一部分失业知识分子解决生活问题，吴江县通过以工代赈的方式，组织 40 余名失业知识分子参加冬学工作。62 个乡办冬学 308 班，入学农民 18398 人，涌现出 362 名学习模范。

土地改革后，广大农民迫切要求学习文化知识。1951 年 11 月，吴江县召开第二届各界人民代表会议第三次会议，作出了《关于开展冬学运动的决议》。会议指出为适应土改翻身后广大农民群众提高政治文化水平的迫切要求，必须在冬春农闲时广泛地开展冬学运动，要求通过冬学，结合宣传农业生产的十大政策，提高农民群众对政策的认识，发动群众完成各项任务。

自此，全县各地普遍开展冬学运动，广泛进行政治教育和文化教育。盛泽镇率先成立职工业余学校，黎里、芦墟、同里、松陵、八坼等镇工会也陆续办起

吴江县盛泽区盛泽镇斜桥街青年扫盲队员合影

职工业余学校。1951 年 8 月，县直机关成立业余学校，县长兼校长，参加学习的机关干部、工人 91 人。全县工人业余学校增至 8 所，农村俱乐部增至 20 所，18373 名农民和 2359 名工人参加学习，涌现出 376 名学习模范。1952 年，全县职工业余学校发展到 10 所，参加学习的职工 3180 人；农村冬学 755 所，民校 479 所，俱乐部 40 所，其中配有专职教师的农村中心民校 65 所，学员 64479 人。随着速成识字法在各地普遍推广，吴江县着手对师资进行培养。至年底，全县扫除文盲 2082 人。广大群众经过冬学运动，文化水平得到普遍提高，不仅在政治上翻了身，在文化上也翻了身。

## 太浦河工程

吴江县地势低洼，遇有山洪暴发，洪水长期滞留境内，历来洪涝灾害严重。解放后，吴江县以防洪治水为重点，开展农田水利建设。太浦河是沟通太湖和黄浦江的骨干河道，全长 57.62 公里，其中吴江段 40.75 公里，流经庙港、横扇、梅堰、平望、黎里、北厍、芦墟 7 个镇。为解决太湖水害问题，县委、县政府决定整顿水系，增辟太浦河为东泄河道。

太浦河第一期工程于 1958 年开始，10 月 29 日，苏州专区太浦河太湖分

开挖太浦河工地一角

洪工程指挥部在吴江县平望镇成立，由时任中共吴江县委第三书记的胶东南下干部刘涛任指挥。11 月 27 日，吴江县民工 2360 人编成 10 个营，在平望镇以北 1000 米、运河以西 1029 米河段范围内进行开河试点。同期，吴江、震泽（后并入吴县）、吴县、江阴、青浦、松江、金山 7 个县的 12 万多名民工，组成 9 个民工团先后进入工地。其中吴江县设总团，下辖 3 个分团，民工 1.5 万人；其余各县均 1 个团。太浦河第一期工程全线开工后，吴江一团和震泽团负责填筑东太湖穿湖大堤的土方工程，吴江二团、三团和吴县、江阴共 4 个民工团分段负责吴江境内河段的开挖，青浦、松江、金山 3 个民工团负责青浦境内 14.84 公里河段的开挖。施工中，各民工团均开展了社会主义劳动竞赛。

为了不误农时，1959 年 5 月 5 日，太浦河工程全线停工。1960 年 2 月，太浦河工程复工，时任吴江县委第一书记林华（文登南下干部）任指挥。吴江、吴县、江阴、常熟 4 县 8 个团 7.8 万名民工返回工地，其中吴江县设总团及 3 个分团，民工 3.53 万人。青浦、松江、金山 3 县此时都划归上海市，曾一度复工，旋即撤离。同期，太浦河工程全线开展社会主义劳动竞赛，工程进入关键阶段，指挥部开展了各种夺冠活动。4 月 10 日，太浦河第一期工程吴江境内河段按计划竣工。4 月 15 日，河道土方工程竣工，共完成土方 710 余万立方米，其中吴江县完成 324 万余立方米，河底宽达 150 米。

太浦河节制闸工程于 1958 年 12 月 6 日开工，1959 年 8 月 28 日竣工。1961 年，横扇东套闸和跨太浦河的平望公路桥及黎里、芦墟 2 座木便桥建成。

林华，1924 年 4 月生，山东省文登县人，1940 年 6 月加入中国共产党。原为小学教师，后任文登县柘阳区各救会会长、中共文登县侯家区委书记。1949 年 4 月随军南下任中共吴江县委宣传部部长。后历任中共吴江县委副书记、书记，中共苏州地委政法部部长，吴江县政协主席，中共太仓县委书记，中共苏州地委副书记兼行署副专员，中共苏州市纪委书记，苏州市人大副主任，苏州市人大常委会党组书记。1987 年 12 月离休。2015 年 12 月病逝。

太浦河第一期工程共完成土方1984万立方米，国家投资2000万元，挖废耕地0.71万亩，压占耕地0.14万亩，拆迁房屋8048间。1978年，苏州地区太浦河工程总指挥部成立，开始实施太浦河西段第二期工程。在县委、县政府的领导下，通过整修河道、加固圩堤，吴江县有效地提高了防御洪涝灾害的能力，为农业生产恢复和发展奠定良好基础。

太浦河工地节制闸

1960年4月，苏州专区太浦河工程胜利竣工，营以上干部合影

# 第三节 太仓县委、县政府的建立

1949 年 3 月，为顺利接管即将解放的苏南地区，中共华中工委着手组建苏州地委及所属县、区党委和政府，其中接管太仓县的党政人员主要由昆嵛县和乳山县的南下干部，以及苏北和太仓当地的干部组成。以南下干部为主体的县委、县政府进驻县城后，宣传党的各项政策，安定民心，建立和稳固革命新秩序，为恢复国民经济和生产发展打下坚实基础。

## 建立新政权机构

1949 年 5 月上旬，人民解放军先后解放璜泾、沙溪、双凤、浮桥等地区，太仓县委、县政府进驻印溪镇办公。接管太仓县的区、乡（镇）干部按分工奔赴已解放地区开展工作，宣传党的政策，召开各界人士会议，收缴自卫队武器，发动群众支援前线，配合人民解放军解放太仓县城。5 月 12 日深夜，太仓全境解放。

太仓县首任县长浦太福（左 2）率领县政府干部进驻太仓

5 月 13 日上午，在苏北白蒲镇组建的太仓县委、县政府机关进驻县城。李铭堂任中共太仓县委书记，王一峰任县委副书记。浦太福任太仓县人民政府县长，王杰任副县长。进驻县城后，接管干部在大街小巷张贴《中国人民解放军布告》和县政府《安民告示》，宣传人民解放军和人民政府的各项政策，安定民心。

5 月 14 日下午，县委、县政府在太仓师范礼堂召开大会，庆祝太仓解放，各界群众代表 600 多人参加大会。县长浦太福宣告太仓县人民政府正式成立。

太仓县委、县政府的成立，标志着旧政权的结束和新太仓的诞生，揭开了太仓历史新的篇章。

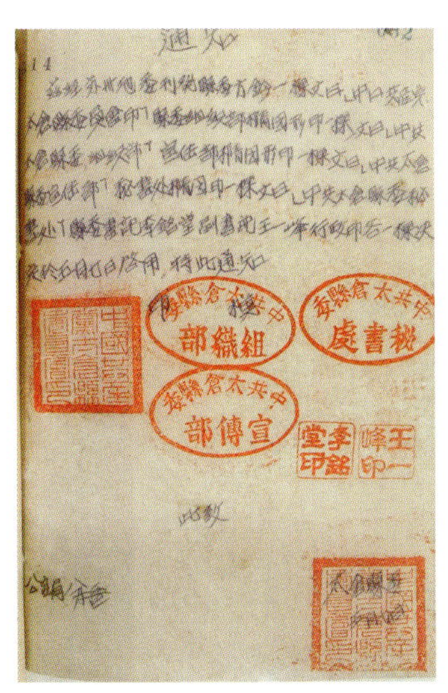
通知

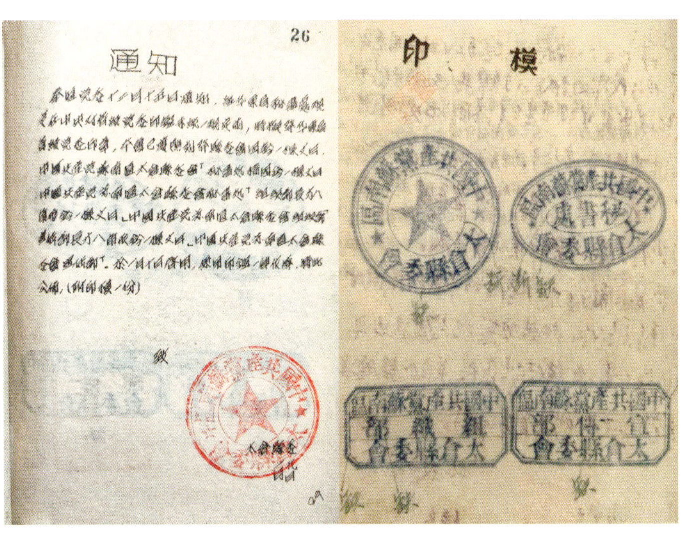
通知

印模

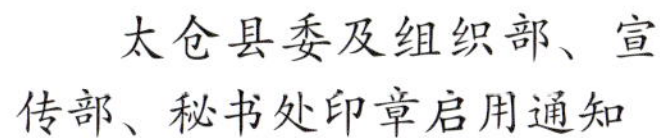
太仓县委及组织部、宣传部、秘书处印章启用通知

1950年，太仓县委及组织部、宣传部、秘书处印章调整通知

## 解放初期太仓县六大区领导名单

1949年4月19日，太仓县委、县政府在苏北白蒲镇组建了城区、沙溪、浏河、浮桥、双凤、璜泾六个区委、区政府领导班子，任命了各区委书记、区长：

城区区委书记：鞠书信（昆嵛县）
区　　长：迟绍轩（昆嵛县）
沙溪区委书记：沙　田（乳山县）
区　　长：于聪年（乳山县）
浏河区委书记：张子平（昆嵛县）
区　　长：侯贵恩（昆嵛县）
浮桥区委书记：吕以珍（昆嵛县）
区　　长：周庆新（昆嵛县）
双凤区委书记：于伦修（昆嵛县）
区　　长：宫润森（昆嵛县）
璜泾区委书记：刘积熙（昆嵛县）
区　　长：陶鸿淇（昆嵛县）

## 接管旧政权机构

太仓县委、县政府入驻县城后，立即组织接管准备工作。5 月 13 日晚，县委召开会议，重点研究接管工作，决定从 14 日开始，按系统做好接管的前期工作。根据华东局“按照系统，整套接收，调查研究，逐渐改造”的指示精神，结合太仓的实际情况，县委、县政府制订了接管工作的原则：分主次以及难易程度，有步骤、有重点地进行接收，接与管有计划地结合起来。

接管前，针对国民党政府将大批档案资料疏散到各旧职人员家里，且大部分旧职人员逃离的情况，县委通过召开各种会议，广泛宣传党的政策，消除旧职人员的顾虑，并采用旧职人员找旧职人员的办法，使 80% 的旧职人员陆续回原单位登记。

5 月 23 日开始，接管国民党县级党政机关、学校和企业的工作全面展开。其间，先后接管的机构主要有国民党县党部、秘书室、财政科、民政科、建设科、教育科、军事科、警察局、参议会、干训所、地方法院、县商会及 25 个乡（镇）公所等，交通银行太仓办事处、江苏省银行太仓办事处、江苏省农民银行太仓办事处、中国农民银行太仓农贷通讯处、太仓县银行、常熟国税稽征局太仓稽征所和太仓县税捐稽征处等金融财税部门，邮政局、电信局、电话交换总所及各镇代办所等邮电通信部门，江苏省立太仓师范、7 所中学、19 所完小和 97 所国民小学等学校，民众教育馆、图书馆、明报社、文献委员会、太仓公医院、平民产科医院、汽车公司、太嘉宝救济院等，还接管了纱厂 7 家、织布厂 1 家、轧花厂 1 家。接管的主要实物有金圆券 2014 万元、子弹 8.5 箱、炸药 150 斤、棉花 3315 斤、大麦 788 石、公田

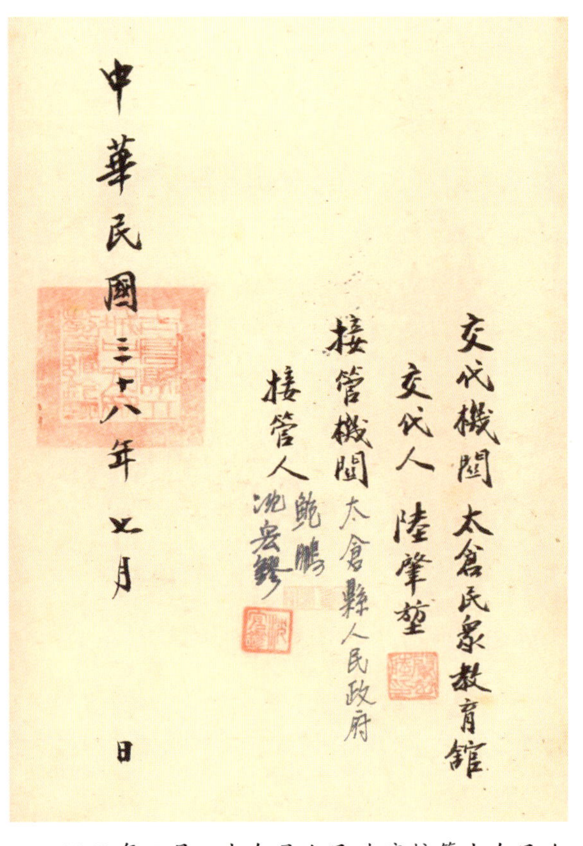
交代機關 太倉民衆教育館
交代人 陸肇堃
接管機關 太倉縣人民政府
接管人 鮑鵬
中華民國三十八年七月 日

1949 年 7 月，太仓县人民政府接管太仓民众教育馆交接书

5219 亩、公房 5413 间、各色布匹 1100 万尺。同时，还接管了国民党和汪伪档案资料 5819 册及报刊资料等。

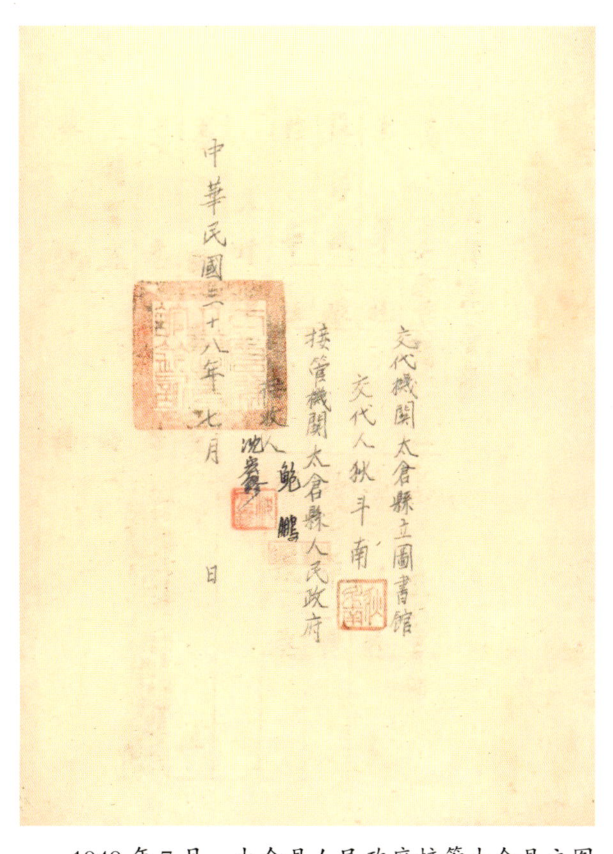

交代機關太倉縣立圖書館
交代人狄斗南
接管機關太倉縣人民政府
中華民國三十八年七月 日

1949 年 7 月，太仓县人民政府接管太仓县立图书馆交接书

在接管过程中，根据中共中央及华东局“分别对象，讲清道理，指明出路，慎重负责”和“首恶必办，胁从不问，立功受奖，分别对待”的指示精神，太仓县对国民党旧军政人员进行妥善处置：依法惩处部分首恶分子和继续作恶者，开除反动分子和为群众所不满者，对一般人员则根据有关政策分别予以留用或遣散。全县留用旧职人员 175 名，遣散 327 名。对留用人员，通过培训、参加政治学习等形式，提高其思想觉悟，然后安排到合适的岗位上工作。公安局在接管过程中，对旧党政警特人员进行形势政策教育和自新登记，敦促他们遵守人民政府法令。至 8 月底，到公安局自新登记的旧警官 55 名、党政特人员 45 名，收缴枪支 49 支、子弹 1305 发。对旧警中的班长、警长以下人员，本人要求留用的，临时安排为清洁员，负责清扫城区街道。然后根据他们的劳动、学习情况和群众意见，先后挑选素质较好的 10 余人吸收为人民警察。税务局在接管国税所、税捐处过程中，在全局 92 名旧职人员中录用 56 人。利用旧职人员熟悉业务的情况，组织他们对税票、报表、花名册、办公用房、用具等物品进行清点，登记造册。至 6 月 10 日，接管工作顺利完成。接管中不予留用的旧职人员原则上回老家参加生产劳动，家在外县的领取一定数量的遣散费。同时，各区、乡（镇）政权相应做好接管工作。

在县委、县政府的正确领导及社会各界人士的全力支持下，7 月上旬，太仓县委、县政府对旧政权的接管工作全面完成。

# 第四节 南下干部在太仓的历史贡献

南下干部朴素扎实的作风，赢得了各界人士的信任和支持，也促进了接管工作的顺利进行。南下干部发扬对党忠诚、艰苦奋斗和密切联系群众的老区精神，很快安定了社会秩序，恢复了生产发展。作为党政部门和各条战线的主要领导和骨干，南下干部为太仓的解放建设和发展作出了重要的历史贡献。

## 防汛救灾

接管之初，太仓县百业凋敝、民不聊生，县委、县政府一方面按上级指示负责紧急征集粮草支援上海战役；另一方面由于国民党飞机对太仓县沙溪、浏河等地的持续轰炸，还要恢复生产，安置难民。1949 年 5 月 3 日，太仓县人民政府（临时）在沙溪镇成立，国民党反动军队不甘失败，于 5 月 7 日派出飞机轰炸了当地最大的企业——利泰纱厂，当场炸死卫士曹惠霖。太仓县工商科沙溪办事处的干部接到通知后，立即赶往现场处理此事，后在副县长王杰（文登南下干部）的协调下，资方朱丹初为曹惠霖出具了《抚恤状》。县政府对此事的迅速妥善处理，稳定了人心，恢复了生产。

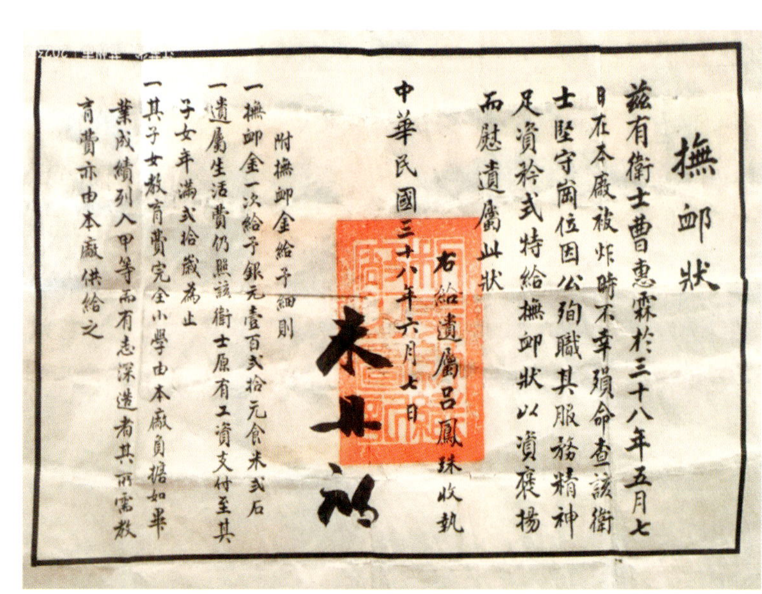

撫卹狀

茲有衛士曹惠霖於三十八年五月七日在本廠被炸時不幸殞命查該衛士堅守崗位因公殉職具服務精神足資矜式特給撫卹狀以資褒揚而慰遺屬此狀

右給遺屬呂鳳珠收執

中華民國三十八年六月七日

朱丹初

附撫卹金給予細則

一撫卹金一次給予銀元壹百弍拾元食米弍石

一遺屬生活費仍照該衛士原有工資支付至其子女年滿弍拾歲為止

一其子女教育費完全小學由本廠負擔如畢業成績列入甲等而有志深造者其所需教育費亦由本廠供給之

利泰纱厂资方朱丹初出具的《抚恤状》

在百端待举之际，1949 年 7 月，太仓县又遭 9 级台风袭击。由于长江南岸江堤被国民党挖掘战壕所破坏，所以台风一过，江堤大面积决口，造成农田被

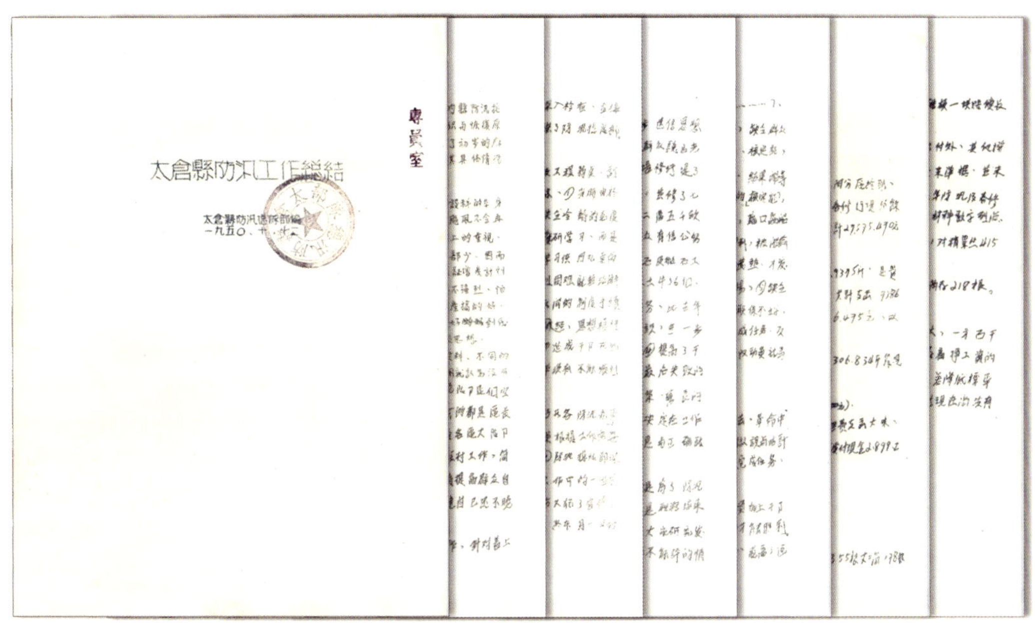
太倉縣防汛工作總結

太倉縣防汛總隊部編
一九五〇.十.廿二

專員室

1950 年 10 月，太仓县防汛总队部编《太仓县防汛工作总结》

淹，村庄被水吞没，人民流离失所，无家可归。太仓县委、县政府一面抓生产救灾，一面组织民工修复江堤。太仓沿江有 38 公里的江堤，从西北与常熟交界的白茆口锵脚塘，至东南与上海宝山交界的小川沙，年久失修。国民党为了阻挡解放军渡江，挖掘战壕，修筑碉堡，形成的险工有 7 处之多，其中尤以浮桥的七丫口、龙王庙两处隐患最严重。面对如此大的灾难，太仓县委、县政府立即成立了太仓县防汛总队，由副县长王杰任总队长，带领太仓县防汛总队组织上万民工抢修江堤，安置灾民，处理善后工作。至 1950 年底，太仓县防汛总队共为江堤添土 3200 多万立方米，使江堤有了初步改观。此后又不断对江堤加高、加宽、加固，并连年抛石，种植芦苇、杞柳等抗击风浪，确保大堤经受住了历次台风和大潮的严峻考验。

## 筹粮征粮

解放前，太仓县粮食产需、供求矛盾十分尖锐。当时，粮食市场实行自由贸易，政府尚未控制粮源。随着解放战争的胜利推进，需要由国家供应粮食的军政人员数量越来越多，因此筹粮征粮成为县委、县政府面临的艰巨任务。1949 年 5 月，苏州军分区支前司令部为支援人民解放军解放上海，下达筹集粮草的命令。县委多次召开会议研究筹集粮草工作，建立了由地方党政干部和人民解放军战士组成的筹粮工作队，县政府设支前科，负责筹集粮草支援前线的工作。

因为当时夏熟尚未收获，正处青黄不接时节，县委决定采用筹借公粮公草的形式完成筹集粮食 150 万公斤的任务，将筹借的粮食在夏收、秋收后的征粮中予以抵扣。借粮的主要对象明确为农村地主，并号召全县城乡各界尽力负担，以保证军需供应。为贯彻中央关于避免过“左”倾向发生的指示，县委规定了农村借粮的具体标准：自耕田和双租田每亩借米 15 公斤，借草 30 公斤；单租田每亩借米 7.5 公斤，借草 15 公斤。筹借任务要求在 6 月 15 日前完成。

为了顺利完成征粮任务，筹粮队深入基层发动群众，分别在各区、乡（镇）召开各界代表人士会议和群众大会，宣传党的政策，动员各界人士协助人民政府筹粮筹款。筹粮工作队在短短一个月时间内共筹借大米 167.33 万公斤、柴草 363 万公斤，超额完成了筹集粮草任务。

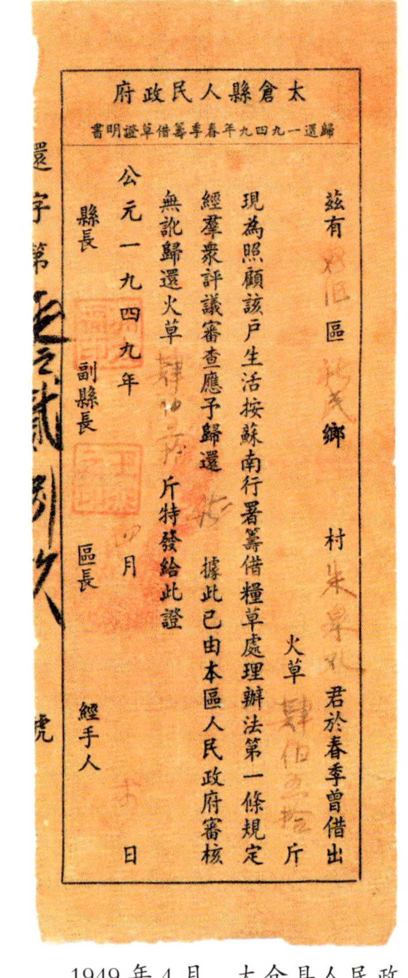

太倉縣人民政府

歸還一九四九年春季籌借草證明書

茲有　區　鄉　村　君於春季曾借出火草　斤

現為照顧該户生活按蘇南行署籌借糧草處理辦法第一條規定

經羣衆評議審查應予歸還　據此已由本區人民政府審核

無訛歸還火草　斤特發給此證

縣長　副縣長　區長　經手人

公元一九四九年　月　日

還字第　號

1949 年 4 月，太仓县人民政府出具的春季筹借火草证明书

1949 年 7 月，太仓县委、县政府制定公布《夏季征收公粮公草实施细则》，并召开区委书记会议部署夏季征收工作。各区广泛宣传政策，登记田亩，审核公布征收数量，召开群众大会评议，迅速推开征收工作。从 8 月 6 日征购开始，截至 9 月 10 日，共征夏粮 425.36 万公斤，超额完成了任务。1949 年共征收粮食 2196 万公斤。

1950 年 9 月，太仓县委部署全县各级党组织广泛开展宣传中央人民政府《新解放区农业税暂行条例》教育活动，并根据《苏南区 1950 年度农业税暂行条例实施细则》要求，全面开展调查登记农业人口、田亩产量及整顿田赋工作，按农业人口每人全年平均农业收入实行全额累进计征。至 1950 年 12 月，全县超额完成征收（秋征）任务，征粮 3047 万公斤，超出苏州行政专署分配任务 247 万公斤。借粮、征粮任务的完成，为支援全国解放、促进全县社会稳定作出了积极贡献。

## 召开各界人民代表会议

解放初期，为广泛联系各阶层人民群众，争取、团结和利用上层进步人士，太仓县委、县政府经常邀请有影响的社会各界人士召开座谈会，倾听他们的意见和建议，商讨稳定社会秩序、平抑物价、生产救灾等重要工作事项。1949 年 9 月，县委根据苏南区党委部署，着手筹备召开各界人民代表会议，建立各界人民代表会议制度。10 月 8 日至 12 日，太仓县第一届各界人民代表会议第一次会议在城厢镇召开。出席会议的有党政机关负责人、工人、农民、妇女、学生、军烈属、文化教育界、工商界、科学技术界、医疗卫生界、宗教界及民主人士代表共 106 人。会议听取县委代理书记李铭堂《关于目前形势和今后任务》的报告，听取和讨论县长浦太福《关于太仓解放五个月来的施政工作报告》，确定改造保甲、剿匪肃特、反霸、支援前线等各项工作任务。会议选举产生由 15 人组成的县第一届各界人民代表会议常务委员会，李铭堂任常务委员会主席。从 1949 年 10 月到 1954 年 6 月，太仓县各界人民代表会议共举行三届八次会议。

1951 年 11 月 20 日，太仓县各界人民代表会议第三届常务委员会合影

各界人民代表会议制度是解放初期人民政府广泛联系人民群众的组织形式，它的建立标志着体现党的统一战线理论的政治协商制度的形成，大大激发

了人民群众参政议政的热情，对于提高人民群众觉悟、推进基层建设、恢复和发展国民经济发挥了十分重要的作用。

## 支援抗美援朝运动

1950 年 6 月，朝鲜战争爆发后，太仓县各级党组织通过各种形式，组织工人、农民、学生、店员等社会各界深入学习关于声讨美国侵略朝鲜和台湾的有关文章，揭露美帝国主义破坏世界和平的罪行。7 月 1 日，县委组织开展保卫世界和平签名周活动，全县人民踊跃签名。20 日，太仓人民反对美帝侵略台湾朝鲜运动委员会成立。21 日，县委发出《关于反对美帝侵略台湾朝鲜宣传运动周的通知》，要求各区召开各人民团体会议，成立区反美侵略委员会，各机关学校组织宣传队，有组织有领导地开展宣传活动。

1950 年 10 月 26 日，中国人民保卫世界和平反对美国侵略委员会成立。12 月 21 日，由 117 名各界人士代表组成的中国人民保卫世界和平反对美国侵略委员会太仓支会成立。支会成立后，组织开展了更大规模的抗美援朝宣传教育活动，和平签名运动再掀高潮。至 12 月底，共有 15 万余人参加签名，占全县总人口的二分之一。1951 年 2 月，县委作出进一步开展“抗美援朝，保家卫国”宣传教育工作的指示，全县各区、乡分别召开“庆祝土改胜利和抗美援朝参军运动”大会，举行声势浩大的游行活动。全县大规模的宣传教育活动为抗美援朝参军运动奠定了良好的思想基础。

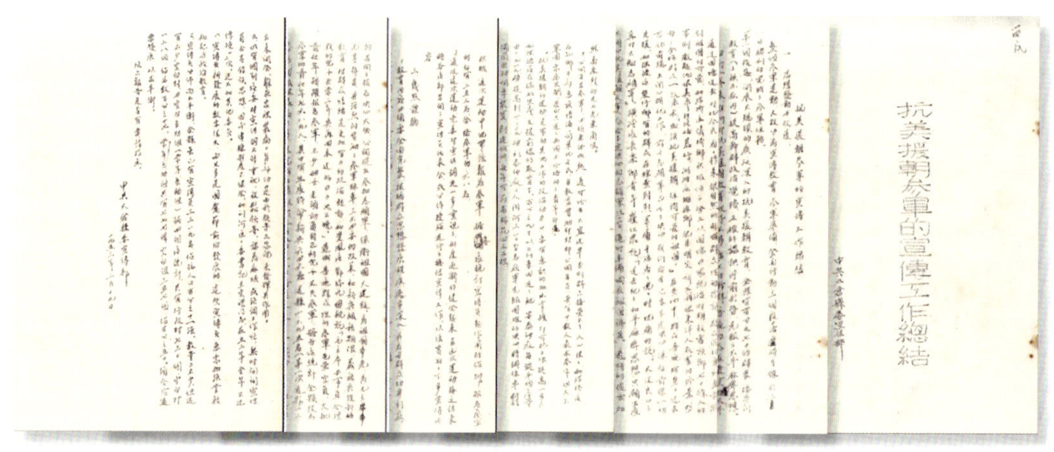
抗美援朝參軍的宣傳工作總結

1953 年 2 月，太仓县委宣传部《抗美援朝参军的宣传工作总结》

太仓县委根据上级党委的要求，开展“抗美援朝，保家卫国”爱国参军运动，动员适龄青年报名参军，以实际行动争取抗美援朝战争的胜利。为此，县、区分别成立新兵接收站，具体负责征兵工作。

县领导为应征入伍战士戴光荣红花

在征兵工作中，各区、乡（镇）组织召开各种会议，利用各种形式进行宣传动员。许多优秀青年响应党的号召，纷纷报名要求参加中国人民志愿军，在1951年2月和7月的两次征兵工作中共7689名青壮年报名参军。报名现场出现了父母送儿子、妻子送丈夫、兄弟齐参军的动人情景。全县先后征集两批新兵3021名，超额完成上级交给的征兵任务。其中，妻子送丈夫参军315人，祖父母送孙子参军49人，姐妹送兄弟参军359人。在抗美援朝战争中，应征入伍的太仓籍志愿军战士不负重托，英勇杀敌，立功受奖400余人次，有122名战士献出了宝贵的生命，涌现了无数可歌可泣的英勇事迹。

应征入伍战士在西门码头集中出发

1951年6月1日，中国人民抗美援朝总会发出《关于推行爱国公约，捐献飞机大炮和优待烈属军属的号召》，号召在全国普遍开展订立爱国公约运动和增产、捐献武器、优待烈属及残疾军人运动，提出了“增加生产，增加收入”的口号，并要求将此作为重要内容订入各单位的爱国公约。订立爱国公约和增产捐献活动的开展，将人们的爱国热情转变为爱国行动，推动了各项工作的开展，有力地支援了抗美援朝战争。

为解除在前方浴血奋战的志愿军战士的后顾之忧，太仓县委按照苏南区党委的指示要求，把拥军优属作为一项重要的政治任务，有组织、有计划地开展各项拥军优属工作，帮助军烈属解决生产和生活中的实际困难，激励志愿军战士安心服役，英勇杀敌。广大群众把志愿军看作最可爱的人，热情帮助军烈属做好代耕工作。代耕工作从 1950 年 10 月开始，至 1951 年 3 月的春耕形成高潮，全县建立代耕小组 405 个 5334 人，为军烈属代耕土地 1675 亩，占军烈属家庭土地总面积的 65.8%。

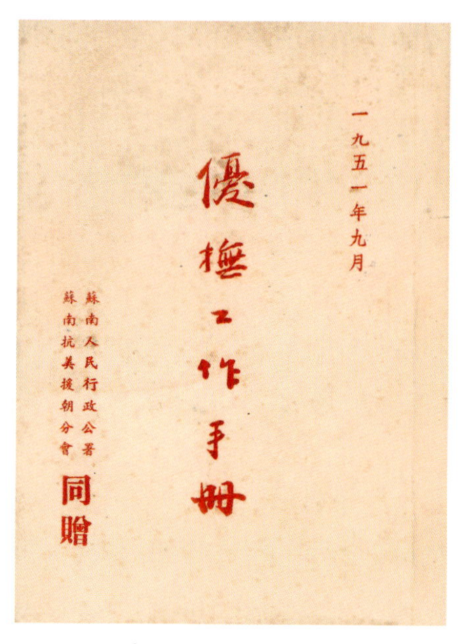

1951 年 9 月，苏南人民行政公署、苏南抗美援朝分会《优抚工作手册》

与此同时，县委、县政府认真检查对军烈属政策的落实情况，建立优抚工作机构和制度，召开干部群众座谈会和军烈属代表会议征求意见，改进工作，深入各村走访军烈属了解情况，帮助解决实际问题。1952 年，县政府对无固定收入、生活困难的军烈属发放补助粮 15777.5 公斤，补助金 3122.92 万元。为推动拥军优属工作深入持久地开展，全县还开展了评模表彰活动，进一步提高干部群众拥军优属积极性。

## 剿匪肃特

太仓解放之初，国民党残余势力伺机进行骚扰破坏，潜伏的国民党特务蠢蠢欲动，建立组织，破坏公路桥梁、通信线路和仓库等设施，还散发传单、散布谣言、蛊惑人心，煽动群众抗缴公粮、抗纳税收，甚至搜集各区、乡（镇）干部名单和武器装备情况，阴谋策划抢银行、烧粮、投毒等，反动活动十分猖獗；国民党军队的散兵游勇藏匿乡间，胡作非为；海盗、湖匪也蠢蠢欲动，横行乡里，打家劫舍、敲诈勒索等案件时有发生，新生的人民政权面临严重威胁。因此，巩固基层人民政权，保护人民生命财产安全成为县委、县政府最迫切的工作。

1949 年 9 月 16 日，根据华东局《关于开展剿匪肃特斗争的指示》精神，太仓县委召开区、乡（镇）干部扩大会议，决定全面开展剿匪肃特工作。根据太仓匪特活动的情况，县委确定了由军队、地方和人民群众紧密配合的“军事捕灭、政治攻势、发动群众”三位一体的剿匪方针。自此，剿匪肃特工作全面展开。

太仓县反帝大会场

自1949年9月至1952年10月，在县委的统一领导下，历时3年的剿匪肃特斗争取得了胜利，先后剿灭匪特组织18个、零星土匪11股，捕获匪特255名，缴获轻机枪1挺、长短枪11支、无线电台2部及印章、委任状、派遣令等若干，侦破县公安局看守所内匪特拉拢策反看守人员、企图组织狱中暴动的案件3起。

## 镇压反革命和取缔反动会道门

解放前，太仓是国民党统治时期的“模范县”，反动机构林立，各种反动势力猖獗。解放初期，县委、县政府开展的剿匪肃特和反霸斗争，虽然摧毁了一系列敌特组织，但国民党残余和反革命势力继续进行各种破坏。面对严峻的敌情，太仓县人民政府果断采取措施，镇压反革命残余势力，打击其嚣张气焰。

1950年7月23日，中央人民政府政务院和最高人民法院联合发出《关于镇压反革命的指示》。10月10日，中共中央发出《关于纠正镇压反革命活动的右倾偏向的指示》，镇压反革命运动在全国展开。11月，根据中央指示精神以及上级党委统一部署，太仓县委决定组织开展镇压反革命运动。12月，县委召开各区委、县直属机关各部门领导干部会议，传达中央关于镇压反革命的指示，要求各级党委全面贯彻“首恶者必办，胁从者不问，立功者受奖”的镇压与宽大处理相结合的政策，对罪大恶极、怙恶不悛的反革命首要分子，实行坚决镇压，彻底肃清反革命残余势力，进一步稳定社会秩序。

1951年3月，太仓县委在全面调查研究的基础上，制订了《关于开展镇压反革命运动的工作计划》，发出《关于目前镇压反革命分子的指示》，要求全县各级党委务必把镇压反革命运动作为一项重要的政治任务和战斗任务。4月，太仓县第二届各界人民代表会议第二次会议通过了《关于发动群众，大张旗鼓

1951 年 8 月，太仓县人民法院召开万人公审大会镇压反革命

地开展镇压反革命运动，以巩固人民民主政权的决议》。此后，太仓县通过召开群众控诉会、各界人士座谈会和举办反革命罪证展览会等形式，控诉揭露反革命分子的种种罪行，提高干部群众的政治觉悟，使人民群众的斗争热情空前高涨，镇压反革命运动迅速形成高潮。据统计，城区、沙溪、浮桥、璜泾 4 个区先后召开群众揭发控诉反革命罪行大会 172 场次，举行街头宣传 261 次。与此同时，全县抽调有关部门干部 30 多名，在城厢、印溪、浏河 3 个镇设立反动党团、特务人员登记处。不少反革命分子慑于人民民主专政的威力，先后向当地人民政府和登记处投案自首，请求从宽处理。

1951 年 12 月，县委根据第四次全国公安会议精神，全面总结前阶段镇压反革命运动情况，制订《今后六个月的镇反工作计划》，要求少数镇压反革命不彻底的地区做好扫尾工作。1953 年 2 月，为了深入开展镇压反革命运动，摧毁反革命活动基础，县委按照第四次全国公安会议关于取缔反动会道门的决议精神，组织开展取缔一贯道等反动会道门的工作。各区、乡（镇）根据县委部署，先后召开各种宣传会议 170 多场次，向群众揭露会道门的罪恶与欺骗性，受教育的群众达 5 万人。2 月 10 日，县政府颁发布告，宣布一贯道及其化名均为非法组织，对其予以彻底取缔。县、区两级由分管党政领导挂帅，以公安为主体，宣传、文教、民政等有关部门密切配合，开展取缔一贯道等反动会道门专项斗争。在广泛开展宣传教育的基础上，根据群众举报和调查取证，依法逮捕了罪行严重、民愤极大的头目7名，并查封了职业道堂，没收了道产道具。城厢、陆渡、浮桥、双凤、印溪、浏河等地设立会道门办道人员登记处，负责办理登记悔过和声明退道等事宜。全县登记悔过的办道人员180余名，声明退道的3900余人。

历时3年的镇压反革命运动，打击和摧毁了反革命残余势力，肃清了曾经猖獗一时的特务、土匪及会道门等反动组织，从而为巩固新生的人民民主政权、保证土地改革和经济恢复工作的顺利进行提供了保障。

## 开展土地改革

1949年10月，太仓县第一次农民代表大会决议明确提出实行减租，为土地改革创造有利条件。1950年3月8日，太仓县第一届各界人民代表会议第二次会议就减租和民主反霸问题进行了专题商议，并形成相应的决议。1950年6月底，中央人民政府颁布《中华人民共和国土地改革法》。7月，县委决定加快土地改革准备工作，全面开展减租减息和反霸斗争。县委在深入细致的调查研究基础上，先后拟定了《土改工作计划》《今冬完成土改大体计划》，安排开展土地改革运动的各项准备工作，为全面开展土地改革奠定了基础。

土改干部深入农户家庭调查了解情况

土地改革运动分三期进行。第一期，典型实验。太仓县委确定在岳王区大众乡进行土地改革工作试点。第二期，面上推广。1950 年 11 月下旬，县委决定在条件比较成熟的 36 个乡（浮桥区 12 个乡、岳王区 2 个乡、城区 9 个乡、双凤区 9 个乡，以及浏河、陆渡、沙溪、璜泾 4 个区各 1 个乡）开展土地改革。第三期，全面展开。1951 年 1 月底，全县除 1 个镇外，其余 67 个乡（镇）进入土改全面展开阶段。至 2 月底，土地改革基本结束。5 月上旬，太仓县开始对土地改革情况进行复查验收，并为农民颁发土地证。至 1951 年 9 月底，太仓县土地改革结束。

在土地改革运动中，太仓县委始终以《中华人民共和国土地改革法》和苏南行署《关于土地改革实施办法》为依据，认真贯彻执行中央“依靠贫农、雇农，团结中农，中立富农，有步骤有分别地消灭封建剥削制度，发展农业生产”的土地改革总路线和总政策，切实加强领导，坚持党的群众路线，整顿强化基层群众组织，放手发动群众，加强宣传教育，建立城乡广泛的统一战线，开展反封建斗争，从而保证了全县的土地改革运动有领导、有计划、有秩序地进行。

太仓县农民分田析产

太仓县土地改革工作经历四个阶段。第一阶段是发动群众打击封建势力。据统计，在运动第一阶段中，全县召开控诉批斗恶霸、不法地主大会 342 次，参加群众达 20.62 万人次。第二阶段是划分阶级成分。据统计，土地改革中划为地主 1229 户，富农 1618 户（含半地主式富农），工商业者 378 户，小土地出租者

1377 户，中农 25013 户，贫农 33688 户，雇农 2516 户。第三阶段是没收、征收及分配土地和财产。据统计，全县被没收、征收的土地户 2003 户，没收、征收土地 401672 亩，58951 户无田少地的农民分得土地 386208 亩，贫雇农人均 1.71 亩，中农人均 1.48 亩，其他劳动人民人均 1.35 亩。与此同时，进行没收、追交、分配地主“四大”财产（地主多余的房屋及随房家具、牲畜、大型农具、多余的粮食）。据统计，全县 31040 户雇、贫农分得房屋 5812 间、农具 39479 件、家具 83198 件、耕畜 788 头、粮食 196.8 万公斤。第四阶段是复查验收，颁发土地证。1951 年 5 月，根据苏南区党委农村工作会议精神，对照华东局规定的五条标准，县委组织力量对土地改革进行复查验收，颁发土地证。经复查，在全县 109 个乡（镇）、1250 个村中，存在发动群众不充分、打击地主阶级不彻底、土地分配不公或不合理等偏差较多问题的有 21 个“三类乡”和 187 个“夹生村”，县委对其进行了补课。经过复查和补课，县委纠正了错划的成分，补划了漏划的地主，重新调整部分土地的分配，同时又没收和征收了一批“四大”财产。

蘇南土改情况

對內新聞 僅供參考 未經批准 不得轉載

★蘇南人民行政公署土地改革委員會編印★

一九五一年三月三十日
第三十九期
（本期四頁）

太倉縣通過沒收分配工作
土改運動更廣泛深入開展

太倉第一期土改鄉
打擊地主階級 掀起羣衆運動

浮陸鎮工商界支持土改
報出地主隱藏的財物

（太倉訊）太倉縣浮橋區浮陸鎮於廿一日召開了四百餘人的工商界會議，這個會議對支持農村土改運動起了很大作用，工商界在會後紛紛報出了爲地主隱藏的大批財產。會上，首先作了土改與工商界關係的報告，然後進行討論，根據農民報告，舉出許多實際材料，說明在工商界中有一部份人爲地主隱藏四大財產，要求大家幫助農民，不要庇護地主，并指出地主是敵人後，接着討論市鎮工商界如何以實際行動來擁護土改，即有人表示堅決不做地主防空洞，報出了爲地主隱藏的四大財產，接着陸續報出的有二十戶，第二天繼續有二十戶左右報出，全鎮兩天中計報出隱藏地主財產有：棉花二十包左右，大米二千斤，布一百二十多匹，火油九十六斤，酒五十罈，[illegible]，及櫥櫃等傢具數百件。

該鎮此工作所以獲得很大的成功，主要是事先做了較充分的思想教育，指出利害，提高了工商界對土改的認識，其次在材料的掌握上，由於發動了工人、店員及農民因而容易蒐集，否則情況掌握不够工作也不易開展。

（何寧若）

太倉新毛鄉
職工、商人支援土改
檢舉出地主大批糧食

太仓县有关土地改革情况的报道

1951 年 9 月起，太仓县开始为农民颁发土地使用证，标志着太仓县农村土地改革运动的胜利结束。

## 改造教育事业和开展扫盲运动

太仓解放时，全县仅有5所中学、2所中等专业职业学校、151所小学，在校中学生977人、小学生10597人。县委、县政府接管太仓后，十分重视教育工作，组织力量接管改造学校，建立发展新教育制度，使教育事业逐步走上正轨。1950年，县政府根据第一次全国教育工作会议确定的“学校必须敞开大门，教育必须为国家生产建设服务”的方针，在巩固办好所接管学校的同时，把有办学条件的私塾改造为公办或民办小学，接纳更多的工农子女入学。与1948年相比，1952年，在校师范生1115人，增长152%；中专生775人，增长812%；中学生1844人，增长25%；小学生32132人，增长100%；入园幼儿2134人，增长192%。

接管时，太仓县共有教职员674人，教师的素质及数量尚不能适应教育事业发展的要求。县政府教育主管部门为提高教育质量，注重加强教师队伍的建设，不仅加强对教师的思想政治教育，稳定并整顿教师队伍，对有重大政治、经济问题及不称职人员进行处理和调整，还采取多种方式提高教师的文化业务水平。

在恢复和发展普通教育的同时，县教育主管部门按照《苏南区党委关于冬季组织工作的决定》，借鉴山东老解放区的做法，采取冬学和农村俱乐部等形式，在城镇和农村逐步开办民校，开展民众教育扫盲工作。1950年1月，冬学运动全面开展，太仓县组织群众进行识字和政治教育。是时，全县有冬学学校35所44班，学员2027名，其中妇女694名，学员中年龄最小的14岁，最大的45岁，文盲、半文盲占学员总数的76%。春耕开始后，冬学大部分转为民校，利用夜晚进行扫盲教学。1950年下半年，土地改革开始后，农民要求识字的积极性更高，农会、妇女干部和青年团员积极带

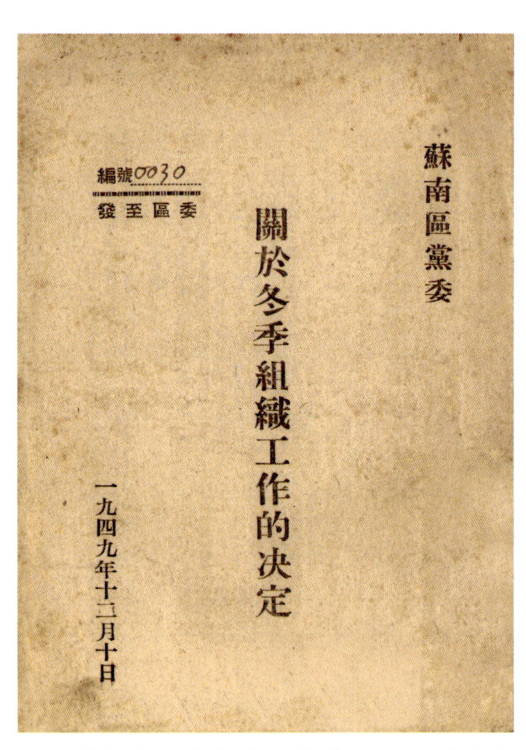
蘇南區黨委
關於冬季組織工作的決定
一九四九年十二月十日
編號0030
發至區委

《苏南区党委关于冬季组织工作的决定》

头。年底，冬学运动达到高潮，全县开办冬学学校 369 所 4604 班，学员 20407 人。1951 年 3 月，县、区、乡（镇）成立各级农民业余教育委员会，冬学学校转为常年民校，各校建立校务委员会。全县划分农民业余教育中心辅导区 47 个，由“农村俱乐部”组织辅导。11 月，县政府制订《太仓县一九五一年冬学运动实施计划》，实行政府领导、文教部门负责、群团组织配合的领导体制，贯彻“以民教民”的方针，教学内容以政治教育为主、识字教育为辅。至 1952 年，全县有民校 1041 所，学员 34711 人。在开展农民教育的同时，太仓县在城镇开办工人夜校、识字班、业余补习学校等，进行政治教育和文化教育。

群众集中学习

## 开展防疫卫生运动和消灭血吸虫病

解放后，太仓县政府将防疫工作提上议事日程。1952 年 3 月，县防疫委员会成立，负责全县防疫卫生工作。各区、乡（镇）也相继成立防疫卫生委员会。防疫卫生委员会建立后，广泛宣传防疫卫生知识，发动群众搞好环境卫生和饮食卫生，开展整治环境卫生工作，改善生活环境，灭捕传播疫病的老鼠和蚊蝇，控制疫情传染源，加强粪便管理，保护水源等。城厢镇各街村建立妇女卫生小组，

太仓县集中开展查灭钉螺、送瘟神行动

发动群众迁移沿河粪坑，不下河洗刷马桶，受到苏南行政公署卫生处通报表扬。同时，加强食品卫生管理，举办食品卫生培训班，培训餐饮服务业人员及机关、学校炊事员568人。通过开展群众性爱国卫生运动，城乡卫生状况明显好转，人民群众的生活环境得到初步改善，疫情得以有效控制。

太仓、昆山、嘉定联合开展消灭血吸虫行动

太仓县是血吸虫病高发地，血吸虫病遍及县内三分之二的地区，部分地区极为严重。1950年春，驻太仓解放军战士在战备训练中因接触疫水而发生大批人员急性感染血吸虫病事件，上海同济大学卫生系派医疗队到太仓为驻军战士医治。医疗队在为部队医治的同时，对城厢、双凤地区826名居民进行血吸虫病检查，106人呈阳性，占检查人数的12.8%，并在环城河发现“钉螺蛳繁殖极盛，沿岸皆可捡得”。面对血吸虫病给人民群众带来的深重灾难，县委、县政府组织力量开展防治血吸虫病工作。1952年1月，苏南太仓血吸虫病防治站成立，县长兼任站长。血吸虫病防治站成立后，首先在血吸虫病流行重点地区进行防病宣传教育，并组织医务人员在双凤、城厢、沙溪的5个乡进行血吸虫病检查，化验7318人，查出病人1994人。在查病基础上，组织县卫生院及3个区联合诊所分3批治疗病人458人。同时，在双凤区同新乡、新安乡调查寄生血吸虫的钉螺滋生状

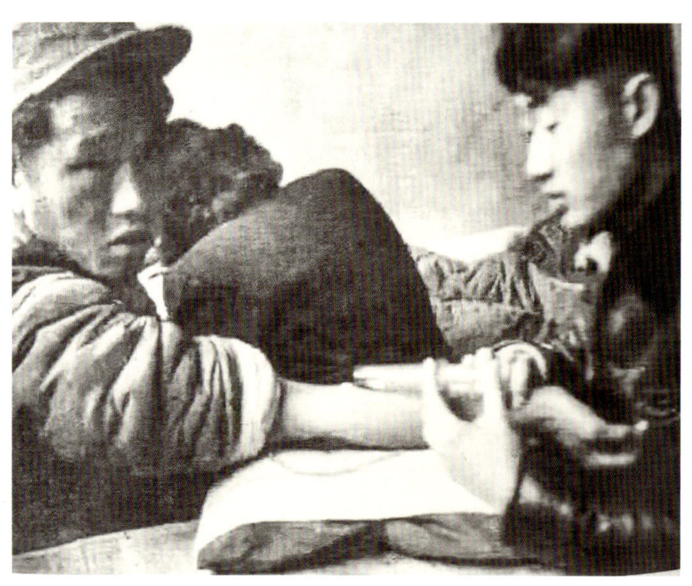
1950年，上海同济大学医疗队为血吸虫病患者注射锑剂

况。在此基础上，采取“灭、防、管、治”等综合措施，组织全县群众开展大规模查螺灭螺运动，为彻底消灭血吸虫病打下良好基础。

## 开展农田水利基本建设

太仓临江濒海，境内塘浦纵横，河网稠密，又地处江湖下游，客水多。东部沿江地区易遭江洪海潮漫溢；西部圩区及中部腹地，因上承太湖、阳澄湖诸湖来水，下受海潮顶托，每遭暴雨则洪涝成灾。由此，县委、县政府十分重视农田水利基本建设，汲取前人经验，制定了一系列规划和方案，兴修水利工程，使解放初期百孔千疮的江堤得到治理，圩堤也得以全面修整。

1950 年 1 月 16 日，太仓县委根据苏南行政公署水利会议精神的要求，成立太仓海塘（指太仓地段的长江江堤，位于江尾海头，主要用于防御海潮侵袭）工程处，组织实施江堤加高加固工程，提高防汛能力。工程于 1 月 22 日开工至 5 月 23 日竣工，加高加固江堤 36.6 公里，疏浚随塘河 7.96 公里，修建桩石护岸工程 53 处，计 7.7 公里，工程土方量 32.83 万立方米。

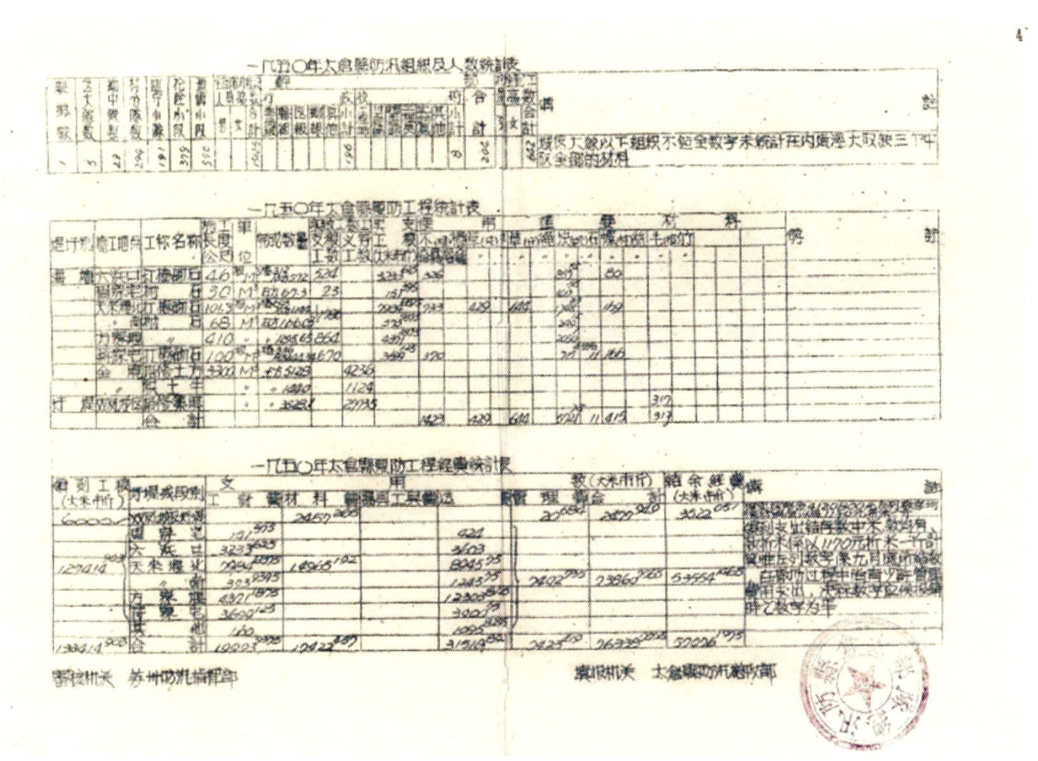

一九五〇年太仓县防汛组织及人数统计表

一九五〇年太仓县堤防工程统计表

一九五〇年太仓县堤防工程经费统计表

1950 年太仓县防汛组织及人数统计表

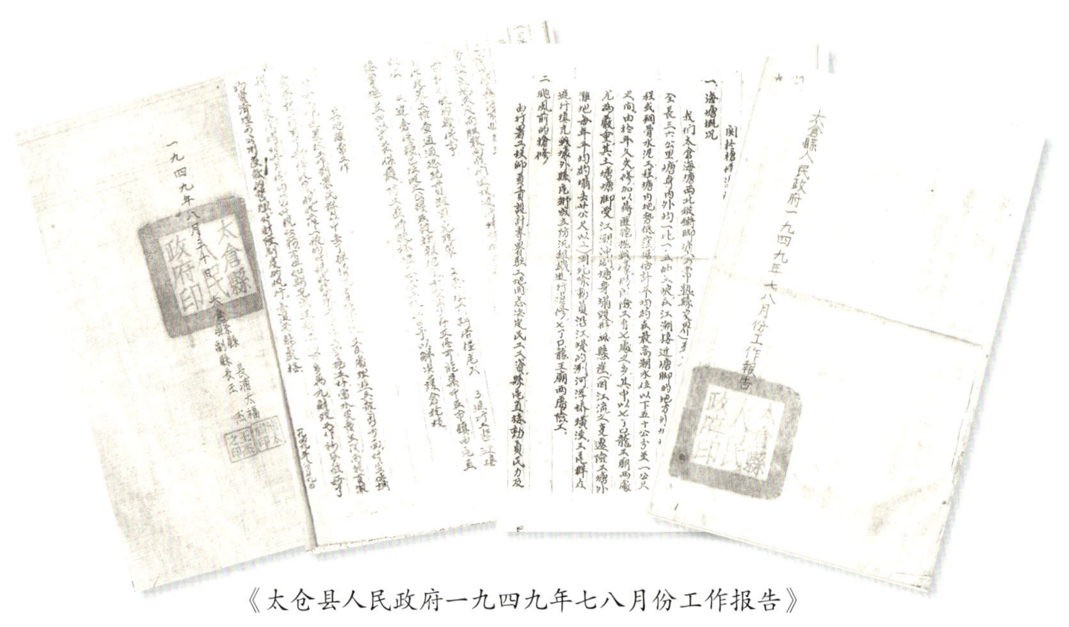

《太仓县人民政府一九四九年七八月份工作报告》

境内吴塘以西为低洼圩区，圩区总面积 6.88 万亩，耕地面积 4.9 万亩。解放初，圩堤顶高 3.5 米左右，残存的水闸仅 22 座，抗灾能力低下。《太仓县人民政府一九四九年七八月份工作报告》记录了当时的汛情，汛灾几乎将堤闸全部冲毁，圩区一片汪洋，田间最深积水达 1.5 米，受淹面积 5 万多亩。为防御洪涝袭击，县委、县政府组织实施修筑圩堤工程。1950 年春，县政府采取以工代赈办法，修筑圩堤 19.71 公里，工程土方量 3.3 万立方米。同年冬，新湖、南郊、双凤 3 个乡组织农民修筑圩堤 56.15 公里，工程土方量 13.2 万立方米。1951 年春，修筑圩堤 134 公里，工程土方量 15.4 万立方米；新建混凝土水闸 18 座，修复水闸 4 座，其中群众自筹资金翻建水闸 1 座，筑坝 25 条，工程土方量 2016 万立方米，受益面积 5.96 万亩。同年冬，城区、双凤区的 10 个乡继续修圩筑堤 37 公里，工程土方量 7 万立方米。

通过农田水利基本建设，1951 年的农业生产获得丰收，农业总产值比 1950 年增长 21.2%，农民得到了实惠。因此，农民兴修农田水利的积极性进一步提高。1952 年，县委决定加大农田水利基本建设力度，在“组织起来力量大”的口号动员下，全县 4 万多名民工参加水利工程建设。据统计，1952 年全县共疏浚河道 822 条，全长 225 公里，完成土方 67.4 万立方米；开挖沟渠 1.2 万条，全长 1446 公里，完成土方 67 万立方米；加固圩堤 422 条，长 189 公里，完成土方 10.1 万立方米；建涵洞 43 座，新建水溇 76 座，整修水溇 24 座，新建水闸 7 座，修理水闸 12 座。1952 年，尽管经历了 3 次台风、3 次内涝和 2 次旱灾，农业生产仍然取得了丰收，农业总产值比 1951 年增长 8.6%。

经过 3 年多的农田水利基本建设，西部低洼圩区改善了排涝条件，基本解除洪涝灾害的威胁；东部高田地区改善了灌溉系统，增强了抗旱能力；沿江地区加高加固了江堤，增强了防御风浪的能力。太仓县初步形成了一道保护农业生产的屏障，为改善农业生产条件打下了基础。

## 整治浏河塘

浏河，发源于震泽的娄江，从吴县鲇鱼口北入运河，经苏州娄门，过唯亭，历昆山，至太仓，环城南而东，由刘家港入海，长 180 余里，是太湖通往长江的重要水道。新中国成立后，县委、县政府先后对浏河进行了两次大规模的拓浚并配套建设节制闸。

浏河第一期拓浚工程，于 1958 年 6 月起定线测量，自昆山县蓬阆乡草芦村起，经太仓南门外到陆渡、浏河镇南市梢，直达长江滩口，全长共 24 千米，大部分为实地新开，仅利用老浏河 2.4 千米。河道底宽 50 米，河底高零下 1 米，边

浏河开工典礼一角

刘宏德，1924年10月生，山东省昆嵛县人，1946年3月加入中国共产党。南下前任昆嵛县政府教育科科员。1949年4月随军南下任太仓县人民政府秘书处秘书。后历任中共太仓县委秘书室主任、中共太仓县委秘书处秘书主任、中共太仓县委副书记、中共太仓县委书记处书记、太仓县人民委员会县长、太仓县“革命委员会”副主任、中共太仓县委副书记、苏州地区计划委员会副主任。1975年7月至1977年7月，赴几内亚共和国工作。1980年6月，任苏州地区商业局局长、党组书记。1985年12月离休。2015年11月病逝。

坡1∶3。参加拓浚工程的有太仓、嘉定、昆山3县民工75134人，还有驻沪部队和上海、苏州市职工及居民9220人。1958年10月，3县联合成立了浏河水利工程指挥部，中共太仓县委副书记刘宏德任总指挥。自1958年12月全面开工至1959年7月举行竣工典礼，全线通水，前后7个月，共计工日589.5万个，实做土方1071万多立方米。挖废土地2100亩，压废土地8259亩，拆迁民房4480间，投资经费240余万元，是太仓、嘉定、昆山3县历史上最大的一次河道治理工程。浏河首期拓浚工程的开展，为第二期工程积累了经验，并培养了大批的水利专家。

太倉報

1958年12月13日 TAI CANG BAO 第258号

毛主席接見 阿政府代表团 匈軍事代表团

轟轟烈烈发动羣众 踏踏实实搞就精风

省委号召加强麦田管理

劉順元書記在全省廣播大会上作重要指示

浏河举行盛大开工典礼

三万战士誓把浏河修好

瀏河開工典禮前夜

·本報記者·

1958年12月13日，《太仓报》报道《浏河举行盛大开工典礼》

浏河第二期拓浚工程，是在第一期工程基础上进行拓宽加深，更有效地解决了阳澄淀泖地区280多万亩农田的排灌问题。该期工程西起草芦村，东至长江口，共挖土方780多万立方米，配套有新建机耕桥4座、套闸4座、单闸5座、扩建沪宜公路桥1座，共投资700万元，由太仓、昆山、吴县、吴江、常熟、沙洲、江阴、无锡8县共同负责，共有12万民工参加。浏河第二期拓浚工程自1975年11月全线开工，至1976年1月竣工，高速度、高质量、高标准地完成了拓浚任务。

1958年，新浏河塘移地拓浚，配套建新浏河闸。新闸位于太仓县浏河镇南，东距长江3.1千米。该闸全长为96.4米，共19孔，两边设通航孔2个，每孔宽6.9米，中间17个为泄水孔，每孔宽3.6米，最大的泄水能力为每秒840立方米，最大的引潮能力为每秒750立方米，是太湖流域最重要的水闸之一。1973年底，太仓县对1958年修建的水闸进行改扩建，成立了浏河水闸大修工程指挥部，文登南下干部刘毓信、王吉增分别任总指挥和副总指挥。为保护水产资源和开发利用潮汐资源，县政府还在水闸北岸增建潮汐发电站1座及鱼道工程，改建上游消力塘，改木结构闸门为钢筋混凝土结构，泄水孔闸门启闭改用油压式。

浏河塘的整治工程，不仅提高了防旱抗涝能力，而且随着通航条件不断改善，减少了码头劳力，促进了经济繁荣。新浏河塘从此成为太湖流域防洪排涝的枢纽工程、主要的水上交通枢纽和苏州境内最大的内河出海口。

浏河水闸大修工程指挥部主要领导刘毓信（左5）、王吉增（左6）与于德春（左10）等人员合影。刘毓信、王吉增、于德春均为文登南下干部

# 南下干部登记表

1949.2.

干部登记表

| 姓名 | [illegible] | [illegible] | [illegible] |
| --- | --- | --- | --- |
| 性别 | 男 | 男 | 男 |
| 年令 | 25 | 24 | 26 |
| 籍贯 | [illegible] | [illegible] | [illegible] |
| 个人出身 | [illegible] | [illegible] | [illegible] |
| 家庭成份 | 中 | [illegible] | [illegible] |
| 文化程度 | [illegible] | [illegible] | [illegible] |
| 入党前简历 | | [illegible] | [illegible] |
| 何时参加工作 | | 1947.8.5 | 1948.5. |
| 入党年月 | | 1946.7. | 1947.6. |
| 任过何种工作 党内 | | | |
| 任过何种工作 党外 | [illegible] | [illegible] | [illegible] |
| 现任何地何职及任职时间 | [illegible] 1949.1. | | [illegible] |
| 现在参加哪级党委会(地县委会或党委会或支部党团) | | | |
| 备考 | [illegible] | [illegible] | [illegible] |

干部登记表

| 姓名 | [illegible] | [illegible] | [illegible] |
| --- | --- | --- | --- |
| 性别 | 男 | 男 | 男 |
| 年令 | 22 | 31 | 31 |
| 籍贯 | [illegible] | [illegible] | [illegible] |
| 个人出身 | [illegible] | [illegible] | [illegible] |
| 家庭成份 | 中 | [illegible] | [illegible] |
| 文化程度 | [illegible] | [illegible] | [illegible] |
| 入党前简历 | [illegible] | [illegible] | [illegible] |
| 何时参加工作 | 1947.3. | 1947.5 | 1944.4. |
| 入党年月 | 1946.11. | 1947.4. | 1940.9. |
| 任过何种工作 党内 | [illegible] | | [illegible] |
| 任过何种工作 党外 | [illegible] | [illegible] | [illegible] |
| 现任何地何职及任职时间 | [illegible] | [illegible] | [illegible] |
| 现在参加哪级党委会(地县委会或党委会或支部党团) | [illegible] | | |
| 备考 | [illegible] | [illegible] | [illegible] |

# 第二部分　干部名录

◎文登县抽调南下干部登记表

◎南下吴江干部登记表

◎南下吴江干部名录

◎昆嵛县抽调南下干部登记表

◎南下太仓干部登记表

◎南下太仓干部名录

◎中国人民解放军苏南区西南服务团文登籍成员名单

# 文登县抽调南下干部登记表

**（共 95 人）**

| 姓　名 | 性别 | 年龄 | 籍　贯 | 南下前任职 | 新区备选任职 |
|---|---|---|---|---|---|
| 鲁　琦 | 男 | 32 | 海阳县 | 文登县委代理书记 | |
| 侯书堂 | 男 | 37 | 文登县大河区章子山村 | 文登县委组织部部长 | 代县委书记 |
| 王　湧 | 男 | 34 | 文登县大河区大乔家 | 文登县高村区委书记 | 县委组织部副部长 |
| 顾瑾瑜 | 男 | 24 | 文登县高村区顶子村 | 文登县委秘书 | 县委秘书 |
| 杨元珊 | 男 | 37 | 文登县侯家区侯家集 | 文登县汤村区委副书记 | 县委民运部副部长 |
| 乔文华 | 男 | 30 | 文登县大河区 | 文登县粮食局局长 | 副县长 |
| 林　华 | 男 | 26 | 文登县天福山区庞家河 | 文登县侯家区委书记 | 县委宣传部副部长 |
| 于万杰 | 男 | 25 | 文登县黄山区黄山村 | 文登县财政科科长 | 县政府财经科科长 |
| 侯文章 | 男 | 24 | 文登县侯家区侯家集 | 文登县会计 | 县政府财经科科员 |
| 曲华岳 | 男 | 26 | 文登县侯家区南岭村 | 文登县事务员 | 行军事务员 |
| 林均珍 | 男 | 21 | 文登县章村区 | 文登县章村区公所文书 | 县政府会计 |
| 李士智 | 男 | 31 | 文登县侯家区南辛庄 | 文登县侯家区粮库办事员 | 行军总务 |
| 周耀南 | 男 | 41 | 文登县高村区高村集 | 文登县高村区高村集村长 | 行军医生 |

说明：该表干部名单来源于山东省档案馆馆藏档案 1949 年 2 月《文登县委南下干部登记表》，表中信息结合山东省档案馆和苏州市吴江区档案馆馆藏档案资料整理。

续表

| 姓　名 | 性别 | 年龄 | 籍　贯 | 南下前任职 | 新区<br>备选任职 |
|---|---|---|---|---|---|
| 初增元 | 男 | 38 | 文登县汤村区小洛村 | 文登县粮食局副局长 | 县政府民政科科长 |
| 王书建 | 女 | 22 | 文登县汤村区军营村 | 文登县汤村区公所文书 | 县政府文书 |
| 张培森 | 女 | 23 | 文登县汤村区汤村店子村 | 文登县汤村区组织干事 | 县分区公所助理员 |
| 孙瑞明 | 男 | 22 | 文登县黄山区涝村孙家 | 文登县粮食局会计 | 县政府财经科科员 |
| 杨　涛 | 男 | 31 | 文登县黄山区吕家岭 | 文登县原支前助理员 | 县政府民政科科员 |
| 王传恩 | 男 | 31 | 文登县黄山区黄山王家 | 文登县委民运部干事 | 县委民运部干事 |
| 许天民 | 男 | 32 | 荣成县 | 文登县靖海区委组织委员 | 县委组织部干事 |
| 于保珍 | 女 | 23 | 文登县黄山区北盛家 | 文登县黄山区委宣传干事 | 县分区公所助理员 |
| 鲁希萍 | 男 | 24 | 昆嵛县特秀区南崮头村 | 文登县委宣传部干事 | 县委宣传部干事 |
| 徐锡昆 | 男 | 35 | 文登县高村区葛家庄 | 文登县侯家区区长 | 县政府秘书 |
| 张书佃 | 男 | 23 | 文登县高村区河西 | 文登县政府财政科征收处主任 | 县分区委宣传委员 |
| 高洪玉 | 男 | 26 | 乳山县汤泉区车庄 | 文登县靖海区派出所所长 | 县公安局队长 |
| 常乃琛 | 女 | 23 | 文登县黄山区南寨字后 | 文登县政府文书 | 县分区公所助理员 |
| 石志远 | 男 | 39 | 文登县松山区五里头 | 文登县邹山区代理粮库主任 | 县分区委民运委员 |
| 毕清娥 | 女 | 30 | 文登县大河区庙西村 | 文登县黄山区妇会会长 | 县分区委组织委员 |
| 侯玉义 | 男 | 37 | 文登县汤村区南汤村 | 文登县汤村区各救会副会长 | 县分区委民运委员 |

续表

| 姓　名 | 性别 | 年龄 | 籍　贯 | 南下前任职 | 新区<br>备选任职 |
| --- | --- | --- | --- | --- | --- |
| 孙天职 | 男 | 30 | 文登县汤村区南汤村 | 文登县汤村区委副组织委员 | 县分区委副组织委员 |
| 连元庆 | 女 | 23 | 文登县人和区昌邑村 | 文登县大河区妇会副会长 | 县分区委副民运委员 |
| 张言诗 | 男 | 24 | 文登县汤村区赵家庄 | 文登县汤村区副区长 | 县分区公所副区长 |
| 原　臣 | 男 | 30 | 文登县黄山区安子山 | 文登县汤村区委副书记 | 县分区委副书记 |
| 宋存礼 | 男 | 43 | 文登县环海区口子后村 | 文登县分区村长 | 县分区公所助理员 |
| 林吉连 | 男 | 27 | 文登县侯家区黄家集 | 文登县黄山区武装部部长 | 县分区委副书记 |
| 林均忠 | 男 | 32 | 文登县天福山区 | 文登县天福山区财经会计 | 县分区公所助理员 |
| 张玉堂 | 男 | 34 | 文登县大河区小庄村 | 文登县天福山区粮库主任 | 县分区公所副区长 |
| 林桓森 | 男 | 33 | 文登县邹山区黄山杨村 | 文登县大河区委副书记 | 县公安局副局长 |
| 侯玉岭 | 男 | 28 | 文登县汤村区山后侯家 | 文登县分区财政助理员 | 县政府财经科科员 |
| 孙树茂 | 男 | 28 | 文登县黄山区 | 文登县环海区财粮助理员 | 县委民运部副委员 |
| 于惠华 | 男 | 31 | 文登县天福山区大水泊 | 文登县邹山区委副书记 | 县分区委书记 |
| 于时贵 | 男 | 30 | 文登县高村区 | 文登县高村区财政助理员 | 县区公所副区长 |
| 孙圣显 | 女 | 24 | 文登县高村区孙家埠 | 文登县高村区委副组织委员 | 县分区委副组织委员 |
| 毕可凤 | 女 | 26 | 文登县邹山区毕家店子 | 文登县高村区委副组织委员 | 县分区委组织委员 |
| 王世清 | 男 | 34 | 文登县邹山区崖子头村 | 文登县高村区区长 | 县分区公所区长 |

续表

| 姓 名 | 性别 | 年龄 | 籍 贯 | 南下前任职 | 新区备选任职 |
|---|---|---|---|---|---|
| 荣祝仁 | 男 | 30 | 文登县大河区章子山 | 文登县大河区委组织委员 | 县分区委书记 |
| 王德洲 | 男 | 38 | 文登县大河区大乔家 | 文登县政府民政科科员 | 县分区委副书记 |
| 毕晓云 | 女 | 27 | 文登县侯家区柘阳山前 | 文登县侯家区委副宣传委员 | 县分区委副宣传委员 |
| 萧永俊 | 男 | 28 | 文登县章村区东初家村 | 文登县环海区委副书记 | 县分区委书记 |
| 张序贤 | 男 | 32 | 文登县章村区武家村 | 文登县章村区粮库办事员 | 县分区公所助理员 |
| 萧永文 | 男 | 29 | 文登县章村区炮东村 | 文登县章村区委副宣传委员 | 县分区委副宣传委员 |
| 王升奎 | 男 | 27 | 文登县人和区高俞山村 | 文登县人和区委宣传委员 | 县分区委宣传委员 |
| 曲建民 | 男 | 26 | 文登县章村区下河村 | 文登县松山区委宣传委员 | 县分区委宣传委员 |
| 刘思常 | 男 | 29 | 文登县高村区汤西村 | 文登县环海区武装部部长 | 县分区委宣传委员 |
| 刘玉礼 | 男 | 26 | 文登县天福山区土埠岭 | 文登县松山区委副书记 | 县分区委书记 |
| 毕自安 | 男 | 37 | 文登县侯家区山前村 | 文登县粮食局征调股股长 | 县分区公所区长 |
| 李得炜 | 男 | 28 | 荣成县 | 文登县人和区公所副区长 | 县分区区长 |
| 徐传凤 | 男 | 42 | 文登县大河区新庄头 | 文登县大河区粮库办事员 | 县委民运部副委员 |
| 梁娥山 | 男 | 23 | 文登县环海区峰山后 | 文登县分区委副宣传委员 | 县分区委副宣传委员 |
| 于寿康 | 男 | 38 | 文登县侯家区北廒村 | 文登县分区文书 | 县分区委副民运委员 |
| 张中礼 | 男 | 34 | 文登县章村区北旺庄 | 文登县邹山区副区长 | 县分区公所区长 |

续表

| 姓　名 | 性别 | 年龄 | 籍　贯 | 南下前任职 | 新区备选任职 |
|---|---|---|---|---|---|
| 汤元湖 | 男 | 24 | 文登县邹山区周家庄 | 文登县邹山区公所优抚干事 | 县分区委副民运委员 |
| 牟智韦 | 男 | 31 | 文登县松山区 | 文登县松山区交通员 | 炊事员 |
| 于学敏 | 男 | 30 | 文登县松山区 | 文登县松山区委副书记 | 县分区委书记 |
| 于德荣 | 男 | 37 | 文登县环海区大黾嘴 | 文登县邹山区会计 | 县分区委副民运委员 |
| 邓汝林 | 男 | 42 | 文登县天福山区泊子村 | 文登县黄山区区长 | 县分区区长 |
| 孙　仲 | 男 | 28 | 文登县邹山区岭长村 | 文登县邹山区委副组织委员 | 县分区委副组织委员 |
| 王玉昆 | 男 | 28 | 文登县环海区南沙岛村 | 文登县环海区委副组织委员 | 县分区委组织委员 |
| 于玉坤 | 男 | 25 | 文登县天福山区崖头村 | 文登县天福山区委副组织委员 | 县分区委副组织委员 |
| 毕可元 | 男 | 28 | 文登县人和区高俞山村 | 文登县人和区委副组织委员 | 县分区委副宣传委员 |
| 宋绪云 | 男 | 36 | 文登县环海区岛宋家 | 文登县侯家区委副组织委员 | 县分区委组织委员 |
| 毕可礼 | 男 | 23 | 文登县大河区新庄头 | 文登县粮食局调运股股长 | 县分区公所助理员 |
| 房庆德 | 男 | 39 | 文登县高村区高村集 | 炊事员 | 炊事员 |
| 戴贵义 | 男 | 44 | 文登县黄山区院前村 | 炊事员 | 炊事员 |
| 王友山 | 男 | 39 | 文登县环海区口子后 | 炊事员 | 炊事员 |
| 王信德 | 男 | 52 | 文登县侯家区寨东刘家 | 炊事员 | 炊事员 |
| 高贵忠 | 男 | 19 | 文登县邹山区大珠玑村 | 炊事员 | 炊事员 |
| 于增堂 | 男 | 30 | 文登县天福山区驾山窑村 | 炊事员 | 炊事员 |

续表

| 姓　名 | 性别 | 年龄 | 籍　贯 | 南下前任职 | 新区备选任职 |
|---|---|---|---|---|---|
| 刁培莲 | 男 | 47 | 文登县汤村区初家庄 | 炊事员 | 炊事员 |
| 吴清方 | 男 | 39 | 文登县侯家区下河村 | 炊事员 | 炊事员 |
| 刘双德 | 男 | 39 | 文登县人和区马岭许家 | 炊事员 | 炊事员 |
| 张立祥 | 男 | 38 | 文登县靖海区小庄子村 | 炊事员 | 炊事员 |
| 高喜文 | 男 | 18 | 文登县章村区 | 炊事员 | 炊事员 |
| 从海滋 | 男 | 35 | 文登县大河区官道西 | 挑夫 | 挑夫 |
| 黄学管 | 男 | 19 | 文登县高村区下冷家 | 通讯员 | 通讯员 |
| 慈维堂 | 男 | 20 | 文登县侯家区慈家滩 | 通讯员 | 通讯员 |
| 王德斌 | 男 | 20 | 文登县大河区后村 | 通讯员 | 通讯员 |
| 宋德斌 | 男 | 31 | 文登县黄山区寨子后 | 通讯员 | 通讯员 |
| 崔同华 | 男 | 26 | 文登县侯家区崔家村 | 武装干事 | 县分区公所助理员 |
| 冯　岗 | 女 | 22 | 文登县环海区冯家村 | 妇女干事 | 县妇女干事 |
| 田忠玉 | 女 | 24 | 文登县汤村区田家床 | 文登县村粮库办事员 | 县妇女干事 |
| 孙天华 | 女 | 23 | 文登县汤村区南汤村 | 文登县汤村区委宣传干事 | 县妇女干事 |
| 邵炳华 | 女 | 22 | 文登县侯家区河里村 | 文登县侯家区妇女干事 | 县妇女干事 |
| 于宜水 | 男 | 27 | 昆嵛县城北区九里水头 | 通讯员 | 通讯员 |
| 宫立昌 | 男 | 22 | 文登县章村区宋家庄 | 通讯员 | 通讯员 |

# 南下吴江干部登记表

**（共 98 人）**

| 姓　名 | 性别 | 年龄 | 籍　贯 | 南下前任职 | 南下吴江第一任职 |
|---|---|---|---|---|---|
| 鲁　琦 | 男 | 32 | 山东海阳 | 文登县委代理书记 | 吴江县委书记 |
| 于宝（保）珍 | 女 | 23 | 山东文登 | 文登县黄山区委宣传干事 | 吴江县文印员 |
| 侯儒（玉）岭 | 男 | 28 | 山东文登 | 文登县分区财政助理员 | 吴江县政府总务股股长 |
| 曲华岳 | 男 | 25 | 山东文登 | 文登县事务员 | 吴江县事务长 |
| 王　勇（湧） | 男 | 34 | 山东文登 | 文登县高村区委书记 | 吴江县委组织部部长 |
| 许天民 | 男 | 32 | 山东荣成 | 文登县靖海区委组织委员 | 吴江县委组织部干事 |
| 孙　仲 | 男 | 28 | 山东文登 | 文登县邹山区委副组织委员 | 吴江县委组织部干事 |
| 林　华 | 男 | 26 | 山东文登 | 文登县侯家区委书记 | 吴江县委宣传部部长 |
| 杨原（元）珊 | 男 | 37 | 山东文登 | 文登县汤村区委副书记 | 吴江县委民运部副部长 |
| 王传恩 | 男 | 31 | 山东文登 | 文登县委民运部干事 | 吴江县委民运部干事 |
| 张中礼 | 男 | 34 | 山东文登 | 文登县邹山区副区长 | 吴江县工会干事 |
| 毕可凤 | 女 | 26 | 山东文登 | 文登县高村区委副组织委员 | 吴江县委民运部干事 |
| 崔同华 | 男 | 26 | 山东文登 | 武装干事 | 吴江县工会干事 |

说明：该表干部名单来源于苏州市吴江区档案馆馆藏档案 1949 年 4 月 17 日《吴江县机关干部登记表》，表中信息结合 1994 年 4 月吴江市档案局（馆）编印《吴江解放、接管工作档案资料选编》整理。

续表

| 姓　名 | 性别 | 年龄 | 籍　贯 | 南下前任职 | 南下吴江第一任职 |
|---|---|---|---|---|---|
| 孙天秩（职） | 男 | 30 | 山东文登 | 文登县汤村区委副组织委员 | 吴江县工会干事 |
| 梁峨（娥）山 | 男 | 23 | 山东文登 | 文登县分区委副宣传委员 | 吴江县分区青年干事 |
| 汤元湖 | 男 | 24 | 山东文登 | 文登县邹山区公所优抚干事 | 吴江县公安局副科长 |
| 徐传风 | 男 | 42 | 山东文登 | 文登县大河区粮库办事员 | 吴江县分区委组织委员 |
| 连元庆 | 女 | 23 | 山东文登 | 文登县大河区妇会副会长 | 吴江县委民运部干事 |
| 孙圣显 | 女 | 26 | 山东文登 | 文登县高村区委副组织委员 | 吴江县委副组织委员 |
| 梁镜明 | 女 | 25 | 山东文登 | 文登县民运干事 | 吴江县委组织部干事 |
| 于德荣 | 男 | 27 | 山东文登 | 文登县邹山区会计 | 吴江县会计 |
| 邵炳华 | 女 | 22 | 山东文登 | 文登县侯家区妇女干事 | 吴江县妇女工作队队员 |
| 冯　刚（岗） | 女 | 22 | 山东文登 | 妇女干事 | 吴江县妇女干事 |
| 孙天华 | 女 | 23 | 山东文登 | 文登县汤村区委宣传干事 | 吴江县妇女工作队队员 |
| 徐锡昆 | 男 | 35 | 山东文登 | 文登县侯家区区长 | 吴江县人民政府秘书 |
| 王书健 | 女 | 22 | 山东文登 | 文登县汤村区公所文书 | 吴江县文书 |
| 王德周（洲） | 男 | 38 | 山东文登 | 文登县政府民政科科员 | 吴江县人民政府民政科副科长 |
| 乔文华 | 男 | 30 | 山东文登 | 文登县粮食局局长 | 吴江县人民政府财政科科长 |
| 于万杰 | 男 | 25 | 山东文登 | 文登县财政科科长 | 吴江县人民政府财政科副科长 |
| 张书佃 | 男 | 23 | 山东文登 | 文登县政府财政科征收处主任 | 吴江县征收处主任 |

续表

| 姓　名 | 性别 | 年龄 | 籍　贯 | 南下前任职 | 南下吴江第一任职 |
| --- | --- | --- | --- | --- | --- |
| 侯文章 | 男 | 24 | 山东文登 | 文登县会计 | 吴江县人民政府财政科科员 |
| 孙树茂 | 男 | 28 | 山东文登 | 文登县环海区财粮助理员 | 吴江县人民政府助理员 |
| 初增元 | 男 | 30 | 山东文登 | 文登县粮食局副局长 | 吴江县人民政府副局长 |
| 李士智 | 男 | 31 | 山东文登 | 文登县侯家区粮库办事员 | 吴江县委组织委员 |
| 林钧（均）珍 | 男 | 21 | 山东文登 | 文登县章村区公所文书 | 吴江县会计 |
| 孙瑞明 | 男 | 22 | 山东文登 | 文登县粮食局会计 | 吴江县会计 |
| 邓汝林 | 男 | 42 | 山东文登 | 文登县黄山区区长 | 吴江县人民政府司法科科长 |
| 杨　涛 | 男 | 31 | 山东文登 | 文登县原支前助理员 | 吴江县人民政府司法科科员 |
| 原俊臣（原臣） | 男 | 30 | 山东文登 | 文登县汤村区委副书记 | 吴江县人民政府教育科副科长 |
| 常乃琛 | 女 | 23 | 山东文登 | 文登县政府文书 | 吴江县股长 |
| 林垣（桓）森 | 男 | 33 | 山东文登 | 文登县大河区委副书记 | 吴江县盛泽区委副书记 |
| 高洪玉 | 男 | 26 | 山东文登 | 文登县靖海区派出所所长 | 吴江县公安局分局长 |
| 曲建民 | 男 | 26 | 山东文登 | 文登县松山区委宣传委员 | 吴江县公安局副科长 |
| 刘崇翰（汉） | 男 | 30 | 山东文登 | 昆嵛县机关秘书 | 吴江县科长 |
| 于　岷 | 女 | 28 | 山东文登 | 文登县邮局会计 | 吴江县副股长 |
| 刘大琦 | 男 | 33 | 山东文登 | 文登县会计 | 吴江县工商办事处主任 |
| 侯尧礼 | 男 | 30 | 山东文登 | 文登县代理区长 | 吴江县工商局副局长 |

续表

| 姓　名 | 性别 | 年龄 | 籍　贯 | 南下前任职 | 南下吴江第一任职 |
|---|---|---|---|---|---|
| 刘毓（玉）礼 | 男 | 26 | 山东文登 | 文登县松山区委副书记 | 吴江县分区委书记 |
| 宋绪芸（云） | 男 | 36 | 山东文登 | 文登县侯家区委副组织委员 | 吴江县分区委组织委员 |
| 王世清 | 男 | 34 | 山东文登 | 文登县高村区区长 | 吴江县分区区长 |
| 张玉堂 | 男 | 34 | 山东文登 | 文登县天福山区粮库主任 | 吴江县城厢区副区长 |
| 毕可礼 | 男 | 23 | 山东文登 | 文登县粮局调运股股长 | 吴江县分区助理员 |
| 肖（萧）永俊 | 男 | 28 | 山东荣成 | 文登县环海区委副书记 | 吴江县同里区委副书记 |
| 王玉昆 | 男 | 28 | 山东文登 | 文登县环海区委副组织委员 | 吴江县分区委副组织委员 |
| 毕自安 | 男 | 39 | 山东文登 | 文登县粮食局征调股股长 | 吴江县同里区区长 |
| 宋存理（礼） | 男 | 43 | 山东文登 | 文登县分区村长 | 吴江县分区区长 |
| 于寿康 | 男 | 38 | 山东文登 | 文登县分区文书 | 吴江县分区委副民运委员 |
| 于学敏 | 男 | 30 | 山东文登 | 文登县松山区委副书记 | 吴江县分区委副书记 |
| 于玉昆（坤） | 男 | 25 | 山东文登 | 文登县天福山区委副组织委员 | 吴江县分区委副组织委员 |
| 毕晓云 | 女 | 27 | 山东文登 | 文登县侯家区委副宣传委员 | 吴江县分区委副宣传委员 |
| 李得炜 | 男 | 28 | 山东荣成 | 文登县人和区公所副区长 | 吴江县平望区区长 |
| 林均忠 | 男 | 32 | 山东文登 | 文登县天福山区财经会计 | 吴江县人民政府助理员 |
| 侯儒（玉）义 | 男 | 39 | 山东文登 | 文登县汤村区各救会副会长 | 吴江县委民运委员 |
| 鲁希萍 | 男 | 24 | 山东文登 | 文登县委宣传干事 | 吴江县分区委宣传委员 |

续表

| 姓　名 | 性别 | 年龄 | 籍　贯 | 南下前任职 | 南下吴江第一任职 |
| --- | --- | --- | --- | --- | --- |
| 于辉（惠）华 | 男 | 31 | 山东文登 | 文登县邹山区委副书记 | 吴江县盛泽区委副书记 |
| 王升奎 | 男 | 27 | 山东文登 | 文登县人和区委宣传委员 | 吴江县分区委宣传委员 |
| 肖（萧）永文 | 男 | 29 | 山东文登 | 文登县章村区委副宣传委员 | 吴江县分区委副宣传委员 |
| 于时贵 | 男 | 47 | 山东文登 | 文登县高村区财政助理员 | 吴江县人民政府助理员 |
| 荣祝仁 | 男 | 28 | 山东文登 | 文登县大河区委组织委员 | 吴江县分区委副组织委员 |
| 毕可沅（元） | 男 | 30 | 山东文登 | 文登县人和区委副组织委员 | 吴江县黎里区委副书记 |
| 刘恩（思）常 | 男 | 29 | 山东文登 | 文登县环海区武装部部长 | 吴江县分区委宣传委员 |
| 林基（吉）连 | 男 | 28 | 山东文登 | 文登县黄山区武装部部长 | 吴江县团县工委书记 |
| 张序贤 | 男 | 32 | 山东文登 | 文登县章村区粮库办事员 | 吴江县人民政府助理员 |
| 石志远 | 男 | 39 | 山东文登 | 文登县邹山区代理粮库主任 | 吴江县委副民运委员 |
| 从海滋 | 男 | 35 | 山东文登 | 挑夫 | 吴江县挑夫 |
| 宫立昌 | 男 | 22 | 山东文登 | 通讯员 | 吴江县通讯员 |
| 张锦辛 | 男 | 20 | 山东文登 |  | 吴江县通讯员 |
| 宋德斌 | 男 | 31 | 山东文登 | 通讯员 | 吴江县通讯员 |
| 黄学智（管） | 男 | 17 | 山东文登 | 通讯员 | 吴江县通讯员 |
| 慈为（维）堂 | 男 | 20 | 山东文登 | 通讯员 | 吴江县通讯员 |
| 于义（宜）水 | 男 | 26 | 山东文登 | 通讯员 | 吴江县警卫员 |

续表

| 姓　名 | 性别 | 年龄 | 籍　贯 | 南下前任职 | 南下吴江第一任职 |
|---|---|---|---|---|---|
| 牟智章（韦） | 男 | 31 | 山东文登 | 文登县松山区交通员 | 吴江县炊事班班长 |
| 刘双德 | 男 | 39 | 山东文登 | 炊事员 | 吴江县炊事员 |
| 王有（友）山 | 男 | 39 | 山东文登 | 炊事员 | 吴江县炊事员 |
| 戴桂（贵）义 | 男 | 44 | 山东文登 | 炊事员 | 吴江县事务长 |
| 刁培连（莲） | 男 | 50 | 山东文登 | 炊事员 | 吴江县炊事员 |
| 房庆德 | 男 | 39 | 山东文登 | 炊事员 | 吴江县炊事员 |
| 张礼（立）祥 | 男 | 38 | 山东文登 | 炊事员 | 吴江县炊事员 |
| 吴清方 | 男 | 39 | 山东文登 | 炊事员 | 吴江县炊事员 |
| 高喜文 | 男 | 18 | 山东文登 | 炊事员 | 吴江县炊事员 |
| 丛文珠 | 男 | 21 | 山东昆嵛 | 昆嵛县警卫员 | 吴江县排长 |
| 成秉珍 | 男 | 28 | 山东海阳 | 征收员 | 吴江县人民政府文书 |
| 毕玉明 | 男 | 19 | 山东文登 |  | 吴江县警卫员 |
| 陈全贵 | 男 | 19 | 山东乳山 | 侦缉员 | 吴江县警卫员 |
| 林凤田 | 男 | 32 | 山东乳山 | 副公安员 | 吴江县公安局科长 |
| 黄席勇 | 男 | 31 | 山东文登 | 文登县保管会计 | 吴江县科员 |
| 宋协祥 | 男 | 24 | 山东文登 | 文登县政府科员 | 吴江县人民政府科员 |
| 郭申华 | 男 | 30 | 山东胶东 | 征收员 | 吴江县人民政府财政科科员 |

# 南下吴江干部名录

## 于万杰

男，山东省文登县人。1925 年 2 月生，1944 年 10 月加入中国共产党。初中文化。

1944 年 10 月参加工作。南下前任文登县政府财政科科长。1949 年 4 月随军南下，任吴江县人民政府财政科副科长；1949 年 9 月，任吴江县人民政府财政科科长；1951 年 5 月，任吴江县人民政府建设科科长；1952 年 9 月，任吴江县人民政府卫生科科长；1954 年 8 月，任吴江县人民政府秘书室秘书；1956 年 4 月，任吴江县人民委员会副县长；1960 年 4 月，任中共吴江县委常委、吴江县人民委员会副县长；1961 年 3 月，兼任中共吴江县委财政贸易工作部部长；1964 年 2 月，兼任吴江县人民委员会财贸办公室主任。

1965 年 10 月，任太仓县人民委员会副县长；1970 年 3 月，任太仓县“革命委员会”商业局负责人；1975 年 3 月，任太仓县“革命委员会”财政局负责人；同年 8 月，任太仓县计划委员会主任。

1978 年 2 月，任苏州地区行政公署计划委员会副主任；1983 年 3 月，任苏州市计划委员会副主任。

1985 年 12 月离休。1989 年 6 月病逝。

---

说明：该名录根据中共吴江县委组织部、吴江县档案馆编写的《吴江县领导名录（1949.4—1992.4）》和中共苏州市委老干部局编写的《苏州市离休干部名录》及相关档案史料整理。

## 于辉华

男，山东省文登县人。1919 年 4 月生，1940 年 12 月加入中国共产党。高中文化。

1941 年 8 月参加工作。南下前任中共文登县邹山区委副书记。1949 年 4 月随军南下，任中共吴江县盛泽区委副书记；1950 年 1 月，任中共吴江县坛丘区委书记；1951 年 5 月，任吴江县总工会筹备委员会主席；1955 年 6 月，任吴江县工会联合会主席；1956 年 5 月，任中共吴江县委常委、副书记。

1959 年 9 月，调任江苏省教育厅工农教育处副处长；1961 年 3 月，任中共建湖县委常委、建湖县人民委员会副县长；1972 年 12 月，任中共滨海县委常委、滨海县“革命委员会”副主任；1976年6月，任盐城专区（市）气象局局长、党组书记。

1982 年 12 月离休。2005 年 6 月病逝。

## 于寿康

男，山东省文登县人。1911 年 8 月生，1941 年 1 月加入中国共产党。初中文化。

1941 年 5 月参加工作，曾任文登县侯家区北厫村党支部书记、村长等职。南下前任文登县分区文书。1949 年 4 月随军南下，任中共吴江县分区委副民运委员；1952 年 7 月，任中共吴江县同里区委副书记；1953 年 5 月，任中共吴江县同里区委书记；1956 年 4 月，任吴江县人民委员会副县长；1958 年 5 月，任吴江县人民委员会畜牧肥料科科长；1959 年 7 月，任中共吴江县委农村工作部副部长；1960 年 5 月，任中共吴江县委副业生产部部长；1961 年 3 月，任吴江县同里公社党委书记；1978 年 11 月，任吴江县“革命委员会”第一工业局副局长；1978 年 12 月，任吴江县“革命委员会”工业局副局长；1981 年 6 月，任吴江县经济委员会副主任。

1982 年 12 月离休。2003 年 10 月病逝。

## 刘毓礼

男，山东省文登县人。1924年6月生，1944年10月加入中国共产党。大学文化。

1944年7月参加工作，曾任文登县天福山区土埠岭村党支部书记等职。南下前任中共文登县松山区委副书记。1949年4月随军南下，任中共吴江县城厢区委书记；1951年5月，任中共吴江县委宣传部副部长；1951年7月，任吴江县人民政府副县长。

1951年9月，任中国人民救济总会人事科科长；1956年6月，任中国红十字总会组织组组长；1965年7月，任中华人民共和国卫生部机关党委宣传部部长；1980年6月，任中国药品生物制品检定所党委副书记；1981年6月，任中国药品生物制品检定所党委书记。

1985年10月离休。2019年6月病逝。

## 肖永俊

男，山东省文登县人。1922年3月生，1942年5月加入中国共产党。高小文化。

1941年5月参加工作。南下前任中共文登县环海区委副书记。1949年4月随军南下，任中共吴江县同里区委副书记、书记；1951年5月，任中共吴江县委委员、组织部副部长；1952年9月，任中共吴江县委组织部部长；1953年7月，任中共吴江县委常委、副书记兼中共吴江县纪律检查委员会书记。

1954年6月，任中共苏州地委纪律检查委员会副书记；1956年10月，任中共苏州地委监察委员会副书记；1958年12月，任苏州专署政法公安部副部长；1959年6月，兼任江苏省人民法院苏州分院院长。

1960年3月，任中共太仓县委书记处书记；1962年9月，任中共太仓县委副书记；1963年1月，兼任中共太仓县委党校校长；1964年8月，兼任太仓县级机关党委书记；1970 年 3 月，任太仓县工业交通局负责人；1973 年 8 月，任中共太仓县委常委；1974 年 2 月，兼任太仓县“革命委员会”生产指挥组副组长；1975 年 4 月，任太仓县“革命委员会”副主任；1980 年 1 月，任中共太仓县委常委、副书记、太仓县人大常务委员会主任；同年 8 月，兼任中共太仓县委政法委员会书记。

1984 年 5 月离休。2001 年 8 月病逝。

## 林 华

原名林辉德，曾用名林文玉，笔名林柏，男，山东省文登县人。1924 年 4 月生，1940 年 6 月加入中国共产党。初中文化。

1940 年 6 月参加工作，曾任小学教师、文登县天福山区庞家河村党支部书记、文登县柘阳区各救会会长、文登县天福山区委副书记、文登县天福山区委书记兼文登县天福山区中队和区武装教导员。南下前任中共文登县侯家区委书记。1949 年 4 月随军南下，任中共吴江县委宣传部部长；1951 年 6 月，任中共吴江县委常委、宣传部部长；1952 年 6 月，任中共吴江县委常委、副书记兼中共吴江县纪律检查委员会书记、中国新民主主义青年团吴江县工委书记；1953 年 7 月，任中共吴江县委书记兼政协吴江县委员会主席、吴江县人民武装部政委；1955 年 6 月，任中共苏州地委委员、江苏省人民检察院苏州分院检察长；1956 年 5 月，任中共苏州地委政法部部长兼苏州地委肃反五人领导小组副组长；1957 年 8 月，任中共苏州地委委员、中共吴江县委第一书记；1958 年 4 月，兼任吴江县兵役局政委；1959 年 2 月，任中共吴江县委书记处第一书记；同年 8 月，兼任政协吴江县委员会主席；1962 年 8 月，任中共吴江县委书记；同年 12 月，为省四次党代表；1965 年 7 月，任中共苏州地委委员、中共江阴县委书记兼江阴县人民武装部政委、政协江阴县委员会主席；1969 年 4 月，任江阴县“革命委员会”生产指挥组水利组组长；1970 年 2 月，任江阴县“革命委员会”副主任；同年 3 月，任中共江阴县“革命委员会”核心小组副组长。

1971 年 4 月，任中共苏州地委委员，中共太仓县委常委、副书记；1972 年 12 月，任太仓县“革命委员会”副主任；1973 年 8 月，任中共太仓县委书记、太仓县“革命委员会”主任兼中国人民解放军太仓县人民武装部政委、党委书记。

1977年11月，任中共苏州地委常委、副书记，苏州地区“革命委员会”副主任；1978年7月，任中共苏州地委副书记兼苏州地区行政公署副专员、党组副书记；1982年10月，任中共苏州地委副书记兼中共苏州地委政法委员会书记；1983年3月，任中共苏州市委常委、中共苏州市纪律检查委员会书记；1984年7月起，历任苏州市九届人大常委会副主任、党组副书记，党组书记。

1987年12月离休。1996年，经中共江苏省委组织部批准为正厅级。2015年12月病逝。

## 林钧珍

男，山东省文登县人。1929年6月生，1949年1月加入中国共产党。初中文化。

1944年10月参加工作。南下前任文登县章村区公所文书。1949年4月随军南下，任吴江县人民政府会计；1951年9月，任吴江县人民政府农税科副科长；1952年9月，任吴江县人民政府农建科副科长；1954年8月，任吴江县人民政府农建科科长；1956年5月，任吴江县人民委员会办公室主任；1957年4月，任吴江县人民委员会农业科科长；1958年6月，任吴江县水利局局长；1960年1月，任吴江县屯村公社党委书记；1965年7月，任中共吴江县委常委、副书记兼中共吴江县委农村政治部主任；1966年5月，兼任政协吴江县委员会副主席；1968年3月，任吴江县“革命委员会”常委；1969年12月，任吴江县“革命委员会”核心小组组员；1970年12月，任中共吴江县委常委、吴江县“革命委员会”常委；1973年8月，任吴江县“革命委员会”副主任、常委；1975年4月，任中共吴江县委常委、副书记。

1976年12月，任中共河北省定县县委常委、副书记（1976年12月至1977年12月主持县委工作）兼中共定县纪律检查委员会书记；1982年3月，任中共无锡县委常委、副书记；同年12月，兼任中共无锡县委政法委员会书记；1984年1月，任政协无锡县委员会主席。

1990年5月离休。

## 徐锡昆

男，山东省文登县人。1914 年 5 月生，1940 年 5 月加入中国共产党。初中文化。

1940 年 5 月参加工作，曾任文登县高村区葛家庄村党支部书记、村长等职。南下前任文登县侯家区区长。1949 年 4 月随军南下，任吴江县人民政府秘书室秘书；1950 年 2 月，任中共吴江县委秘书处主任；1953 年 12 月，任中共吴江县委城市工作部部长；1954 年 8 月，任中共吴江县委工业部部长。

1955 年 2 月，任中共吴江县委常委、副书记；1957 年 11 月，任吴江县人民委员会副县长、中共吴江县委常委；1959 年 9 月，任吴江县人民委员会县长、中共吴江县委常委；1962 年 8 月，任中共吴江县委常委、副书记。

1979 年 3 月离休。1983 年 5 月病逝。

## 鲁 琦

男，山东省海阳县人。1918 年 1 月生，1938 年 2 月加入中国共产党。大专文化。

1936 年 9 月参加工作。南下前任中共文登县委代理书记。1949 年 4 月随军南下，任中共吴江县委委员、书记；1950 年 6 月，兼任吴江县大队政委、吴江县独立营政委、吴江县人民武装部政委。

1951 年 7 月，任中共苏州地方委员会委员、苏州行政区专员公署副专员；1953 年 3 月，任苏州行政区专员公署专员；同年 5 月，任中共苏州市委常委、书记；1954 年 1 月，任华东局组织部组织指导处处长；1955 年 2 月，任中共中央第四办公室工业组副组长；1957 年 2 月，任中共中央办公厅“后楼”工业组研究员；1965 年 8 月，代理工业组长工作；1966 年 6 月至 1978 年 1 月在“文化大革命”中受迫害；1978 年 6 月至 1981 年 10 月，任中国科学院自然科学史研究所临时党委书记。

1988 年 12 月离休。2008 年 8 月病逝。

## 于玉昆

男，山东省文登县人。1925年9月生，1945年4月加入中国共产党。

1943年2月参加工作。南下前任中共文登县天福山区委副组织委员。1949年4月随军南下，任中共吴江县分区委副组织委员。后任中共苏州市委统战部副部长。

1985年7月离休，享受地市级政治生活待遇。2017年4月病逝。

## 王玉昆

男，山东省文登县人。1922年3月生，1946年3月加入中国共产党。

1947年参加工作。南下前任中共文登县坏海区委副组织委员。1949年4月随军南下，任中共吴江县分区委副组织委员。后任吴江县物资局副局长。

1982年6月离休。1986年1月病逝。

## 石志远

男，山东省文登县人。1911年7月生，1941年10月加入中国共产党。

1944年4月参加工作。南下前任文登县邹山区代理粮库主任。1949年4月随军南下，任吴江县委副民运委员。后任吴江县农业局副局长。

1982年9月离休。1986年6月病逝。

## 成秉珍

男，山东省海阳县人。1922年10月生，1948年12月加入中国共产党。

1947年7月参加工作。1949年4月随军南下，任吴江县人民政府文书。后任吴江县水泥厂党总支书记。

1983年9月离休。1984年7月病逝。

## 毕可礼

男，山东省文登县人。1926年10月生，1947年2月加入中国共产党。

1943年1月参加工作。南下前任文登县粮食局调运股股长。1949年4月随军南下，任吴江县分区助理员。后历任吴江县黎里粮管所主任、保管员。

1983年2月离休。2015年2月病逝。

## 毕玉明

男，山东省文登县人。1930年12月生，1947年7月加入中国共产党。

1946年5月参加工作。1949年4月随军南下，任吴江县警卫员。后任吴江县新民丝织厂厂长兼党委书记。曾荣获“全国五一劳动奖章”，四等功二次、三等功一次。

1996年10月离休。1999年6月病逝。

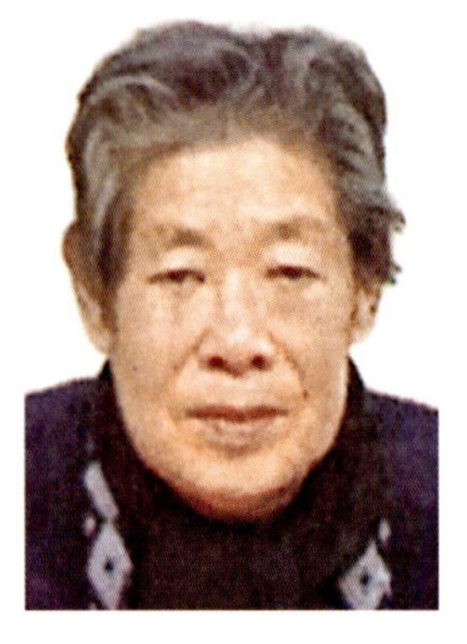

## 毕晓云

女，山东省文登县人。1923年11月生，1941年11月加入中国共产党。

1941年11月参加工作。南下前任中共文登县侯家区委副宣传委员。1949年4月随军南下，任中共吴江县分区委副宣传委员。后任苏州市中级人民法院政工科科长。

1983年11月离休。2007年4月病逝。

## 曲华岳

男，山东省文登县人。1925年8月生，1947年6月加入中国共产党。

1948年5月参加工作。南下前任文登县事务员。1949年4月随军南下，任吴江县事务长。后历任吴江县公路管理站站长、调研员。曾荣获二等功一次、一等功一次。

1985年12月离休。2009年4月病逝。

## 刘大琦

男，山东省文登县人。1917年10月生，1943年9月加入中国共产党。

1947年5月参加工作。南下前在文登县财政局工作。1949年4月随军南下。后历任吴江县震泽税务所所长、吴江县震泽区副区长、吴江县盛泽镇镇长、吴江县松陵镇党委书记、吴江县税务局局长、吴江县蚕种场党支部书记。

1983年11月离休。2010年1月病逝。

## 刘崇翰

男，山东省荣成县人。1920 年 10 月生，1943 年 1 月加入中国共产党。

1944 年 9 月参加工作。南下前任昆嵛县机关秘书。1949 年 4 月随军南下，任吴江县科长。后任吴江县平望镇党委副书记。

1980 年 11 月离休。1995 年 5 月病逝。

## 汤元湖

男，山东省文登县人。1926 年 12 月生，1947 年 6 月加入中国共产党。

1945 年 8 月参加工作。南下前任文登县邹山区公所优抚干事。1949 年 4 月随军南下，任吴江县公安局副科长。后任吴江县莘塔粮管所民政助理。曾获四等功一次。

1985 年 12 月离休。2009 年 4 月病逝。

## 孙树茂

男，山东省文登县人。1922 年 10 月生，1947 年 1 月加入中国共产党。

1947 年 1 月参加工作。南下前任文登县环海区财粮助理员。1949 年 4 月随军南下，任吴江县政府助理员。后任吴江县土产公司副经理。

1984 年 4 月离休。2015 年 2 月病逝。

## 孙瑞明

男，山东省文登县人。1928 年 7 月生，1946 年 1 月加入中国共产党。

1943 年 12 月参加工作。南下前任文登县粮食局会计。1949 年 4 月随军南下，任吴江县人民政府会计。后历任吴江县人民政府财粮科科长、吴江县人民委员会办公室副主任、吴江县人民银行行长、吴江县财贸办公室副主任、吴江县银行“革命委员会”副主任、吴江人民银行行长、吴江工商银行调研员。

1987 年 6 月离休。

## 李士智

男，山东省文登县人。1919 年 8 月生，1940 年 10 月加入中国共产党。

1940 年 10 月参加工作。南下前任文登县侯家区粮库办事员。1949 年 4 月随军南下，任吴江县委组织员。后历任吴江县庞山湖农场场长、书记。

1983 年 8 月离休。1990 年 2 月病逝。

## 杨　涛

男，山东省文登县人。1921 年 12 月生，1947 年 1 月加入中国共产党。

1940 年 12 月参加工作。南下前任文登县支前助理员。1949 年 4 月随军南下，任吴江县司法科科员。后任昆山县检察院副院长。

1982 年 12 月离休。1989 年 7 月病逝。

## 宋绪芸

男，山东省文登县人。1914 年 2 月生，1943 年 10 月加入中国共产党。

1943 年 10 月参加工作。南下前任中共文登县侯家区委副组织委员。1949 年 4 月随军南下，任中共吴江县分区委组织委员。后任吴江县工业局局长。

1981 年 9 月离休。1998 年 11 月病逝。

## 张玉堂

男，山东省文登县人。1915 年 8 月生，1941 年 12 月加入中国共产党。

1941 年 12 月参加工作。南下前任文登县天福山区粮库主任。1949 年 4 月随军南下，任吴江县城厢区副区长。后任吴江县外贸局副局长。

1982 年 12 月离休。2001 年 9 月病逝。

## 张序贤

男，山东省文登县人。1920 年 8 月生，1941 年 1 月加入中国共产党。

1941 年 1 月参加工作。南下前任中共文登县章村区委副宣传委员。1949 年 4 月随军南下，任吴江县政府助理员。后任吴江县黎里镇商办主任。

1982 年 2 月离休。1999 年 6 月病逝。

## 陈全贵

男，汉族，山东省乳山县人。1930 年 3 月生，1949 年 1 月加入中国共产党。

1947 年 3 月参加工作。1949 年 4 月随军南下，任吴江县警卫员。后任吴江县交通局副局长。

1990 年 7 月离休。2009 年 10 月病逝。

## 林凤田

男，山东省乳山县人。1918 年 2 月生，1941 年 4 月加入中国共产党。

1941 年 4 月参加工作。1949 年 4 月随军南下，任吴江县公安局科长。后任吴江县政协副主席。

1982 年 12 月离休。2005 年 6 月病逝。

## 林钧忠

男，山东省文登县人。1918 年 9 月生，1947 年 8 月加入中国共产党。

1945 年 8 月参加工作。南下前任文登县天福山区财经会计。1949 年 4 月随军南下，任吴江县人民政府助理员。后任吴江县同里镇党委书记。

1983 年 4 月离休。1986 年 12 月病逝。

## 郭申华

男，山东省荣成县人。1920 年 2 月生，1945 年 10 月加入中国共产党。

1947 年 5 月参加革命工作。1949 年 4 月随军南下，任吴江县人民政府财政科科员。后任吴江县财政局副局长。

1983 年 3 月离休。2011 年 3 月病逝。

## 侯文章

男，山东省文登县人。1924 年 8 月生，1946 年 7 月加入中国共产党。

1945 年 4 月参加工作。南下前任文登县会计。1949 年 4 月随军南下，任吴江县财政科科员。后历任吴县检察院代检察长、吴县人民政府视察员。

1982 年 12 月离休。2001 年 7 月病逝。

## 侯儒义

男，山东省文登县人。1913 年 2 月生，1941 年 9 月加入中国共产党。

1941 年 9 月参加工作。南下前任文登县汤村区各救会副会长。1949 年 4 月随军南下，任中共吴江县委民运委员。后历任吴江县蚕种场场长、党支部书记。

1982 年 9 月离休。2006 年 7 月病逝。

## 侯儒岭

男，山东省文登县人。1923 年 1 月生，1946 年 10 月加入中国共产党。

1946 年 10 月参加工作。南下前任文登县分区财政助理员。1949 年 4 月随军南下，任吴江县政府总务股股长。后任中共吴江县委统战部副部长。

1983 年 6 月离休。2021 年 8 月病逝。

## 梁峨山

曾用名宋林，男，山东省文登县人。1926 年 8 月生，1945 年 3 月加入中国共产党。

1945 年 3 月参加工作。南下前任中共文登县分区委副宣传委员。1949 年 4 月随军南下，任吴江县分区青年干事。后任吴县水产局局长。

1987 年 7 月离休，享受地市级乘车、医疗待遇。2022 年 6 月病逝。

# 昆嵛县抽调南下干部登记表

## （共90人）

| 姓名 | 性别 | 年龄 | 籍贯 | 南下前任职 | 新区备选任职 |
| --- | --- | --- | --- | --- | --- |
| 张子平 | 男 | 41 | 昆嵛县白鹿区四甲 | 昆嵛县龙泉区委第一副书记 | 县分区委书记 |
| 孙厚贵 | 男 | 33 | 昆嵛县虎山区南桥村 | 昆嵛县虎山区委代理宣传委员 | 县分区委干事 |
| 刘崇汉 | 男 | 30 | 荣成县涝山区大泥沟 | 昆嵛县机关秘书 | 县政府科员 |
| 王　杰 | 男 | 38 | 昆嵛县特秀区佛东夼 | 昆嵛县酒馆区委书记 | 县长 |
| 迟绍轩 | 男 | 31 | 昆嵛县旸里区蒿村 | 昆嵛县酒馆区副区长 | 县分区公所区长 |
| 周庆新 | 男 | 34 | 昆嵛县套河区集西村 | 昆嵛县酒馆区粮库主任 | 县分区公所区长 |
| 殷夕英 | 男 | 30 | 昆嵛县套河区集西村 | 昆嵛县套河区委代理书记 | 县委组织部副部长 |
| 于德敏 | 男 | 27 | 昆嵛县特秀区西山后 | 昆嵛县山马区委组织干事 | 县分区委副组织委员 |
| 曲沅海 | 男 | 24 | 昆嵛县马山区石羊口 | 昆嵛县马山区优抚干事 | 县分区公所助理员 |
| 刘兆坤 | 男 | 37 | 昆嵛县山马区沟道头 | 昆嵛县山马区财经干事 | 县分区公所助理员 |
| 高　健 | 男 | 26 | 昆嵛县特秀区南庄 | 昆嵛县工会干事 | 县分区公所副区长 |
| 李曰仁 | 男 | 30 | 昆嵛县林村区笛弼庄 | 昆嵛县林村区武装部政治干事 | 县分区委副组织委员 |

说明：该表干部名单来源于山东省档案馆馆藏档案1949年2月《昆嵛县南下干部登记表》，表中信息结合山东省档案馆和太仓市档案馆馆藏档案资料整理。

续表

| 姓　名 | 性别 | 年龄 | 籍　贯 | 南下前任职 | 新区<br>备选任职 |
|---|---|---|---|---|---|
| 丛旭日 | 男 | 29 | 昆嵛县特秀区马山后村 | 昆嵛县特秀区民运干事 | 县分区委副民运委员 |
| 邹积福 | 男 | 24 | 昆嵛县管山区丁家卜 | 昆嵛县管山区青年工作队干事 | 县政府秘书处文书 |
| 张玉亭 | 男 | 37 | 昆嵛县林村区林子西 | 昆嵛县林村区农会干事 | 县分区委副民运委员 |
| 于伦修 | 男 | 40 | 乳山县五桂区英格庄 | 昆嵛县山马区委副书记 | 县分区委书记 |
| 于明模 | 男 | 37 | 昆嵛县葛家区英山前 | 昆嵛县葛家区粮库保管员 | 县政府财政科科员 |
| 于同道 | 男 | 28 | 昆嵛县山马区西黄卜 | 昆嵛县葛家区武装干事 | 县分区委副民运委员 |
| 胡宗法 | 男 | 28 | 昆嵛县白鹿区小屯村 | 昆嵛县白鹿区工会干事 | 县分区委副宣传委员 |
| 刘成德 | 男 | 35 | 昆嵛县葛家区西于疃 | 昆嵛县葛家区委副宣传委员 | 县分区委宣传委员 |
| 刘炳训 | 男 | 31 | 昆嵛县葛家区刘家产 | 昆嵛县葛家区委组织干事 | 县分区委副组织委员 |
| 刘令德 | 男 | 38 | 昆嵛县葛家区西于疃 | 昆嵛县葛家区代理区长 | 县分区公所副区长 |
| 孙宝斋 | 男 | 33 | 昆嵛县林村区姚家 | 昆嵛县白鹿区委副组织委员 | 县分区委副书记 |
| 吕式福 | 男 | 28 | 昆嵛县葛家区东于疃 | 昆嵛县委民运部干事 | 县分区委副民运委员 |
| 王一峰 | 男 | 30 | 昆嵛县葛家区 | 昆嵛县委民运部部长 | 代理县委书记 |
| 王景溪 | 男 | 40 | 海阳县盘石区北阳村 | 昆嵛县公安局局长 | 县公安局局长 |
| 于维之 | 男 | 34 | 文登县邹山区庄家村 | 昆嵛县管山区各救会会长 | 县分区委书记 |
| 苏会德 | 男 | 30 | 昆嵛县特秀区西李仙庄 | 昆嵛县特秀区工会干事 | 县分区委副民运委员 |

续表

| 姓　名 | 性别 | 年龄 | 籍　贯 | 南下前任职 | 新区备选任职 |
|---|---|---|---|---|---|
| 曲克家 | 男 | 23 | 昆嵛县龙泉区官道北 | 昆嵛县林村区保管员 | 县政府秘书处会计 |
| 黄从仁 | 男 | 33 | 昆嵛县管山区郝家屯 | 昆嵛县酒馆区各救会会长 | 县分区委副书记 |
| 毕义序 | 男 | 34 | 昆嵛县套河区双石村 | 昆嵛县民运工作队 | 县分区委副组织委员 |
| 侯桂恩 | 男 | 30 | 文登县汤村区山后侯家 | 昆嵛县龙泉区副区长 | 县分区公所区长 |
| 吕德远 | 男 | 31 | 昆嵛县套河区潘格庄 | 昆嵛县白鹿区武装部政治干事 | 县分区委副组织委员 |
| 王洪及 | 男 | 31 | 昆嵛县特秀区藏格庄 | 昆嵛县特秀区财经助理员 | 县分区公所助理员 |
| 吕以珍 | 男 | 32 | 昆嵛县林村区周家埠 | 昆嵛县分区委副书记 | 县分区委书记 |
| 王树南 | 男 | 35 | 昆嵛县管山区发山村 | 昆嵛县管山区财经干事 | 县政府财政科科员 |
| 孙念尧 | 男 | 29 | 昆嵛县特秀区横口村 | 昆嵛县龙泉区委副宣传委员 | 县分区委宣传委员 |
| 董崇德 | 男 | 38 | 昆嵛县旸里区小界石村 | 昆嵛县旸里区委组织干事 | 县分区委副组织委员 |
| 谭书早 | 男 | 28 | 昆嵛县林村区东谭家口 | 昆嵛县林村区委宣传干事 | 县分区委副宣传委员 |
| 高凤喈 | 男 | 22 | 昆嵛县管山区梁家夼 | 昆嵛县管山区委组织干事 | 县分区委副组织委员 |
| 宫润松 | 男 | 31 | 昆嵛县葛家区占家埠 | 昆嵛县龙泉区委副组织委员 | 县委组织部干事 |
| 张　源 | 男 | 26 | 昆嵛县特秀区陈家屯 | 昆嵛县山马区粮库保管员 | 县政府民政科科员 |
| 石日申 | 男 | 37 | 昆嵛县林村区大英村 | 昆嵛县委工作队 | 县分区委组织委员 |
| 孙锡敏 | 男 | 30 | 昆嵛县虎山区南桥村 | 昆嵛县虎山区农会副会长 | 县分区委民运委员 |

续表

| 姓　名 | 性别 | 年龄 | 籍　贯 | 南下前任职 | 新区备选任职 |
|---|---|---|---|---|---|
| 孙从启 | 男 | 29 | 昆嵛县虎山区雨夼村 | 昆嵛县虎山区粮库主任 | 县分区公所区长 |
| 李会堂 | 男 | 25 | 昆嵛县虎山区耩格庄 | 昆嵛县虎山区民站联络员 | 县分区公所助理员 |
| 徐文宗 | 男 | 39 | 昆嵛县马山区长场村 | 昆嵛县马山区代理公安工作 | 县分区委副民运委员 |
| 王锡柱 | 男 | 28 | 昆嵛县特秀区郭格庄 | 昆嵛县特秀区代理副公安员 | 县分区委副民运委员 |
| 鞠书信 | 男 | 40 | 昆嵛县特秀区北郑格庄 | 昆嵛县马山区委副书记 | 县分区委书记 |
| 刘积希 | 男 | 31 | 昆嵛县葛家区刘家上口 | 昆嵛县葛家区委副书记 | 县分区委书记 |
| 林乐斌 | 男 | 22 | 昆嵛县林村区林村集 | 昆嵛县特秀区文书 | 县分区委副宣传委员 |
| 王道荣 | 男 | 33 | 昆嵛县林村区生格庄 | 昆嵛县林村区粮库保管员 | 县分区公所助理员 |
| 刘衍华 | 男 | 32 | 昆嵛县套河区台上村 | 昆嵛县套河区公所文书 | 行军事务 |
| 刘华清 | 男 | 37 | 昆嵛县套河区台上村 | 昆嵛县套河区粮库保管员 | 县分区公所助理员 |
| 王吉增 | 男 | 32 | 昆嵛县特秀区岭上村 | 昆嵛县区粮库保管员 | 县分区公所助理员 |
| 陶洪启 | 男 | 36 | 昆嵛县马山区泊子村 | 昆嵛县特秀区粮库主任 | 县分区公所区长 |
| 王寿礼 | 男 | 34 | 昆嵛县特秀区岭上村 | 昆嵛县林村区委副宣传委员 | 县分区委宣传委员 |
| 隋元熏 | 男 | 30 | 昆嵛县葛家区清家上口 | 昆嵛县政府科员 | 县政府财政科科员 |
| 于海峰 | 男 | 30 | 昆嵛县林村区生格庄 | 昆嵛县政府粮食局干事 | 行军总务 |
| 刘玉信 | 男 | 30 | 昆嵛县套河区停驾沟 | 昆嵛县政府财政科会计 | 县政府经审会计 |

续表

| 姓　名 | 性别 | 年龄 | 籍　贯 | 南下前任职 | 新区备选任职 |
|---|---|---|---|---|---|
| 孙永平 | 男 | 23 | 昆嵛县特秀区横口村 | 昆嵛县委宣传部干事 | 县委宣传部干事 |
| 宋子泉 | 男 | 33 | 威海卫市桥头区教里村 | 昆嵛县政府教育科副科长 | 县政府民政科科长 |
| 王　新 | 男 | 33 | 牟平县昆西区共会庄 | 昆嵛县政府财政科科长 | 县财政科科长 |
| 赵锦亭 | 男 | 27 | 昆嵛县葛家区孤山后 | 昆嵛县委工作队队员 | 县分区委副宣传委员 |
| 沙敬范 | 男 | 20 | 昆嵛县管山区板桥村 | 昆嵛县秘书干事 | 县分区公所助理员 |
| 刘洪德 | 男 | 25 | 昆嵛县葛家区西于疃 | 昆嵛县政府教育科科员 | 县政府秘书 |
| 于海量 | 男 | 29 | 昆嵛县林村区林家庄 | 昆嵛县马山区区长 | 县分区委书记 |
| 韩书茂 | 男 | 32 | 昆嵛县套河区李仙庄 | 昆嵛县委民运部工作员 | 县委民运部干事 |
| 于建礼 | 男 | 24 | 昆嵛县管山区大店村 | 昆嵛县委党训班 | 县委秘书 |
| 宋　君 | 男 | 33 | 昆嵛县虎山区大宋家 | 昆嵛县特秀区委副书记 | 县委民运部部长 |
| 宫云森 | 男 | 36 | 昆嵛县葛家区议城村 | 昆嵛县白鹿区副区长 | 县分区公所区长 |
| 于锦文 | 男 | 29 | 牙前县 | 昆嵛县葛家区邮务所所长 | 县干事 |
| 王汝琦 | 男 | 23 | 昆嵛县特秀区郑格庄 | 昆嵛县特秀区交通员 | 县干事 |
| 马汝礼 | 男 | 44 | 昆嵛县酒馆区靠山村 | 昆嵛县酒馆区事务员 | 县干事 |
| 宋宗芳 | 男 | 39 | 昆嵛县虎山区周格庄 | 昆嵛县虎山区干事 | 县干事 |

续表

| 姓　名 | 性别 | 年龄 | 籍　贯 | 南下前任职 | 新区备选任职 |
|---|---|---|---|---|---|
| 赵峰山 | 男 | 34 | 昆嵛县龙泉区东桥 | 昆嵛县龙泉区干事 | 县干事 |
| 宋文会 | 男 | 27 | 昆嵛县马山区东泊石 | 昆嵛县马山区村各救会会长 | 县干事 |
| 刘尚德 | 男 | 37 | 昆嵛县葛家区葛家村 | 昆嵛县葛家区交通干事 | 炊事员 |
| 胡连江 | 男 | 21 | 昆嵛县酒馆区东场格庄 | 昆嵛县干事 | 炊事员 |
| 刁守信 | 男 | 36 | 昆嵛县特秀区曲家庵 | 昆嵛县干事 | 炊事员 |
| 孙宗叶 | 男 | 36 | 昆嵛县山马区西桥村 | 昆嵛县干事 | 炊事员 |
| 丛文珠 | 男 | 21 | 昆嵛县山马区西黄岚 | 昆嵛县警卫员 | 警卫员 |
| 于思义 | 男 | 20 | 昆嵛县特秀区开真观 | 昆嵛县警卫队小队副 | 通讯员 |
| 郑德泉 | 男 | 29 | 昆嵛县特秀区姜格庄 | 昆嵛县警卫队队副 | 通讯员 |
| 孙敬福 | 男 | 27 | 昆嵛县特秀区望仙庄 | 昆嵛县警卫队分队副 | 通讯员 |
| 吕式坤 | 男 | 20 | 昆嵛县葛家区西于疃 | 昆嵛县卫生员 | 卫生员 |
| 李叙伦 | 男 | 23 | 昆嵛县马山区翟格庄 | 昆嵛县警卫队副班长 | 通讯员 |
| 林福栓 | 男 | 22 | 昆嵛县虎山区高家庄 | 昆嵛县警卫队副班长 | 通讯员 |
| 于德春 | 男 | 34 | 昆嵛县特秀区四山后 | 昆嵛县炊事班班长 | 炊事员（后补） |
| 吴芳坤 | 男 | 24 | 昆嵛县文山区崖东头 | 昆嵛县公安队队副 | 通讯员（后补） |

# 南下太仓干部登记表

（共 100 人）

| 姓　名 | 性别 | 年龄 | 籍　贯 | 南下前任职 | 南下太仓第一任职 |
|---|---|---|---|---|---|
| 赵峰山 | 男 | 34 | 山东昆嵛 | 昆嵛县龙泉区干事 | 太仓县人民政府秘书处管理员 |
| 朱金富 | 男 | 27 | 山东昆嵛 | 昆嵛县交通员 | 太仓县人民政府秘书处交通员 |
| 郑德全（泉） | 男 | 23 | 山东昆嵛 | 昆嵛县警卫队队副 | 太仓县交通员 |
| 李会堂 | 男 | 25 | 山东昆嵛 | 昆嵛县虎山区民站联络员 | 太仓县招待所所长 |
| 张书祥 | 男 | 34 | 山东昆嵛 | 区公所文书 | 太仓县人民政府秘书处会计 |
| 王　杰 | 男 | 38 | 山东昆嵛 | 昆嵛县酒馆区委书记 | 太仓县人民政府副县长 |
| 张　源 | 男 | 26 | 山东昆嵛 | 昆嵛县山马区粮库保管员 | 太仓县人民政府民政科科员 |
| 刘毓（玉）信 | 男 | 27 | 山东昆嵛 | 昆嵛县政府财政科会计 | 太仓县人民政府财政科科员 |
| 刘衍华 | 男 | 32 | 山东昆嵛 | 昆嵛县套河区公所文书 | 太仓县支前科支前科科员 |
| 于海量 | 男 | 30 | 山东昆嵛 | 昆嵛县马山区区长 | 太仓县沙溪区委副书记 |
| 宋进三 | 男 | 28 | 山东昆嵛 | 炊事员 | 太仓县人民政府直属库保管组组长 |

说明：该表干部名单来源于太仓市档案馆馆藏档案 1949 年 8 月 24 日《太仓县人民政府行政干部登记表》，表中信息结合太仓市档案馆馆藏 1949 年 8 月 24 日《太仓县人民政府行政干部登记表》和 1950 年 4 月 11 日《太仓县委组织部编内干部名册》整理。

续表

| 姓　名 | 性别 | 年龄 | 籍　贯 | 南下前任职 | 南下太仓第一任职 |
|---|---|---|---|---|---|
| 刘开义 | 男 | 28 | 山东昆嵛 | 东海专署工商营业员 | 太仓县工商局商管员 |
| 邹本仁 | 男 | 25 | 山东昆嵛 | 征收员 | 太仓县工商局总务股长 |
| 肖秀峰 | 男 | 39 | 山东昆嵛 | 昆嵛县人民银行主任 | 太仓县人民银行主任 |
| 孙永恩 | 男 | 29 | 山东昆嵛 | 昆嵛县银行业务员 | 太仓县人民银行调研股股长 |
| 鞠翠玉 | 女 | 22 | 山东昆嵛 | 昆嵛县特秀区联社（军工）织布厂工人 | 太仓县人民银行出纳 |
| 刘宏（洪）德 | 男 | 25 | 山东昆嵛 | 昆嵛县政府教育科科员 | 太仓县人民政府秘书处秘书 |
| 于德华 | 女 | 24 | 山东昆嵛 | 粮食局办事员 | 太仓县人民政府粮食科办事员 |
| 李　波 | 女 | 23 | 山东文登 | 文登县文书 | 太仓县人民银行印钞厂工人 |
| 宋子全（泉） | 男 | 33 | 山东昆嵛 | 昆嵛县政府教育科副科长 | 太仓县人民政府教育科副科长 |
| 王一峰 | 男 | 30 | 山东昆嵛 | 昆嵛县民运部部长 | 太仓县委副书记 |
| 殷锡瑛（夕英） | 男 | 30 | 山东昆嵛 | 昆嵛县套河区委代理书记 | 太仓县委组织部干事 |
| 孙永平 | 男 | 23 | 山东昆嵛 | 昆嵛县委宣传部干事 | 太仓县委宣传部干事 |
| 韩树（书）茂 | 男 | 32 | 山东昆嵛 | 昆嵛县委民运部工作员 | 太仓县璜泾区委农会主任 |
| 王锡柱 | 男 | 28 | 山东昆嵛 | 昆嵛县特秀区代理副公安员 | 太仓县人民政府支前科科员 |
| 隋原（元）熏 | 男 | 30 | 山东昆嵛 | 昆嵛县政府科员 | 太仓县人民政府支前科科员 |

续表

| 姓 名 | 性别 | 年龄 | 籍 贯 | 南下前任职 | 南下太仓第一任职 |
|---|---|---|---|---|---|
| 王熙明 | 男 | 37 | 山东文登 | 县征收所长 | 太仓县工商局副局长 |
| 于海丰（峰） | 男 | 30 | 山东昆嵛 | 昆嵛县政府粮食局干事 | 太仓县粮食局供应科科长 |
| 宋文会 | 男 | 28 | 山东昆嵛 | 昆嵛县马山区村各救会会长 | 太仓县粮食局办事员 |
| 鞠书信 | 男 | 40 | 山东昆嵛 | 昆嵛县马山区委副书记 | 太仓县城区区委书记 |
| 于洧芝（维之） | 男 | 34 | 山东文登 | 昆嵛县管山区各救会会长 | 太仓县城区区委副书记 |
| 孙从启 | 男 | 29 | 山东昆嵛 | 昆嵛县虎山区粮库主任 | 太仓县城区区委组织委员 |
| 孙厚桂（贵） | 男 | 39 | 山东昆嵛 | 昆嵛县虎山区委代理宣传委员 | 太仓县分区委民运委员 |
| 迟绍轩 | 男 | 31 | 山东昆嵛 | 昆嵛县酒馆区副区长 | 太仓县城区区长 |
| 石日森（申） | 男 | 37 | 山东昆嵛 | 昆嵛县委工作队队员 | 太仓县璜泾区委副组织委员 |
| 高凤喈 | 男 | 22 | 山东昆嵛 | 昆嵛县管山区委组织干事 | 太仓县城区区委宣传干事 |
| 张子平 | 男 | 41 | 山东昆嵛 | 昆嵛县龙泉区委第一副书记 | 太仓县浏河区委副书记 |
| 于宗礼 | 男 | 37 | 山东乳山 | 乳山县浪暖区（小观一带）委副书记 | 太仓县浏河区委副书记 |
| 王树南 | 男 | 35 | 山东昆嵛 | 昆嵛县管山区财经干事 | 太仓县浏河区委组织干事 |
| 王守（寿）礼 | 男 | 34 | 山东昆嵛 | 昆嵛县林村区委副宣传委员 | 太仓县浏河区委民运委员 |
| 侯桂恩 | 男 | 30 | 山东文登 | 昆嵛县龙泉区副区长 | 太仓县浏河区区长 |

续表

| 姓　名 | 性别 | 年龄 | 籍　贯 | 南下前任职 | 南下太仓第一任职 |
|---|---|---|---|---|---|
| 王吉增 | 男 | 32 | 山东昆嵛 | 昆嵛县区粮库保管员 | 太仓县浏河区助理员 |
| 王道荣 | 男 | 32 | 山东昆嵛 | 昆嵛县林村区粮库保管员 | 太仓县浏河区粮库干事 |
| 孙锡敏 | 男 | 30 | 山东昆嵛 | 昆嵛县虎山区农会副会长 | 太仓县浏河区新塘乡乡长 |
| 苏会德 | 男 | 30 | 山东昆嵛 | 昆嵛县特秀区工会干事 | 太仓县浏河区刘新乡乡长 |
| 赵锦亭 | 男 | 27 | 山东昆嵛 | 昆嵛县委工作队 | 太仓县浏河区陆渡乡乡长 |
| 胡　明 | 男 | 21 | 山东昆嵛 | 昆嵛县炊事员 | 太仓县浏河区粮食干事 |
| 吕以珍 | 男 | 31 | 山东昆嵛 | 昆嵛县分区委副书记 | 太仓县浮桥区委书记 |
| 谭书藻（书早） | 男 | 28 | 山东昆嵛 | 昆嵛县林村区委宣传干事 | 太仓县浮桥区委民运干事 |
| 周庆新 | 男 | 34 | 山东昆嵛 | 昆嵛县酒馆区粮库主任 | 太仓县浮桥区区长 |
| 邹积福 | 男 | 24 | 山东昆嵛 | 昆嵛县管山区青年工作队干事 | 太仓县岳王区副宣传委员 |
| 董崇德 | 男 | 38 | 山东昆嵛 | 昆嵛县旸里区委组织干事 | 太仓县浮桥区长桥乡乡长 |
| 丛旭日 | 男 | 27 | 山东昆嵛 | 昆嵛县特秀区民运工作队队员 | 太仓县浮桥区杨林乡乡长 |
| 王洪吉（及） | 男 | 31 | 山东昆嵛 | 昆嵛县特秀区财经助理员 | 太仓县浮桥区牌楼乡乡长 |
| 刘积熙（希） | 男 | 31 | 山东昆嵛 | 昆嵛县葛家区委副书记 | 太仓县璜泾区委书记 |
| 刘澄（成）德 | 男 | 35 | 山东昆嵛 | 昆嵛县葛家区委副宣传委员 | 太仓县璜泾区委宣传委员 |

续表

| 姓　名 | 性别 | 年龄 | 籍　贯 | 南下前任职 | 南下太仓第一任职 |
| --- | --- | --- | --- | --- | --- |
| 陶洪启 | 男 | 36 | 山东昆嵛 | 昆嵛县特秀区粮库主任 | 太仓县璜泾区区长 |
| 曲克家 | 男 | 23 | 山东昆嵛 | 昆嵛县林村区保管员 | 太仓县璜泾区粮食干事 |
| 于德春 | 男 | 36 | 山东昆嵛 | 昆嵛县炊事班班长 | 太仓县璜泾区乡长 |
| 孙念尧 | 男 | 29 | 山东昆嵛 | 昆嵛县龙泉区委副宣传委员 | 太仓县沙溪区委宣传委员 |
| 于同道 | 男 | 28 | 山东昆嵛 | 昆嵛县葛家区武装干事 | 太仓县沙溪区委民运干事 |
| 刘令德 | 男 | 38 | 山东昆嵛 | 昆嵛县葛家区代理区长 | 太仓县沙溪区副区长 |
| 曲源（沅）海 | 男 | 26 | 山东昆嵛 | 昆嵛县马山区优抚干事 | 太仓县沙溪区助理员 |
| 高明德 | 男 | 39 | 山东乳山 | 乳山县浪暖区（小观一带）乡支部书记兼乡长 | 太仓县浏河区委组织委员 |
| 吕德远 | 男 | 31 | 山东昆嵛 | 昆嵛县白鹿区武装部政治干事 | 太仓县双凤区岳王乡乡长 |
| 李曰仁 | 男 | 30 | 山东昆嵛 | 昆嵛县林村区武装部政治干事 | 太仓县沙溪区武装干事 |
| 毕义序 | 男 | 34 | 山东昆嵛 | 昆嵛县民运工作队队员 | 太仓县双凤区委组织干事 |
| 宫润（云）森 | 男 | 36 | 山东昆嵛 | 昆嵛县白鹿区副区长 | 太仓县双凤区区长 |
| 刘兆坤 | 男 | 37 | 山东昆嵛 | 昆嵛县山马区财经干事 | 太仓县双凤区政府助理 |
| 于明模 | 男 | 37 | 山东昆嵛 | 昆嵛县葛家区粮库保管员 | 太仓县双凤区粮食干事 |
| 张玉亭 | 男 | 37 | 山东昆嵛 | 昆嵛县林村区农会干事 | 太仓县双凤区乡长 |

续表

| 姓　名 | 性别 | 年龄 | 籍　贯 | 南下前任职 | 南下太仓第一任职 |
|---|---|---|---|---|---|
| 徐文宗 | 男 | 34 | 山东昆嵛 | 昆嵛县马山区代理公安工作 | 太仓县双凤区双凤乡乡长 |
| 于德敏 | 男 | 37 | 山东昆嵛 | 昆嵛县山马区委组织干事 | 太仓县双凤区直塘镇镇长 |
| 沙景（敬）范 | 男 | 22 | 山东昆嵛 | 昆嵛县秘书干事 | 太仓县委文书 |
| 徐洪福 | 男 | 38 | 山东文登 | 文登县分区书记 | 太仓县委组织部部长 |
| 林乐斌 | 男 | 23 | 山东昆嵛 | 昆嵛县特秀区文书 | 太仓县委民运部干事 |
| 戚翠屏 | 女 | 22 | 山东昆嵛 | 昆嵛县分区妇女干事 | 太仓县青委组织干事 |
| 高　健 | 男 | 27 | 山东昆嵛 | 昆嵛县工会干事 | 太仓县总工会干事 |
| 刘树英 | 女 | 24 | 山东昆嵛 | 昆嵛县工会干事 | 太仓县总工会干事 |
| 胡宗法 | 男 | 29 | 山东昆嵛 | 昆嵛县白鹿区工会干事 | 太仓县总工会干事 |
| 刘秉勋（炳训） | 男 | 32 | 山东昆嵛 | 昆嵛县葛家区委组织干事 | 太仓县璜泾分区委副组织委员 |
| 吕式福 | 男 | 29 | 山东昆嵛 | 昆嵛县委民运部干事 | 太仓县璜泾区委委员 |
| 王淑芳 | 女 | 30 | 山东昆嵛 | 昆嵛县民运干事 | 太仓县璜泾分区委民运干事 |
| 王士杰 | 女 | 21 | 山东昆嵛 | 昆嵛县民运干事 | 太仓县璜泾分区委乡农会主任 |
| 郑永莲 | 女 | 24 | 山东昆嵛 | 昆嵛县粮站副组长 | 太仓县陆渡区农会妇女干事 |
| 刘念德 | 男 | 39 | 山东昆嵛 | 昆嵛县财政助理员 | 太仓县沙溪区副区长 |

续表

| 姓 名 | 性别 | 年龄 | 籍 贯 | 南下前任职 | 南下太仓第一任职 |
|---|---|---|---|---|---|
| 孙敬福 | 男 | 28 | 山东昆嵛 | 昆嵛县警卫队分队副 | 太仓县交通股股长兼收发员 |
| 孙宗叶 | 男 | 36 | 山东昆嵛 | 昆嵛县干事 | 太仓县沙溪区交通员 |
| 宋宗芳 | 男 | 41 | 山东昆嵛 | 昆嵛县虎山区干事 | |
| 吴芳坤 | 男 | 25 | 山东昆嵛 | 昆嵛县公安队队副 | 太仓县警卫员 |
| 李叙伦 | 男 | 24 | 山东昆嵛 | 昆嵛县警卫队副班长 | 太仓县通讯员 |
| 宫润松 | 男 | 32 | 山东昆嵛 | 昆嵛县龙泉区委副组织委员 | 太仓县沙溪区委组织委员 |
| 孙殿福 | 女 | 23 | 山东乳山 | 县妇女干事 | 太仓县浮桥区委民运干事 |
| 孙秀兰 | 女 | 20 | 山东乳山 | 县银行出纳员 | 太仓县财政科科员 |
| 王凤斯 | 女 | 22 | 山东昆嵛 | 东海地委保育员 | 太仓县璜泾区青年团工委组织委员 |
| 王政基 | 男 | 29 | 山东文登 | 胶东兼西南县税务所所长 | 太仓县人民政府副县长 |
| 王 新 | 男 | 33 | 山东牟平 | 昆嵛县政府财政科科长 | 太仓县财政科科长 |
| 黄从仁 | 男 | 33 | 山东昆嵛 | 昆嵛县酒馆区各救会会长 | 太仓县人民政府代理支前科科员 |
| 于伦修 | 男 | 40 | 山东乳山 | 昆嵛县山马区委副书记 | 太仓县双凤区委书记 |
| 于建礼 | 男 | 23 | 山东昆嵛 | 昆嵛县委党训班 | |

# 南下太仓干部名录

## 于伦修

原名徐振中、徐经秀，男，山东省乳山县人。1909 年 12 月生，1940 年 10 月加入中国共产党。初中文化。

1941 年 2 月参加工作，曾任昆嵛县山马区财经干事、武工队长。南下前任中共昆嵛县山马区委副书记。1949 年 4 月随军南下，任中共太仓县双凤区委书记；1951 年 5 月，任中共太仓县委委员、太仓县人民武装部副部长；1953 年 10 月，任太仓县人民武装部部长；1955 年 2 月，任太仓县检察院检察长；1956 年 5 月，任中共太仓县第一届委员会常委、副书记；1958 年 1 月，任中共太仓县监察委员会书记兼太仓县级机关党委书记；1959 年 2 月，任中共太仓县第二届委员会常委、中共太仓县监察委员会书记；1962 年 12 月，为江苏省四次候补党代表；1963 年 1 月，任中共太仓县第三届委员会常委、中共太仓县监察委员会书记；1966 年 3 月，任政协太仓县第四届委员会副主席。

1982 年 8 月离休。1984 年 10 月病逝。

---

说明：该名录根据中共太仓市委组织部、太仓市史志办公室、太仓市档案馆编写的《太仓市领导名录（1949—1998）》，中共太仓市老干部局编写的《难忘的征程——太仓市离休干部名录》和中共苏州市老干部局编写的《苏州市离休干部名录》及相关档案史料整理。

## 于海量

男，山东省昆嵛县人。1921 年 8 月生，1941 年 2 月加入中国共产党。小学文化。

1941 年 2 月参加工作，曾任昆嵛县林村区林家庄村村长、村党支部书记，中共昆嵛县林村区委组织干事、组织委员等职。南下前任昆嵛县马山区区长。1949 年 4 月随军南下，任中共太仓县沙溪区委副书记；同年 12 月，任中共太仓县岳王区委书记；1952 年 4 月，任太仓县工会筹备委员会第二副主席；1954 年 7 月，任中共太仓县委常委、太仓县人民政府县长；1955 年 6 月，任太仓县人民委员会县长；1956 年 7 月，为省三次党代会代表；1957 年 1 月，为省一届人民代表大会代表；1958 年 5 月，任中共太仓县委副书记，为省二届人民代表大会代表；1961 年 1 月，任太仓县岳王公社党委第一书记；1962 年 8 月，任中共太仓县委副书记；1965 年 4 月，任中共太仓县委副书记兼太仓县贫下中农协会主席。

1965 年 7 月，任中共江阴县委副书记、江阴县人民政府县长；1969 年 4 月，任太仓县“革命委员会”常委、办事组组长；1970 年 7 月，任中共昆山县委常委、昆山县“革命委员会”副主任；1977 年 8 月，任中共沙洲县委副书记兼沙洲县“革命委员会”常委、副主任；1981 年 7 月，任中共沙洲县委副书记、沙洲县人民代表大会常务委员会主任；1983 年 3 月，任张家港市人民代表大会常务委员会主任。

1984 年 3 月离休。2005 年 5 月病逝。

## 王 杰

男，山东省昆嵛县人。1912 年 10 月生，1940 年 10 月加入中国共产党。初中文化。

1939 年 3 月参加工作，曾任中共昆嵛县套河区委组织委员、中共昆嵛县酒馆区委组织委员、中共昆嵛县套河区委副书记。南下前任中共酒馆区委书记。1949 年 4 月随军南下，任太仓县人民政府副县长；1951 年 4 月，任中共太仓县委委员、太仓县人民政府副县长兼太仓县人民监察委员会主任、太仓县财经委员会副主任；同年 11 月，任中共太仓县委常委、太仓县第三届各界人民代表会议常务委员；1952 年 10 月，任太仓县人民政府县长兼中共太仓县委统战部部长。

1954 年 4 月，任中共苏州地委工业部副部长、部长；1958 年 3 月，任中共奉贤县委第二书记兼奉贤县人民委员会县长；1958 年 10 月，任中共苏州地委工业部部长；1962 年 5 月，任苏州专署工业交通处处长；1964 年 6 月，任苏州地区行政公署副专员兼苏州地区经济委员会主任；1966 年 8 月，在“文化大革命”中受迫害，下放“五七”干校劳动；1975 年 1 月，任苏州地区“革命委员会”生产指挥组副组长、苏州地区行政公署财贸办公室主任；1978 年 8 月，任苏州地区行政公署副专员。

1983 年 2 月离休。2001 年 11 月病逝。

## 王一峰

男，山东省昆嵛县人。1917 年 10 月生，1941 年 5 月加入中国共产党。初中文化。

1941 年 10 月参加工作，曾任文登县议城乡党支部书记、中共昆嵛县林村区委组织委员、中共东海地委组织部干事。南下前任中共昆嵛县委民运部部长。1949 年 4 月随军南下，任中共太仓县委副书记；1950 年 6 月，任中共太仓县委常委、副书记。

1951 年 7 月，任中共苏州地委农委副书记；1952 年 7 月，任中共常熟县委副书记、书记；1955 年 8 月，任中共如东县委书记；1965 年 3 月，任南通地区行政公署副专员；1970 年 1 月，任南通地区“革命委员会”副主任；1971 年 4 月，任中共南通地委副书记。

1983 年 5 月离休。2002 年 12 月病逝。

## 王吉增

男，山东省昆嵛县人。1918 年 1 月生，1946 年 2 月加入中国共产党。初中文化。

1942 年 1 月参加工作，曾任昆嵛县特秀区岭上村村总务、昆嵛县特秀区财经干事。南下前任昆嵛县特秀区粮库保管员。1949 年 4 月随军南下，任太仓县浏河区助理员、武装干事；1952 年 10 月，任太仓县浏河镇镇长；1954 年 12 月，任太仓县浏河镇党委书记；1956 年 4 月，任中共太仓县委统战部副部长；1956 年 5 月，任中共太仓县第一届委员会委员；同年 8 月，任政协太仓县第一届委员会秘书长；1957 年 9 月，任太仓县浏河镇党委书记；1959 年 2 月，任中共太仓县第二届委员会委员；同年 5 月，任太仓县浏河公社党委第一书记、书记；1963 年 1 月，任中共太仓县第三届委员会委员、浏河公社党委书记；1966 年 4 月，任太仓县人民委员会农林水办公室副主任兼教导员、浏河水闸党支部书记兼太仓县“革命委员会”主任、长江林场党总支书记；1979 年 8 月，任中共太仓县委统战部部长；1980 年 1 月，任中共太仓县第五届委员会委员、太仓县第七届人民代表大会常务委员会常务委员，兼任政协太仓县第五届委员会常务委员、副主席。

1981 年 12 月离休。1995 年 10 月病逝。

## 吕以珍

男，山东省昆嵛县人。1918 年 11 月生，1941 年 5 月加入中国共产党。初中文化。

1941 年 5 月参加工作，曾任昆嵛县林村区周家埠村村长、各救会会长。南下前任中共昆嵛县林村区委副书记。1949 年 4 月随军南下，任中共太仓县浮桥区委书记；1951 年 5 月，任中共太仓县委组织部副部长；1952 年 7 月，任中共太仓县委组织部部长；同年 9 月，兼任中共太仓县纪律检查委员会书记、太仓县级机关党总支部书记；1953 年 7

月，任中共太仓县委常委、第二副书记兼中共太仓县委组织部部长；1954 年 8 月，兼任太仓县计划委员会主任；1956 年 5 月，任中共太仓县委书记；同年 7 月，为省三次党代会代表；1957 年 7 月，任中共太仓县委第二书记；1958 年 5 月，任太仓县人民委员会县长兼太仓县人民武装部政委。

1959 年 3 月，任中共辽宁省兴城县委第一书记、第二书记兼兴城县县长、兴城县人民武装部第一政委；1963 年 12 月，为辽宁省第三届人民代表大会代表；1977 年，为辽宁省第五届人民代表大会代表；1978 年 4 月，任中共锦州市古塔区委书记、古塔区“革命委员会”主任、古塔区人民武装部第一政委、中共锦州市委常委。

1983 年 12 月离休。1994 年病逝。

## 刘宏德

男，山东省昆嵛县人。1924 年 10 月生，1946 年 3 月加入中国共产党。高小文化。

1941 年 3 月参加工作。南下前任昆嵛县政府教育科科员。1949 年 4 月随军南下，任太仓县人民政府秘书处秘书；1952 年 8 月，任中共太仓县委秘书室主任；1954 年 2 月，任中共太仓县委委员；同年 6 月，任中共太仓县委秘书处秘书主任；1956 年 5 月，任中共太仓县委常委、副书记；1956 年 7 月，为省三次候补党代表；1959 年 1 月，兼任太仓县《光芒》杂志社主编；1960 年 3 月，任中共太仓县委书记处书记；1964 年 2 月，任太仓县人民委员会县长、党组书记，政协太仓县第四届委员会副主席；1970 年 2 月，任太仓县“革命委员会”副主任；1971 年 4 月，任中共太仓县第四届委员会常委；1973 年 8 月，任中共太仓县委副书记。

1975 年 5 月，任苏州地区计划委员会副主任；1975 年 7 月至 1977 年 7 月，赴几内亚共和国工作；1980 年 6 月，任苏州地区商业局局长、党组书记。

1985 年 12 月离休。2015 年 11 月病逝。

## 刘毓信

男，山东省昆嵛县人。1920年8月出生，1946年7月加入中国共产党。初中文化。

1945年9月参加工作，曾任昆嵛县套河区停驾沟村财经、昆嵛县套河区征收员。南下前任昆嵛县政府财政科科员。1949年4月随军南下，任太仓县人民政府财政科科员；1951年8月，任太仓县人民政府人事科副科长；1952年2月，任太仓县政府财政科科长；1953年3月，任太仓县统计科科长；1954年8月，任太仓县计划统计科科长；1955年12月，任太仓县计划委员会副主任；1956年5月，任中共太仓县第一届委员会委员、太仓县人民委员会第一副县长；1959年2月，任中共太仓县第二届委员会委员；1961年12月，任中共太仓县委农村工作部副部长；1963年6月，任太仓县水利局局长；1966年3月，任太仓县经济计划委员会主任；1968年，任太仓县“五七”干校“革命委员会”副主任；1972年10月，任太仓县工业局副局长；1974年1月，任太仓县邮电局局长；1976年5月，任太仓县农水办主任；1980年1月，任政协太仓县第五届委员会副主席、太仓县第七届人民代表大会常务委员会常务委员兼太仓县机关党委书记。

1982年12月离休，享受县处级政治生活待遇。1987年6月病逝。

## 宫润森

男，山东省昆嵛县人。1914年8月生，1944年10月加入中国共产党。高小文化。

1942年1月参加工作，曾任昆嵛县葛家区议城村党支部书记，昆嵛县虎山区公所助理员、副区长。南下前任昆嵛县白鹿区副区长。1949年4月随军南下，任太仓县双凤区区长；1951年6月，任太仓县人民法院副院长；1952年10月，任太仓县印溪镇党委书记；1953年7月，任太仓县人民法院院长；1956年4月，任中共太仓县委政法部部长；同年5月，任中共太仓县第一届委员会常委；1957年9月，任太仓县人民检察院检察长；1958 年 3 月，任中共太仓县政法党组副书记；1959 年 2 月，任中共太仓县第二届委员会常委；1960 年 2 月，任太仓县人民委员会副县长；1961 年 1 月，任太仓县新毛公社党委第一书记；1962 年 7 月，任太仓县检察院检察长；同年 9 月，兼任中共太仓县政法党组书记；1963 年 1 月，任中共太仓县第三届委员会委员；1965 年 6 月，任太仓县人民委员会副县长；1970 年 3 月，任太仓县卫生局负责人；1975 年 2 月，任太仓县民政局负责人；1978 年 9 月，任中共太仓县纪律检查委员会副书记；1980 年 2 月，任中共太仓县委统战部副部长。

1980 年 11 月离休。1999 年 1 月病逝。

## 殷锡瑛

男，山东省昆嵛县人。1921 年 1 月生，1941 年 1 月加入中国共产党。初中文化。

1944 年 11 月参加工作，曾任昆嵛县套河区文书、昆嵛县套河区组织干事。南下前任中共昆嵛县套河区委代理书记。1949 年 4 月随军南下，任中共太仓县委组织部干事；1950 年 8 月，任中共太仓县委委员、太仓县合作总社主任；1951 年 11 月，任太仓县三届一次各界人民代表会议常务委员；1954 年 11 月，任太仓县供销合作社主任；1955 年 1 月，任中共太仓县委财政贸易工作部部长；1956 年 5 月，任中共太仓县委常委、太仓县委财政贸易工作部部长；1958 年 5 月，任太仓县人民委员会副县长；同年 10 月，兼任太仓县体育运动委员会主任；1959 年 4 月，兼任太仓县计划委员会主任；1960 年 3 月，任中共太仓县委书记处书记；1962 年 8 月，任太仓县人民委员会副县长兼太仓县物价委员会主任；1963 年 10 月，兼任太仓县财贸办公室主任。

1966 年 5 月，任吴江县人民委员会副县长、政协吴江县委员会副主席兼秘书长；1969 年 7 月，任吴江县“革命委员会”生产指挥组副组长；1971 年 1 月，任吴江县“革命委员会”生产指挥组组长。

1974 年 1 月病逝。

## 高凤喈

原名高国讨，男，山东省昆嵛县人。1928 年 8 月生，1946 年 12 月加入中国共产党。高小文化。

1944 年 10 月参加工作，曾任昆嵛县管山区梁家夼村青救会会长、昆嵛县管山区宣传干事。南下前任中共昆嵛县管山区委组织干事。1949 年 4 月随军南下，任中共太仓县城区区委宣传干事；1950 年，任中共太仓县城区区委宣传委员；1951 年 11 月，任中共太仓县委宣传部干事；1952 年 5 月，任中共太仓县双凤区委第一副书记；1953 年 7 月，任中共太仓县双凤区委书记；1954 年 8 月，任中共太仓县委委员、组织部副部长；1956 年 4 月，任中共太仓县第一届委员会委员；1957 年 3 月，任中共太仓县浏河区委第一书记；1958 年 10 月，任中共太仓县委农村工作部部长；1960 年 12 月，任中共太仓县委委员、双凤公社党委书记；1964 年 1 月，任太仓县人民政府副县长、中共太仓县委委员。

1965 年 5 月，任沙洲县人民政府副县长、社教分团书记；1967 年 4 月，在“文化大革命”中受审查；1968 年 4 月，任太仓县“革命委员会”副主任、党的核心小组副组长。

1971 年 4 月，任苏州地区农水局领导成员、党支部副书记；1972 年 4 月，任苏州地区水利局副局长、党支部副书记；1975 年 12 月，任苏州地区水利局局长、党总支书记；1980 年 9 月，任苏州地区水利局局长、党组书记；1983 年 3 月，任苏州市水利局局长、党组书记；1988 年 3 月，任苏州市水利局督导员。

1988 年 12 月离休。2001 年 8 月病逝。

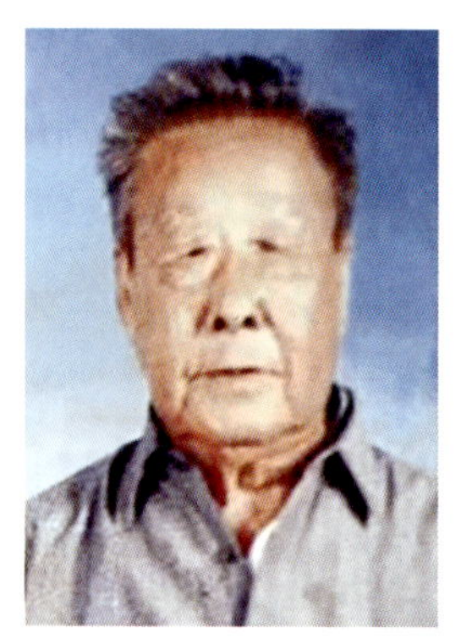

## 于同道

男，山东省昆嵛县人。1922 年 2 月生，1944 年 11 月加入中国共产党。高小文化。

1947 年 4 月参加工作，曾任昆嵛县山马区西黄埠村青救会会长、昆嵛县山马区武装部干事等职。南下前任昆嵛县葛家区武装干事。1949 年 4 月随军南下，任中共太仓县沙溪区委民运干事。后历任太仓县沙溪区涂松乡乡长、中共太仓县委土改工作队组长、太仓县公安局浏河水上分局股长、太仓县浮桥区水闸科长、太仓县浮桥区公所区长、太仓县浮桥区党委第二书记、太仓县浮桥区浏河镇党委书记、太仓县沙溪区公社社长、人民银行太仓支行副行长、太仓县“革命委员会”生产指挥组办事员、太仓县“五七”农业大学负责人、太仓县印刷厂党支部书记兼厂长。

1983 年 12 月离休，享受地市级医疗、乘车待遇。2004 年 11 月病逝。

## 于建礼

男，山东省昆嵛县人。1926 年 9 月生，1942 年 7 月加入中国共产党。

1942 年 7 月参加工作。南下前任中共昆嵛县委党训秘书。1949 年 4 月随军南下。后历任吴县上山下乡办公室主任、吴县城建局科长。

1987 年 10 月离休。1993 年 6 月病逝。

## 于海丰

男，山东省昆嵛县人。1920 年 10 月生，1947 年 6 月加入中国共产党。高小文化。

1947 年 5 月参加工作，曾任昆嵛县林村区生格庄村副村长、昆嵛县林村区保管员。南下前任昆嵛县粮食局征调干事。1949 年 4 月随军南下，任太仓县粮食局供应科科长。后历任太仓县粮食局储运股长、太仓县保险公司经理、太仓县财政科科长、中共太仓县委农改办公室副主任、太仓县璜泾公社主任、太仓县造船厂党支部书记、太仓县金属制品厂党支部书记、太仓县食品公司副经理。

1982 年 8 月离休，享受县处级政治生活待遇。2002 年 4 月病逝。

## 于德敏

男，山东省昆嵛县人。1923 年 1 月生，1943 年 11 月加入中国共产党。

1943 年 11 月参加工作。南下前任中共昆嵛县山马区委组织干事。1949 年 4 月随军南下，任太仓县双凤区直塘镇镇长。后历任苏州机械局房建站党支部书记、站长。

1983 年 3 月离休。2013 年 11 月病逝。

## 王凤斯

女，山东省昆嵛县人。1929 年 1 月生，1947 年 4 月加入中国共产党。高小文化。

1948 年 7 月参加工作。南下前任中共东海地委保育员。1949 年 4 月随军南下，任太仓县璜泾区青年团工委组织委员。后历任太仓县第三监狱管教员，中共太仓县璜泾区委干部，太仓县纸品厂县委五人小组组员、党支部书记，太仓县晶体管厂党支部书记，太仓县工业物资设备公司行政科长。

1984 年 3 月离休。2023 年 11 月病逝。

## 王道荣

原名王云海，男，山东省昆嵛县人。1917 年 6 月生，1946 年 2 月加入中国共产党。高小文化。

1947 年 7 月参加工作，曾任昆嵛县林村区生格庄村村长。南下前任昆嵛县林村区粮库保管员。1949 年 4 月随军南下，任太仓县浏河区粮库干事。后历任太仓县璜泾区民政助理，太仓县浏河区粮库副主任，太仓县浏河区副区长、区长，中共苏州地委生产合作部队长，苏州专署粮食局副局长，太仓县粮食局局长，太仓县璜泾公社党委副书记，中共太仓县委机关党委副书记，太仓县农机公司经理，太仓县农业服务站副主任，太仓县农水局副局长，太仓县水利农机局副局长。

1982 年 8 月离休，享受县处级政治生活待遇。1998 年 5 月病逝。

## 王锡柱

男，山东省昆嵛县人。1922 年 10 月生，1944 年 11 月加入中国共产党。高小文化。

1948 年 11 月参加工作，曾任昆嵛县特秀区郭格庄村党支部书记、昆嵛县特秀区各救会会长。南下前任昆嵛县代理副公安员。1949 年 4 月随军南下，任太仓县支前科科员。后历任太仓县民政科副科长，太仓县农水科科长，太仓县西郊公社党委第二书记、社长，太仓县南郊公社党委书记，太仓县浏河公社党委第一副书记，太仓县外贸局副局长兼浏河外贸仓库党支部书记、主任。

1981 年 10 月退休，1982 年 8 月改办离休，享受县处级政治生活待遇。1998 年 11 月病逝。

## 丛旭日

男，山东省昆嵛县人。1923 年 10 月生，1944 年 6 月加入中国共产党。高小文化。

1948 年 12 月参加工作，曾任昆嵛县特秀区马山后村党支部书记、昆嵛县特秀区马山后村各救会会长。南下前任昆嵛县特秀区民运工作队农会干事。1949 年 4 月随军南下，任太仓县浮桥区杨林乡乡长。后历任中共太仓县浮桥区委宣传干事，太仓县浏河区税务所所长，太仓县专卖处副主任，太仓县陆渡区公所副区长，太仓县浏河区供销社主任，太仓县供销社副主任，太仓县纸品厂党支部书记、厂长，太仓县通用机械厂厂长，太仓县农机局局长，太仓县棉纺厂厂长，太仓县邮政局局长，太仓县人民医院书记，太仓县工贫办负责人，太仓县环保办主任，太仓县环保局局长。

1982 年 12 月离休，享受县处级政治生活待遇。2011 年 11 月病逝。

## 曲克家

男，山东昆嵛县人。1927 年 2 月生，1948 年 12 月加入中国共产党。

1947 年 7 月参加工作。南下前任昆嵛县林村区保管员。1949 年 4 月随军南下，任太仓县璜泾区粮食干事。后任太仓县交通局局长。

1984 年 2 月离休。2021 年 3 月病逝。

## 刘开义

男，山东省昆嵛县人。1921 年 10 月生，1949 年 1 月加入中国共产党。高小文化。

1941 年 12 月参加工作，曾任昆嵛县泽头镇下泊子村农救会会长、东海专署生产股股员。南下前任东海专署工商营业员。1949 年 4 月随军南下，任太仓县工商局商管员。后历任太仓县供销社商业科科长、太仓县采购局局长、太仓县供销社主任、太仓县商业局局长、中共太仓县委第五届候补委员、太仓县财办副主任、太仓县工业物资经理部经理、太仓县财政局局长、太仓县工业一局局长、太仓县经济委员会副主任等职。

1984 年 2 月离休，享受地市级医疗、乘车待遇。2010 年 9 月病逝。

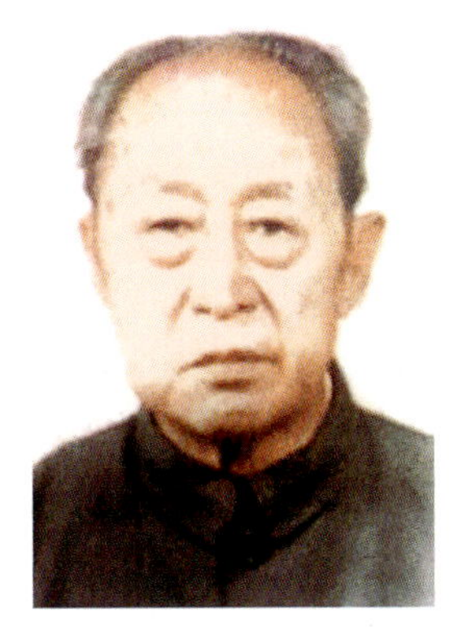

## 刘令德

男，山东省昆嵛县人。1912 年 12 月生，1946 年 8 月加入中国共产党。

1942 年 7 月参加工作。南下前任昆嵛县葛家区代理区长。1949 年 4 月随军南下，任太仓县沙溪区副区长。后任苏州市交通局副局长。

1982 年 12 月离休。2005 年 1 月病逝。

## 刘秉勋

男，山东省昆嵛县人。1919 年 10 月生，1944 年 12 月加入中国共产党。高小文化。

1947 年 5 月参加工作，曾任昆嵛县葛家区刘家产村党支部书记、昆嵛县葛家区宣传干事。南下前任昆嵛县葛家区组织干事。1949 年 4 月随军南下，任中共太仓县璜泾区委副组织委员。后历任太仓县凡山乡乡长、中共太仓县璜泾区委组织委员、太仓县璜泾区中队教导员、中共苏州地委农业部副科长、太仓县农业局局长、太仓县浮桥公社党委书记、太仓县多种经营管理局局长、太仓县城厢镇党委副书记、工商银行太仓支行副行长。

1982 年 8 月离休，享受县处级政治生活待遇。1986 年 12 月病逝。

## 孙从启

男，山东省昆嵛县人。1919 年 9 月生，1942 年 12 月加入中国共产党。

1942 年 12 月参加工作。南下前任昆嵛县虎山区粮库主任。1949 年 4 月随军南下，任中共太仓县城区区委组织委员。后任沧浪区人大常委副主任。

1980 年 11 月离休。1994 年 7 月病逝。

## 孙永恩

男，山东省荣成县人。1920 年 10 月生，1945 年 9 月加入中国共产党。

1943 年 1 月参加工作。南下前任昆嵛县银行业务员。1949 年 4 月随军南下，任太仓县人民银行调研股股长。后任太仓县地震办副主任。

1982 年 1 月离休。1999 年 7 月病逝。

## 孙念尧

男，山东省昆嵛县人。1921 年 3 月生，1943 年 7 月加入中国共产党。高小文化。

1944 年 9 月参加工作，曾任昆嵛县特秀区横口村民兵队长、昆嵛县特秀区文书。南下前任中共昆嵛县龙泉区委副宣传委员。1949 年 4 月随军南下，任中共太仓县沙溪区委宣传委员。后历任中共太仓县委宣传部宣传干事，太仓县土改工作队副组长、组长，中共太仓县城区区委副书记、书记，中共太仓县委农村工作部副部长，太仓县农林局局长，太仓县东郊公社党委书记，太仓县南郊公社党委书记，太仓县农药厂工作组组长兼党支部书记，太仓县日杂果品公司党支部书记等职。

1981 年 5 月离休。1982 年 8 月病逝。

## 孙敬福

男，山东省昆嵛县人。1922 年 9 月生，1947 年 3 月加入中国共产党。高小文化。

1946 年 3 月参加工作，曾任昆嵛县警卫队班长、排长。南下前任昆嵛县警卫队副队长。1949 年 4 月随军南下，任中共太仓县交通股股长兼收发员。后历任太仓县公安队副队长、指导员，太仓县看守所所长兼指导员，太仓县浮桥区七浦水闸管理所所长兼党支部书记，太仓县堤闸管理所主任等职。

1979 年 12 月退休，1982 年 3 月改办离休。2013 年 9 月病逝。

## 孙锡敏

男，山东省昆嵛县人。1920 年 11 月生，1941 年 4 月加入中国共产党。高小文化。

1945 年 8 月参加工作，曾任昆嵛县虎山区青救会干事、昆嵛县虎山区农救会干事。南下前任昆嵛县虎山区农救会副会长，1949 年 4 月随军南下，任太仓县浏河区新塘乡乡长。后历任太仓县农民协会会长，中共太仓县璜泾区委书记，中共太仓县委委员，中共太仓县委组织部副部长，太仓县璜泾公社党委书记，太仓县贫协主席等职。

1981 年 8 月离休，享受地市级医疗、乘车待遇。2018 年 4 月病逝。

## 李　光

原名李继秀，女，山东省文登县人。1928 年 10 月生，1946 年 10 月加入中国共产党。

1948 年 8 月参加工作。1949 年 4 月随军南下。先后在太仓县人民银行印钞厂，人民银行太仓支行、浏河营业所、璜泾营业所，太仓县妇女保健所，太仓县血吸虫病防治站，太仓县药材公司等单位工作。后任太仓县蔬菜公司党支部书记。

1982 年 8 月离休。1992 年 1 月病逝。

## 李叙伦

男，山东省昆嵛县人。1927 年 10 月生，1949 年 1 月加入中国共产党。高小文化。

1947 年 6 月参加工作。南下前任昆嵛县警卫队副班长。1949 年 4 月随军南下，任太仓县通讯员。后历任太仓县交通股股长，太仓县璜泾区粮管所主任，太仓县璜泾区璜泾乡副乡长，太仓县浮桥区手工业中心社党支部书记，太仓县冷气机厂党支部书记，太仓县通用设备厂党支部书记，太仓县工业搪瓷厂党支部书记、调研员等职。

1987 年 12 月离休，享受县处级政治生活待遇。2016 年 5 月病逝。

## 吴芳坤

男，山东省昆嵛县人。1926 年 7 月生，1949 年 1 月加入中国共产党。

1947 年 6 月参加工作，曾任昆嵛县公安队战士、通讯员。南下前任昆嵛县公安队副队长。1949 年 4 月随军南下，任太仓县警卫员。后历任中共太仓县委通信股副股长，太仓县公安局看守所所长，太仓县城区派出所所长，太仓县城厢镇人武部部长，太仓县城厢镇副镇长，太仓县城厢镇党委副书记、调研员。

1986 年 12 月离休。2008 年 3 月病逝。

## 邹积福

男，山东省昆嵛县人。1926 年 4 月生，1946 年 10 月加入中国共产党。高小文化。

1948 年 12 月参加工作，曾任昆嵛县管山区丁家埠村党支部书记。南下前任昆嵛县管山区青年工作队干事。1949 年 4 月随军南下，任中共太仓县岳王区委副宣传委员。后历任中共太仓县委组织部干事、中共太仓县监察委员会监察员、太仓县东郊公社党委副书记、太仓县社教工作团书记、太仓县新塘公社党委书记、中共太仓县委血防办专职副主任等职。

1984 年 2 月离休，享受县处级政治生活待遇。2022 年 12 月病逝。

## 张　源

男，山东省昆嵛县人。1922 年 10 月生，1946 年 2 月加入中国共产党。

1944 年 10 月参加工作。南下前任昆嵛县山马区粮库保管员。1949 年 4 月随军南下，任太仓县人民政府民政科科员。后任太仓县工商局局长。

1982 年 10 月离休。1984 年 7 月病逝。

## 林乐斌

男，山东省昆嵛县人。1928 年 10 月生，1947 年 3 月加入中国共产党。初中文化。

1947 年 5 月参加工作，曾任昆嵛县教师、昆嵛县特秀区文书。1949 年 4 月随军南下，任中共太仓县委民运部干事。后历任太仓县农民协会干事、秘书，中共太仓县委秘书处文字秘书，中共太仓县沙溪区委副书记、书记，太仓县沙溪区沙溪乡党委书记，太仓县沙溪公社党委书记，太仓县供销社主任，太仓县浏河公社社长，太仓县鹿河公社党委书记，中共太仓县委宣传部部长，太仓县人大常委会专职委员，太仓县工委主任。

1990 年 7 月离休，享受县处级政治生活待遇。1997 年 5 月病逝。

## 赵锦亭

男，山东省昆嵛县人。1923 年 2 月生，1947 年 2 月加入中国共产党。初中文化。

1949 年 5 月参加工作，曾任昆嵛县支前队宣传干事、昆嵛县葛家区文书、昆嵛县葛家区宣传干事。南下前任职于中共昆嵛县委工作队。1949 年 4 月随军南下，任太仓县浏河区陆渡乡乡长。后历任太仓县文卫局局长、太仓县供电局党支部书记等职。

1983 年 1 月离休。2005 年 2 月病逝。

## 胡　明

男，山东省昆嵛县人。1929 年 8 月生，1953 年 6 月加入中国共产党。

1949 年 2 月参加工作。南下前任昆嵛县炊事员。1949 年 4 月随军南下，在太仓县浏河区做粮食工作。后任太仓县公安局预审股副股长。曾被公安部授予二级金盾。

1984 年 3 月离休。2018 年 3 月病逝。

## 高明德

原名高振远，男，山东省乳山县人。1911 年 1 月生，1941 年 8 月加入中国共产党。

1946年3月参加工作。南下前任乳山县浪暖区（小观一带）乡支部书记兼乡长。1949年4月随军南下，任中共太仓县浏河区委组织委员。后任太仓县渔苗场党支部书记等职。

1982年8月离休。1991年9月病逝。

## 陶洪启

男，山东省昆嵛县人。1915年5月生，1942年8月加入中国共产党。高小文化。

1945年8月参加工作，曾任昆嵛县马山区泊子村党支部书记、昆嵛县马山区农会会长等职。南下前任昆嵛县特秀区粮库主任。1949年4月随军南下，任太仓县璜泾区区长。后历任太仓县农协会组织部部长、太仓县土改队队长、太仓县农场场长、中共太仓县委农村工作部副部长、太仓县农业局副局长、太仓县社教工作队队长、太仓县燃化公司煤库主任。

1982年8月离休，享受县处级政治生活待遇。2007年1月病逝。

## 董崇德

男，山东省昆嵛县人。1912年11月生，1941年8月加入中国共产党。高小文化。

1947年5月参加工作，曾任昆嵛县旸里区小界石村党支部书记、村长。南下前任中共昆嵛县旸里区委组织干事。1949年4月随军南下，任太仓县浮桥区长桥乡乡长。后历任中共太仓县纪律检查委员会检察员、中共太仓县璜泾区委组织委员、太仓县璜泾区供销社主任、太仓县浏河区供销社主任、太仓县浮桥区供销社主任、太仓县农副采购局副局长、太仓县敬老院院长、太仓县岳王区轧花厂党支部书记、太仓县城厢区粮管所党支部书记等职。

1982年8月离休，享受县处级政治生活待遇。1993年1月病逝。

## 谭树藻

男，山东省昆嵛县人。1922 年 9 月生，1944 年 7 月加入中国共产党。

1944 年 7 月参加工作。南下前任中共昆嵛县林村区委宣传干事。1949 年 4 月随军南下，任中共太仓县浮桥区委民运干事。后任吴江县农机公司副经理。

1983 年 12 月离休。2008 年 9 月病逝。

## 鞠翠玉

女，山东省昆嵛县人。1924 年 5 月生，1946 年 4 月加入中国共产党。高小文化。

1943 年 1 月参加工作。南下前任昆嵛县特秀区联社（军工）织布厂工人。1949 年 7 月南下太仓，任太仓县人民银行出纳。后历任中共太仓县浏河区委妇女干事、太仓县供销社人事干部、太仓县中百公司营业员、太仓县布厂干事、太仓县晶体管厂干事。

1990 年 5 月离休。

# 中国人民解放军苏南区西南服务团文登籍成员名单

（共 15 人）

| 姓名 | 性别 | 籍贯 | 抽调前地区 / 单位 / 职务 | 编组中队 | 到达新区接管单位 / 职务 |
|---|---|---|---|---|---|
| 侯书堂 | 男 | 山东文登 | 苏州总工会 | 苏州中队 | 黔江县委书记 |
| 冯雨深 | 女 | 山东文登 | 常州地区妇联 | 常州中队 | 酉阳地区妇联主任 |
| 赵桂秋 | 女 | 山东文登 | 武进县 | 常州中队 | 南川县委 |
| 汤吉震 | 男 | 山东文登 | 武进县奔牛区区长 | 常州中队 | 秀山县县长 |
| 于吉仁 | 男 | 山东文登 | 溧阳县民运部部长 | 常州中队 | 秀山县委书记 |
| 丛海滋 | 男 | 山东文登 | 吴江县委 | 苏州中队 | 黔江县委 |
| 孙素兰 | 女 | 山东文登 | 吴江县委 | 苏州中队 | 黔江县委 |
| 毕庶兴 | 男 | 山东文登 | 苏州独立团 | 苏州中队 | 黔江县委 |
| 刁守信 | 男 | 山东文登 | 苏州市委 | 苏州中队 | 黔江县委 |
| 王德周 | 男 | 山东文登 | 吴江县政府 | 苏州中队 | 黔江县民政科 |
| 张书佃 | 男 | 山东文登 | 吴江县财政科 | 苏州中队 | 黔江县财政科 |
| 于思义 | 男 | 山东文登 | 太仓县公安局 | 苏州中队 | 黔江县公安大队 |
| 乔文华 | 男 | 山东文登 | 吴江县 | 苏州中队 | 酉阳专署财粮科 |
| 王书健 | 女 | 山东文登 | 吴江县政府 | 苏州中队 | 酉阳专署财粮科 |
| 吕泽舒 | 女 | 山东文登 |  | 团队 | 四川省公安管理干部学院 |

说明：1949 年 8 月，中共苏南区委抽调所属市、县、区 200 余名在职干部前往福建、四川等地接管新区，该名单为其中的文登籍南下干部。

# 第三部分 回忆文章

# 依靠群众建设新苏州

宫维桢

宫维桢，1912年1月生，山东省莱阳县人，1937年5月加入中国共产党。南下前任中共胶东区委东海地委书记兼东海军分区政治委员，1949年4月随军渡江南下，先后任中共苏州地委书记兼苏州军分区政治委员，中共无锡市委书记兼无锡警备区政治委员，江苏省工业厅厅长，中共江苏省委统战部部长，江苏省政协副主席，江苏省副省长，中共江苏省委常委、省委秘书长等职。1965年，调任吉林工业大学党委书记。“文化大革命”开始后，被隔离关押。1974年，任吉林大学党委书记。1975年10月，回到江苏，先后任南京师范学院党委书记，江苏省教育卫生办公室党组书记、主任，中共江苏省委常委，江苏省副省长，江苏省常务副省长，江苏省政协副主席。1991年12月离休。2002年5月病逝。

1949年初春，辽沈、淮海、平津三大战役胜利结束，蒋介石赖以维持反动统治的主要军事力量被基本消灭，全国已处于革命胜利的前夜。我们在胶东解放区，接到华东局和山东分局关于南下接管新区的指示。当时胶东区党委及地、县党政机关都建立了两套班子，由上级随时抽一套班子南下。我那时在东海地委任书记，2月中旬接到南下的通知，由我带领地委的一套班子去临城（今山东薛城）集训。我们在临城经过半个月的集中学习后，随即南下到达江苏如皋县白蒲镇。在白蒲镇，华中工委组织我们集中学习了中共七届二中全会文件和接管苏南新区的各项政策、规定，充分做好接管新区的思想准备，还组建了接管苏南地区的全套班子。当时，组织上决定让我到苏州地委任书记，并组建苏州地区各市、县的领导班子，随解放军渡江开展新区工作。

## 一

从 1949 年 4 月 27 日苏州解放到 1950 年 6 月，我一直在苏州地区工作（当时的苏州地区，包括苏州市和吴县、常熟、昆山、吴江、太仓五县，其中曾以虞山镇为主设常熟市）。这一年多时间，正是从开展新区接管工作到准备土地改革的那一个阶段。尽管解放战争已经取得全国的胜利，但是我们仍然面临着十分复杂、困难重重的严峻形势。

苏州地区自然条件比较优越，经济、文化也比较发达，是我国资本主义萌芽的发源地之一，史称“江南雄州”，所谓“苏湖熟，天下足”。但是在三大敌人的长期反动统治和剥削掠夺下，社会生产力遭到严重破坏。到解放时，苏州地区有人口 307.7 万，耕地 651.5 万多亩。农村中，占总户数 2% 左右的地主，占有 40% 以上的耕地，而占人口大多数的贫雇农拥有的耕地却不足 20%，苦苦挣扎在饥饿线上。市区虽有大小工厂 301 家，但已有 260 多家停工。社会经济濒于崩溃。苏州市是典型的官僚地主逍遥享乐的消费城市，当时在苏州城里居住的地主有 5000 多人，另有妓女 1000 多人和毒贩 1600 多人，还有游民、乞丐数千人，政治情况复杂，社会秩序很不安定。解放前，盘踞在苏州城内的国民党特务组织及其外围组织有三四十个。解放初充塞苏州的国民党散兵游勇有 5400 多人。国民党溃逃时还有计划地潜伏，以后又从舟山等地派遣了大批武装匪特，他们与地主恶霸、惯匪流氓、散兵游勇、帮会道门等反动势力相勾结，形成了以胡肇汉、沈霞飞、金阿三为首的七大匪特武装。仅吴江县，1949 年 5 月间就有数十股匪特猖獗活动，大肆进行抢劫、暗杀和暴乱，严重地危害人民生命财产的安全。而这时农村基层人民政权还没有建立，旧保甲制度尚未废除，农民群众还没有得到真正解放，有相当一部分的农民群众对我们还不了解，有疑虑，在观望。加上当时连遭暴雨台风的侵袭，对本来家底空乏的贫苦农民来说更是雪上加霜，至冬春年关，全地区缺衣缺粮的农民达到 47.8 万人。由于美蒋反动派的经济封锁，物资匮乏和城乡贸易不畅，投机商又乘机兴风作浪，刮起了三次物价大涨风。这些都严重影响了工农业生产和经济生活的恢复，加重了人民的困难。

当时我们面临着新的形势和任务。干部缺少，是我们在新区工作实践中遇到的一个主要问题。我们南下到达苏州地区的干部只有 2000 多人，其中坚持当地斗争的相当一部分干部还是新参加工作的，热情虽高，但均未经过实际斗争的锻炼。南下的老干部有丰富的工作经验，但不熟悉新区情况，听不懂当地语言，一时难以打开工作局面。而苏州地下党组织的同志，有坚实的群众基础，也熟悉当地情况，但对党的新区政策缺乏了解，群众工作经验不足。还有一大批留用人员未经过改造，从事实际工作违法违纪现象时有发生。这些都使我们的新区工作增加了不少难度。

尽管如此，我们在党的领导下，紧紧依靠人民群众，排除了解放初期的重重困难，为建设新苏州肩负起艰巨繁重的开创工作。

在一年多时间里，我们在苏州地区接管了国民党旧政权和官僚资本企业，安置了大量旧人员；在群众尚未组织起来，生活还很困难的时候，发动群众出人出船，借粮借草，支援解放上海的战斗和解放军南进。仅解放初一个多月内，就组织木船 1300 多条，抢修公路桥梁 56 座。数月内筹粮 5150 多万斤，截至年底，又完成夏征、秋征 5.37 亿多斤公粮任务。同时，大力开展防汛和抢险救灾工作，努力恢复生产；并加强市场管理，打击投机，平抑物价，保障群众生活；还大力进行剿匪肃特和反霸斗争，稳定新区社会秩序。在此过程中，逐步把广大群众发动起来，组织起来，摧毁保甲制度，全面建立了人民的基层政权和人民武装，为顺利进行土地改革，恢复和发展经济、文化事业奠定了坚实的基础。

## 二

我们之所以能够在解放初期的严峻形势下，排除万难，胜利完成艰巨的开创任务，归根到底，力量来自党，力量来自人民。

在新区开创工作中，靠的是全党同志的团结战斗，尤其是南下的同志和地下党的同志团结战斗。大批南下同志为了全国人民解放事业远离家乡来到苏州，克服种种困难，为新区的开创作出了极大贡献。而在这里我特别要提到的是地下党同志。苏州地区具有光荣的革命传统，是全国建党较早的地区之一，抗日战争时期就创建过游击根据地，解放战争中坚持了三年多国统区斗争，地下党的同志积极配合部队解放了家乡。常熟地下党及其武工队，在渡江战役开始后短短几天，就主动出击，收缴了十多个乡镇的国民党自卫队和警察武装，接受了一个营的国民党军的投降，共收缴长短枪 500 余支、机枪 20 挺，并在主力部队到达前于 27 日率队入城，解放了常熟。

苏州地区共有地下党员 1100 多人，占解放初期党员总数的 1/3 以上。解放后，南下干部和地下党的同志，在各地都召开了会师大会，苏南区党委也在无锡召开了会师大会。同志相见，分外亲切，党的事业把我们紧紧连在了一起。地下党的同志以“拨开乌云见太阳”的欢欣心情，迫切地要求工作，要求学习，满腔热情地投入了新区的开创工作，成为党密切联系群众、迅速打开局面的纽带和骨干力量。当时，我们就明确提出，加强和地下党同志的团结，应该成为地委、县委的政治任务，在组建各级领导机构时，苏州地下党的女同志丁瑜就担任了地委的秘书长，苏州的张云曾，常熟的陈刚、钱伯荪，吴江的金佩扬、朱帆，太仓的浦太福，昆山的王正，吴县的钱茂德等地下党的领导同志，都分别担任市委、县委副书记或正、副县长。6 月间，地下党同志在全地区 5 个县，共有 22 人担任了区委正副书记、区政府正副区长，54 人担任了正副乡（镇）长。南下干部和坚持苏南斗争的地下党同志们的胜利会合，团结战斗，为开创工作提供了可靠保证。

地下党的同志为苏州地区的开创工作，作出了重要贡献。全地区凡是有地下党组织坚持斗争的地方，他们从一解放就参加了地方的政权建设。在区一级，就由南下干部和地下党同志结合起来，组成区级政权。在乡镇一级，以地下党同志为主结合他们所联系的进步群众组建政权。在以后废除旧保甲制度，民主选举产生乡、村行政委员会，选举乡、村长，以及筹建和发展农民协会等群众组织时，地下党的同志又大多成为核心骨干。地下党领导的武工队及其所掌握的武装，又都成为我们建立人民武装的骨干和基础。

吴江地下党在迎接解放时主动收缴部分自卫队和土匪的武装，缴获步枪 1000 多支、机枪 42 挺，为建立县人民武装提供了条件。在剿匪肃特中，地下党同志发挥了突出的作用。过去战斗在太湖地区的地下党同志，大多参加了太湖剿匪。吴县县委为了消灭东山一带的匪特，专门给地委打了报告，地委研究同意后，我亲自找了曾在太湖地区打过游击的张振东谈话，要他带领两位同志返回该地，把原来的游击队 10 多人拉起来组成便衣班，以游击对付游击，开展剿匪斗争。他们在当地群众的配合下，终于消灭了全部匪特，并在东山镇压了匪首蔡三乐。

## 三

我们发扬艰苦奋斗的精神，全心全意地为人民服务，严明党的纪律，认真执行党在新解放区的各项政策，以共产党人的全新面貌出现在新区群众中，使广大群众团结在各级党组织和人民政府的周围，在开创工作中发挥了无穷的力量。

解放初，无论是发动群众支前，还是筹粮、征粮，我们都反复强调严格执行党的政策和纪律。在支援上海战役中，损坏了许多船只，我们就照价赔偿给群众 3 万多斤粮食，人民币 240 多万元（旧币）。记得第二十军五十九师在淀山湖附近昆山县淀东、茜墩两地演习，政府动员群众支援 91 只木船和 500 多根木杆。在训练中损失了一些船上器具，部队赔偿了 754 斤大米。解放军发扬优良传统，与群众打成一片，船工们反映说："解放军真好，不打不骂，而且给工资，还帮我们拉船，真像自家人一样。"在筹粮和夏征、秋征中，开始有的地方由于情况不熟，缺乏经验，一度出现了偏差。特别是一些地主富农与保甲长勾结，采用瞒报土地、假分家等手段逃避负担，转嫁到广大群众身上。我们及时采取措施，贯彻合理负担的政策，并且发动群众实行归户并串，开展反黑田斗争。对地主富农征收累进公粮，而对受灾后确有困难的贫苦农民，进行评议减免。党的政策使广大群众切身感到，共产党、人民政府是与人民群众心连心的，是可以信赖的。他们反映说："共产党才合理，要是国民党，还不是穷人倒霉？"常熟县练塘乡有一个保的群众，在夏征中，对比过去在国民党反动政府统治下苛捐杂税繁多和负担沉重的情况，深有感触地说："解放军帮助我们翻了身，只收这点粮食，不交公粮就太没良心了。"有 110 人自愿组成 14 个征粮小组，超额完成了夏征任务。有一个最穷的农户，还坚持不要政府减免，交上了 1.9 亩田的夏征公粮。各地都有不少群众，千方百计克服自己的困难而完成交粮任务。秋征时，广大群众进一步组织起来，数十、上百条船组成船队，红旗招展，锣鼓喧天，掀起集体交粮热潮，很多乡短短几天就完成交粮任务。这是农村从未有过的新气象。

当时，我们坚持以恢复生产为中心开展各项工作，切实关心群众生活，为群众谋福利，一年多时间里突出地抓了三件大事。

一是抢险救灾，恢复生产。自 1949 年 7 月初起，苏州地区连续阴雨 20 多天，93.9 万亩农田被淹。正当 80% 以上农田排除了险情后，7 月 24 日晚又持续 20 多小时遭到强台风袭击，全地区被淹农田 210 多万亩，占总面积的 30.4%，最严重的吴江县有一半农田被淹。常熟县沙洲区等处江堤决口及太湖湖水暴涨，被淹死的群众有 2500 多人，倒塌、淹没房屋 30000 多间，近万人无家可归。地委立即抽调大批干部下乡，发动和组织广大干部群众全力抢险救灾。全区直接投入抢险救灾的有 57 万多人（包括军队干部约 2500 人）。广大干部深入灾区，奋勇抢险，涌现了大量英雄模范事迹，深深感动了广大群众。从灾情发生起，生产救灾就是压倒一切的中心任务。我们一方面发动广大群众生产自救，一方面又大力赈济灾民。在财力、物力还很困难的情况下，政府发放了各类救济粮一千几百万斤，还广泛发动社会各界互济，共劝募大米、小麦、面粉等180多万斤，人民币近2亿元（旧币）。同时，以工代赈，发放贷款、贷肥、贷种等，整修水利，恢复生产。全地区共组织灾民15.8万多人，发放工赈粮827.5万斤。其间完成春修江堤、海塘、圩岸500多万土方，修建椿石1.3万公尺，使170万亩农田获得安全保障。

二是打击投机，平抑物价。解放初期由于市场尚未为我们掌握，国营经济力量还小，加上美蒋的经济封锁和严重灾荒，投机商乘机哄抬市场物价，半年多时间内掀起了三次物价大涨风。在党的统一领导下，我们及时采取措施，首先取缔金银投机市场，打击银圆贩子等投机活动。苏州市1万多名工人、学生举行了“反对银圆投机，拒用银圆”的大游行，支持人民政府打击银圆投机。同时，加强金融、粮食、纱布等市场管理，充分发挥人民银行和国营公司的作用，收紧银根，抛售物资，保障供应，从而平抑了涨价风。1950年春节前后，针对部分私商大量囤积粮食，企图开春“红盘看涨”，牟取暴利，又有准备地开展了反“红盘”斗争。苏州市1月至3月共抛售大米701万多斤、小麦杂粮102万多斤、面粉7000多包，致囤积居奇者再也无力维持，又一次沉重打击了投机活动。在国家统一财政等一系列政策措施下，4月以后，市场物价即趋于长期稳定，受到了饱经旧社会物价飞涨之苦的广大人民群众的热烈拥护。

三是剿匪肃特，安定社会。解放之初猖獗一时的匪特活动，严重威胁着人民群众生命财产的安全和社会秩序的安定。1949年，在刚解放的5月间，苏州城里就发生匪特案31起，甚至大白天在观前街公开抢劫。城西一家烟店老板儿子被绑票，收到一颗手榴弹和恐吓信，勒索黄金20两。农村情况更加严重。由国民党交警残匪勾结数十名匪徒，一次洗劫了枫桥镇上三四家米行，劫去大米100多石。地处江浙交界和太湖边的吴江县黎里乡下有个村子，一次就被匪特抢了10多家，太湖里常常浮出被害群众的尸体。

我们在上级统一领导和兄弟地区的配合下，把各方面的力量统一组织起来，发动群众，贯彻军事进剿与政治瓦解相结合的方针，以大部队外线围剿，配以小分队以分散对分散，同时，建立情报网络，剿匪部队与公安机关密切配合，全面开展了剿匪肃特斗争。剿匪部队发扬人民军队的光荣传统，组成小分队深入群众之中，一面帮助生产救灾，一面宣传发动，与群众交朋友，并严格执行群众纪律，使剿匪肃特斗争得到了广大群众的拥护和支持。驻吴县横泾的部队捕获两名匪首后，群众的控诉信、检举信接连送到部队，由此连续破获了10多起匪特案。全地区有5.3万多人参加防匪组织，组成了2000多个防匪小组。剿匪肃特斗争取得重大进展。至年底，全地区共收容散匪 3615 人。一年多里，共破获特务案 72 起，消灭武装股匪 2887 人，有效地安定了社会秩序。

开展剿匪肃特斗争，为民除害申冤。1949 年 6 月，我军在吴江县西南太湖边捣毁两处匪窝时，当场救出被绑架的“肉票”一人。1950 年五六月间，连续破获了胡肇汉、沈霞飞、金阿三 3 个主要匪特系统，匪特武装受到沉重打击。其中，胡肇汉原是国民党下级警官，抗战初期篡夺地方游击队领导权，盘踞在阳澄湖地区活动。他虽一度为大势所趋，曾接受我“江抗”委任，但不久即顽固地走上了反共反人民的道路，以种种残酷手段，屠杀了阳澄县抗日民主政府的县长陈鹤等一大批干部群众。解放后，他又接受国民党的派遣，潜回来大肆进行破坏活动。胡犯被捕后，扬眉吐气的群众纷纷起来清算他所欠下的累累血债。

## 四

为了适应开创和发展新区的需要，我们十分重视加强干部队伍建设。新区干部队伍建设的一个重要工作是大力吸收、培养和提拔新干部，以适应各项工作的需要。1949 年下半年，地委和各市县先后举办了 8 期知识青年训练班，有 1642 人参加了学习。各县还举办各种短期训练班 37 期，培养农民积极分子 9882 人。从中提拔 637 人担任区、乡干部。冬春后的几个月，各地又举办 26 期训练班，训练 6100 多人，从中提拔干部 2060 人，并且结合各项实际工作，通过总结检查，锻炼和提高了广大干部的思想水平、政策水平和工作能力。

在开展新区工作中，我们绝大多数干部发扬了艰苦奋斗的优良传统，联系群众，工作兢兢业业，一些同志甚至献出了生命。但是，在新的形势下，个别干部不讲政策、违法乱纪的现象也有发生。为此，我们通过学习和贯彻七届二中全会精神，加强了纪律教育。对于已经发生，特别是发生在领导同志身上的违法乱纪事件，都严肃认真地进行了查处。1950 年春节，连续发生了两件事情。吴江县黎里区的区委副宣传员李某某，在召开庆祝春节群众大会时，因为群众听区委书记报告时未鼓掌，他领呼口号又因语言不通，响应的群众很少，就当场骂人、打人，当遭群众质问时，竟开枪射击，打伤了两名群众。李某某事件发生后，华东局、苏南区党委都派专人来调查处理。地委决定开除李某某的党籍。吴江县组成临时人民法庭审理李某某一案，判处李某某无期徒刑。宣判后各界群众纷纷写信给苏南行署要求复核减刑。最后经最高法院华东分院复核，才改判为五年有期徒刑。区委书记和区长也分别受到了撤职和记大过的处分。另一件，苏州市长王东年和副市长吴明等上大光明电影院看电影，影剧院进出场秩序混乱，吴明的警卫员在主动协助维持秩序、救护一倒地儿童时，手枪走火，打伤三人（其中一人伤重不治致死）。事发后，地委及时报告苏南区党委，并在上级直接领导下作了严肃处理。吴明的警卫员交司法机关审判，王东年和吴明也受到处分。华东军政委员会和苏南区党委纪委分别作出决定，王东年记大过，吴明被撤职，两位同志在党内均受到警告的处分。王东年、吴明都是参加革命多年的老同志，为党作出过贡献，但为维护党纪国法，挽回政治影响，还是对其作出了严肃处理。在处理这些事件时，地委也作了检讨，并反复要求各级干部从中吸取教训。此外，查处夏仲芳一案影响也很大。苏州专署民政处处长夏仲芳擅自拨发 17.1 万斤救济米开设轮运局，又从轮运局拨出 11.2 万斤大米与其外甥合伙开设私营米厂，从事投机买卖，亏欠了救济大米 8 万多斤。1950 年 4 月发觉后，立即进行了查处。后来也由苏南区党委纪委和行署监委分别决定，对夏仲芳作出了开除党籍和撤职的处分。刚解放的那些年，正是严明的纪律，增强了党的威望和战斗力。

1950 年 6 月，我调离苏州赴无锡工作。不久，区党委又要我回到苏州接管东吴大学。虽不再参加地委工作，但苏州地区的变化发展时时牵动着我的心。苏州的同志在 1951 年 3 月前胜利地完成了土地改革，使 37 万多户无地少地的农民分到了土地。农会会员发展到 110 多万人。土地改革后又及时发展互助合作运动，1952 年 10 月已有 36.7% 的农户参加了互助组。农业生产得到全面发展，1952 年粮食产量比 1949 年增长 58.8%，棉花增长 232.8%，油料增长 73%。几十年来，尤其是改革开放的新时期，苏州在社会主义现代化建设中所取得的每一个成就，都给了我们极大的振奋和鼓舞。

（本文摘自中共苏州市委党史工作办公室编：《苏州城市接管与社会改造》，中共党史出版社 2009 年 4 月版。）

# 吴江解放的故事

仇怀耕回忆整理

鲁琦，1918年1月生，山东省海阳县人，1938年2月加入中国共产党。南下前任中共文登县委代理书记，南下后任中共吴江县委书记。历任中共苏州地委委员、苏州专员公署副专员，苏州行政区专员公署专员，中共苏州市委书记，中共中央华东局组织部组织指导处处长，中共中央第四办公室工业组副组长，中共中央办公厅“后楼”工业组研究员，中国科学院自然科学史所临时党委书记。1988年12月离休。2008年8月病逝。

1990年9月20日，天气晴朗。清晨，时任吴江县档案局副局长的我办完了《柳亚子早期活动纪实》一书出版之事后，即从中央档案馆招待所乘车。10时许，来到原中央警卫局大院，找到了曾任吴江县委书记的鲁琦家门前。我在门口询问：“这是鲁琦书记家吗？”老书记笑嘻嘻走出来回答：“是的，我就是鲁琦。”我立刻做了自我介绍，说明了我的来意，一是收集《吴江县领导名录》的资料，二是了解考证吴江解放的情况。同时，转达吴江县委领导向老书记的问候。

老书记很高兴，马上就打电话给爱人：“老梁你快回来，我们第二故乡吴江有客人来了。”一会儿，老书记的爱人梁镜明回家了，马上动手开始包饺子、炒菜。老书记和我交谈起来，首先老书记向我道谢，并略带歉意地说：“我原来的工作单位（中共中央办公厅‘后楼’）是个保密单位，有规定对外不接待，吴江来的人（含山东老家）不接待，真是对不起大家，引起大家的误会，不高兴，你回去代我向他们说明道谢。”然后老书记又详细询问吴江的情况，包括工农业生产、文化教育、城市建设、城乡老百姓的生活以及南下干部的情况，等等。总之询问的话题很多，我把自己所知道的情况如实地一一向老书记作了汇报。老书记听后感到很满意，并赞扬“吴江物产富饶，地灵人杰，是一个美丽的鱼米之乡，吴江人民勤劳勇敢，人也很热情。解放后，吴江的经济发展得很快，城市建设得也很好，老百姓的生活水平提高很快。我喜欢吴江这个好地方，对吴江也很有感情”。

接着，老书记向我讲述当年南下干部接管吴江前后的情况。1949 年 2 月开始，鲁琦和南下接管政权的干部队伍从山东出发，日夜兼程，路经胶济路、津浦路，到了陇海路的新安镇下车进入江苏，步行经过沭阳、淮阴、淮安、宝应、高邮、泰州到达白蒲镇。一路上见山东和苏北老区人民群众热情高涨地支援大军南下，有民工队，有担架队，还有运输队。木制独轮小车吱吱嘎嘎地向前推进。民工们高举红旗，高呼口号：“解放军打到江南去，解放全中国！”广大群众充满了革命的乐观主义精神和必胜的信心。到了白蒲后，休息几天，华中工委又从两淮、盐阜调集了一批干部。由胶东、两淮、盐阜抽调的干部组建了中共苏州地委和中共吴江县委的领导班子，驻白蒲集中训练，学习毛泽东主席在七届二中全会的报告，学习毛泽东主席和朱德总司令发布的《中国人民解放军布告》，学习《中国人民解放军军管会布告》等文件、布告，听取有关领导的讲话，统一思想认识，打到南京去，解放全中国。

4 月 21 日，中国人民解放军百万雄师强渡长江。在人民解放军的掩护下，4 月 25 日 3 时许，南下干部队伍从八圩港乘木船顺利抵达江阴的夏港镇，随即赶往无锡。4 月 27 日下午，由浒墅关步行至苏州，住宿在苏州火车站站台上。28 日，再步行至胥门附近住宿。29 日晚 7 时左右，鲁琦和县长杨明带领接管吴江的部队从苏州胥门步行出发。部队行至宝带桥附近时，队伍中混进一名国民党军官，部队停下来进行整顿后，继续行军。深夜 11 时左右，南下干部队伍从吴江北门进入县城。当晚露宿在中山街北段两旁的人行道上。4 月 30 日，南下接管干部进驻吴江县政府大院，宣布吴江正式解放。

5 月 1 日下午，吴江县城各界人士召开大会庆祝解放，晚上举行大游行，锣鼓喧天。5 月 2 日，吴江县人民政府开始接管国民党党政军机构及企业机构。5 月 3 日，宣布中共吴江县委、县政府领导班子成员。随着各级党委和政府机构建立，县委和县政府在全县开展接管工作，同时支前、恢复生产、防洪救灾、剿匪肃特、治安、教育等各方面工作全面展开。

鲁琦老书记还讲述他自己参加革命工作的主要经历。老书记 1918 年出生，籍贯山东海阳。1936 年 9 月参加工作，1938 年 2 月加入中国共产党。1949 年 4 月南下，任吴江县委书记；1951 年 7 月后，先后任苏州专员公署副专员、专员，苏州地委委员，苏州市委书记；1954 年 1 月，任华东局组织部组织指导处处长；1955 年 2 月至 1966 年 6 月，先后任中共中央第四办公室工会组副组长、中共中央办公厅“后楼”工业组研究员、代理组长；1966年6月至1978年1月“文革”受迫害；1978 年 6 月至 1981 年 10 月，任中国科学院自然科学史所代理党委书记；1988 年离休，享受副部级待遇。

中午，老书记一定要留我在家中吃饭，我起初觉得不太合适，但是老书记和夫人是真心诚意，只好答应留下与两位老领导一起吃饭。桌子上摆好老书记爱人亲手包的热腾腾的饺子和丰盛的菜。我们边吃边谈，老书记谈得很高兴，有时还向我碗里夹菜。见老书记和夫人那样的亲切和热情，我感到像到了家一样的温暖，心里乐滋滋的，有说不尽的高兴和快乐。我暗暗地想我一个农民的儿子，一个普通的机关干部，也能在老书记这样的部级领导家中做客吃饭，真是机会难得，太幸运了！

下午，老书记继续讲述，在毛主席和共产党的英明领导下，中国人民解放军打败了蒋介石反动派，消灭了国民党反动派百万余人，取得举世闻名的辽沈、平津和淮海三大战役的伟大胜利！同时，还讲述中国人民解放军百万雄师强渡长江英勇作战取得伟大胜利！每打一次战役，每次胜利都是解放军不怕牺牲、英勇作战而得来的，为了革命的胜利，我们牺牲了无数的中华英雄儿女，中国共产党打下的江山来之不易，中国革命取得胜利来之不易，我们活着的人永远不能忘记他们，一定要牢记在心中。

此次北京之行，收获极大，圆满地完成各项任务。心情之愉快，生活上之快乐，无以言表，老书记热情关心招待，并使我在政治上受到莫大关怀，受益匪浅。老书记给我上了一堂生动的党史教育课、革命斗争史教育课，使我终生难忘，使我进一步懂得今日所获得的幸福生活是来之不易的，增强我的革命信心和决心。我要永远听党的话，坚决地跟党走，好好地为人民服务。

下午 3 时，与老书记告别，心中恋恋不舍。聆听老书记 4 个多小时倾情叙述，老书记胸怀宽大、待人热情、平易近人的高大形象深深地感染着我。老书记南征北战，一辈子为革命作出贡献，是我学习的榜样。老书记家中是几间平房，家中的生活用品和普通老百姓一样。老书记人在北京，心系吴江，时刻关心第二故乡吴江的经济建设，关心吴江老百姓的生活。从那时起，我把老书记的叮嘱牢记在心中，激励自己勤奋学习，积极工作，在政治上与党中央同心同德，沿着老一辈无产阶级革命家开创的社会主义道路继续前进。

（本文转载自苏州市吴江区档案馆公众号吴江通，2021 年 7 月 6 日，原标题“想了解吴江解放的故事？听听吴江第一任县委书记怎么说！”。）

# 回忆南下路

孙瑞明口述

孙瑞明，1928 年 7 月生，山东省文登县人，1946 年 1 月加入中国共产党。南下前任文登县粮食局会计，南下后任吴江县人民政府会计。历任吴江县人民政府财粮科科长、吴江县人民委员会办公室副主任、吴江县人民银行行长、吴江县财贸办公室副主任、吴江县银行革命委员会副主任、吴江人民银行行长、吴江工商银行调研员。1987 年 6 月离休。

日本侵华那一年，我才 10 岁，我家里很多人被日本人杀害了。怀着国仇家恨，在 12 岁时我主动参加了文登县儿童团，后来表现优秀当了团长。当时情况下，只有年满 18 岁的进步青年才能申请加入中国共产党。我一心想入党，积极表现，心里一直期盼着赶紧长大赶紧入党。年满 18 岁时，我光荣地加入了中国共产党。

入党后，我在文登县黄山区涝村孙家担任行政村文书，后来被组织安排到文登县粮食局干会计。淮海战役结束后，1948 年底，有一天晚上有个秘密会议在文登县召开，我当时被组织安排在门口站岗放哨。

秘密会议结束后，那时候正好赶上 1949 年春节，领导就找我谈话，说明组织上要抽调一批干部南下接管新区，询问我的态度。我当时就想我是一名共产党员，哪里需要我就到哪里去。领导和我说，这一走会有危险，也不知道什么时候能回来，让我回家和家人商量一下。我回家拿了两件衣服就和家人做了告别。

我们当时是步行，从文登走到潍坊后，又乘敞篷煤车来到临城（今山东省枣庄市薛城区），后又步行至两淮、盐阜等地，与当地南下干部会合，经过白蒲组编后，横渡长江。我们这批干部是成建制抽调，从文登出发的时候，以县为单位成立中队，中队是一个县的班子，包括县委书记、县长、组织部部长、公安局局长等，每个县除配备好党务、政府、军事、民运、经济、财政、教育等各方面的干部外，通讯员、炊事班也要配备。中队下一级又分为若干个班，班长即县属区委书记，副班长即区长。到新解放区后，原则上一个中队接管一个县，一个南下班接管一个区。我们在苏北的如皋县白蒲镇得到通知，文登县和牟平县的抽调干部合并接管吴江县。当时出发的时候有个干部叫侯书堂，原来拟定的他到新区任县委书记。但是现在两县合并接管一个新区，他也是坚决服从组织安排，没有考虑个人的名利，完全服从组织安排。这就是南下干部，对党忠诚，听党指挥。

因为白天要防敌人的飞机扫射，我们这批干部于 1949 年 4 月 29 日晚进入松陵镇。那时吴江的城墙还很完好，城里静悄悄的，我们不想打扰百姓就全体在街头休息睡觉。我记得进城的第一个夜晚，沿着被炸毁的铁路走了很久，鞋子都磨坏了。到了松陵镇，我们心里踏实多了。

天亮以后，我们南下的干部才来到国民党政府所在地。那时，松陵镇满目疮痍啊，没有一处好房子，民不聊生，当时镇上只有 3000 多人。我和同行干部按照组织的安排，就开始接管吴江县粮食局的工作。当时的工作条件很简陋，我们打扫了一间屋子，就在办公室里支起了床，开展工作。后期我又调任财粮科干科长，过了不久又接到组织上任命去吴江县人民委员会干办公室副主任。组织上安排我去哪我就去哪，我坚决服从组织安排，在工作上也是认真负责。后期又被任命为吴江县人民银行的负责人，也要感谢党、感谢组织对我的信任。最后我从吴江工商银行退休。

现在社会发展这么好，我做梦都没有想到能过上这么好的日子，我心里十分感激中国共产党，我会永远听党话，跟党走。南下这么多年，也挂念家乡，在电视看到老家文登发展这么好，我心里也很满足。希望咱们的日子越来越好。

（2024 年 4 月 18 日，威海市文登区委党史研究中心于苏州市吴江区乐龄公寓探望孙瑞明老人后整理。）

# 随军南下供粮食

林钧珍

林钧珍，1929年6月生，山东省文登县人，1949年1月参加中国共产党。南下前任文登县章村区公所文书，南下后任吴江县会计。历任吴江县人民政府农建科副科长、科长，吴江县水利局局长，吴江县屯村公社党委书记，中共吴江县委常委、副书记，中共无锡县委常委、副书记，政协无锡县委员会主席等职。1990年5月离休。

## 南 下

我的家乡在山东文登县章村区（今属荣成）。渡江战役前，国民党败退长江以南，企图依托长江天险负隅顽抗。党中央发出“将革命进行到底”的伟大号召，部署百万大军渡江南下。为保证大军渡江后能迅速开辟新解放区，建立人民政权，中央决定从解放区抽调大批干部随军南下。

1949年春节前夕，组织上通知我随军南下。那时我还不满20岁，临走那天，母亲把家里仅有的几个鸡蛋煮了让我带上，含着泪把我送出家门。

南下路上，我担任行军会计。4月初到达如皋县白蒲镇，在这里，明确了我们这支队伍南下的目的地——吴江县（现为苏州市吴江区），同时成立了党政领导班子，我被分配在县粮食局工作。领导说，虽然国民党败局已定，但残余势力仍不可低估，渡江后可能还会有一段敌我相交的动荡局势，因此女同志和身体不好的同志可以暂时不走，待局势稳定后再南下，但是谁也不肯留下。为轻装前进，每人行李不得超过6公斤，我是行军会计，除行李外，还要随身带个木箱子。4月21日，我军已顺利渡过长江。4月27日早，我们在靖江十一圩港集结登船。此时宽阔的江面风平浪静，只有江水轻拍江岸的声音。随着渡江令下，整个江面沸腾了，大小船只涌上江面，往南进发。那场面，至今想来，依旧让我热血沸腾。我被分配在一条只能坐 20 人左右的小船上，船老大自豪地说："21 日，我的船载着解放军渡江，一天来回了 5 次，没有一人伤亡。"

船到江心，远处飞来一架敌侦察机，船老大笑着说："这家伙每天都来报到，打个转就走。"果然它转了一圈就溜了。船到南岸，下船后，我们继续赶路，下午 4 时许，到达无锡市区。无锡是 23 日解放的，街上许多商店已开门营业。晚上 8 时许，我们接到通知，立即乘火车到苏州。听说有火车坐，大家都很高兴。到了车站一看，傻眼了：原来是节运煤车皮。车厢里满是煤尘、煤屑，火车一启动，煤烟夹杂着煤屑向我们扑来。

车到浒墅关停下了，原来前面桥坏了。此时已是深夜，一时找不到向导，领导决定顺着铁路走到苏州。

铁路枕木之间是用尖角的小碎石铺填的，我穿一双布鞋，踩在石子上，脚硌得生疼，鞋底早穿了几个洞。我们走了 3 个多小时，到苏州火车站时已过午夜，只能在候车室过夜。大家又困又倦，席地而睡。

第二天早饭后，我们被安排住到盘门，这里离吴江已经很近。下午 4 时左右接到通知说吴江的敌人已逃跑，让我们立即赶往吴江。夜里 10 时左右，我们胜利到达了南下的目的地。

## 送　粮

接管工作开始，粮食局接管的对象是原国民党田粮处，该处是国民党副县级单位，设有粮政课、储运课、会计课。我负责接管粮政课。接管过程还是比较顺利的，档案卷宗齐全，没有遭到破坏。原国民党田粮处有七个人没有跑，这些人被留用，这对我们迅速开展工作很有帮助。接管后面临的最大问题是筹措粮食。正是青黄不接时，国民党留下的粮库里空无一粒。我们不仅要稳定市场粮食供应，更重要的是华东野战军几十万人正鏖战上海，要保证军粮供应，唯一的办法是借粮应急。可当前时局，借粮谈何容易，只能找富裕农民、地主和粮商借粮。借粮工作在县委的统一领导下全面发动起来，大家四处寻找粮源。经过艰苦努力，粮食的供应基本得以保证。

5 月 10 日左右，领导让我负责为驻嘉兴部队送粮。接到命令，我立即带领驳船队出发。整个船队有十几条驳船，由一艘小汽轮拖拽，运粮十万斤左右。船队很快到达嘉兴，接粮部队隶属华野十兵团，是叶飞将军的部队。嘉兴送粮顺利完成后，我又带着一个船队往昆山送粮。昆山离前线很近，驻军派了一个加强班，由一名营级干部带领，为我们护航。白天有敌机骚扰，运粮队只能在夜里行船。为保证及时供粮，部队要求我们船队跟着部队走。就这样，部队每前进一步，我们就跟进一步，一天天地往前推进。虽然不清楚当时确切的位置，但听着炮声越来越近，感觉已近上海郊区。部队以连队为单位开伙，每晚都有连队来提粮。六七天后，上海解放。

## 入 沪

上海解放初期，形势十分严峻：物资紧缺，物价飞涨，人心不稳。国民党特务暗中造谣破坏，不法奸商囤积居奇、哄抬物价，造成市场供应十分紧张，尤其是粮食。中央指示要全国支持上海，一定要保证上海的市场供应，打赢上海经济保卫战。

吴江是支援上海粮食的重点县。为加快调粮速度，上级决定在上海设立联络处。我受命担任上海联络员，专门负责入沪粮食的交接。联络处设在上海新亚饭店。那时市民一拿到工资，第一时间就去买米，一些投机商人也趁机大量囤米。只有加快粮食供应速度，才能缓解市场紧张。

为抢时间，各地都是用散装船随筹随运，每天都有粮船到沪。吴江来的粮船靠泊十六铺码头，我天天到码头监督卸粮、交接。

经过几个月的艰苦战斗，上海粮食市场有了变化，市民看见粮食源源不断地运来，人心开始安定，不再疯抢，市场供应充足，投机商也不敢囤积了。随着粮食市场趋于稳定，各地调沪粮食也转为正常供应，联络处完成了使命。9 月底，上级决定撤销联络处。9 月 30 日，我决定回吴江，哪知排了很久的队，才买到一张下午 2 时到苏州的慢车票，到达苏州已是下午 6 时。10 月 1 日是中华人民共和国成立的日子，我不愿错过与同志们一同庆祝的机会，决定走回吴江。待回到县机关，已是午夜。

1949 年 10 月 1 日，毛主席在开国大典上庄严宣告中华人民共和国成立了！大家欢呼雀跃，共同庆祝新中国的成立。当天每人还领到了价值一斤肉钱的过节费，这个过节费是经中央专门发文而发放的。中央为发放过节费而发文，在我印象中，应该是仅有的一次，钱虽不多，但意义重大。

［本文转载自烽火 HOME- 革命人物数据库自助建设平台，2019 年 12 月 4 日，竹海发表随军南下供粮食（文 / 林钧珍）］

# 接管太仓前后

李铭堂

李铭堂，1919年8月生，山东省乳山县人，1939年1月加入中国共产党。南下前任中共胶东区委东海地委组织部科长，南下后任中共太仓县委代理书记。后历任中共太仓县委书记兼任纪律检查委员会书记，中共苏州地委委员、农业委员会书记，中共江苏省委审干办公室主任，中共中央西北局组织部部委委员、监察处副处长，中共中央西北局监察组办公室副主任。1967年1月，在"文化大革命"中受审查。1978年2月，任陕西省人民医院院长、党委书记；后历任江苏省广播事业局副局长，江苏省广播事业局局长、党组书记，江苏省政协委员，江苏省记协主席。1990年3月离休。2007年6月病逝。

1949年初，国民党的主力在长江以北被消灭，大大有利于人民解放军南下，解放全中国。党中央发出了"坚决全部消灭一切反动派，在全国范围内推翻国民党的反动统治"的命令，指出要"建立以无产阶级领导的，以工农联盟为基础的人民民主专政的共和国"。

## 渡江南下，解放和接管太仓城

淮海战役之前的1948年，我在山东省东海地委组织部工作，后到华东局党校学习，准备南下接管苏南。当时我被分配到镇江地区金坛县委工作。1949年初，淮海战役取得胜利后，华东局决定将从山东和苏北抽调的干部以及先在华东局党校学习的400名干部，合并在一起接管苏南，并且组建了苏南区党委领导班子，各地委、专署的领导班子也相继组成。山东东海地区和苏北一个地区的同志接管苏州地区，山东的乳山县、昆嵛县接管太仓，威海和海阳接管昆山，文登和牟平接管吴江，并组成县委、县政府的领导班子。太仓县委于1949年3月在白蒲镇组建，我任代理县委书记，王一峰任副书记，浦太福任县长，王杰任副县长。县委、县政府组建后，根据浦太福介绍的太仓概况，组建了六个区委、区政府（城区、沙溪区、浏河区、浮桥区、双凤区、璜泾区）的班子，并配备县政府各科局中层的班子。乡一级的干部，由各区委决定，报县委备案。县委组建后，一切活动和行动统一由苏州地委领导和指挥。

4月21日晚，大军开始渡江，决定地方机关于23日渡江，后因“紫石英号”军舰被我军击中，地方机关推迟行动，太仓县委机关推至24日拂晓行动，由白蒲直奔江边上船到江阴东面的夏港登陆。登陆后，得知常熟县已解放，便直奔常熟县城。在常熟县遇到地委副书记许亚、孙加诺诸同志。他们介绍了太仓以北仍有敌人活动，并指示县委在常熟县城休整，等待太仓形势的发展。在常熟县城住了约两天，得知常熟县境的支塘一带已无敌人，县委就直奔支塘，在支塘与原嘉太工委副书记李成吾会合。李成吾介绍了太仓方面的情况和地下党的概况，还提供了国民党县政府中层人员及区长等心慌意乱、准备逃跑等新情况。根据介绍的情况，决定县委、县政府进太仓的工作步骤，即发动群众、接管政权、剿匪反霸。我们在支塘逗留了两三天后，得知沙溪一带的敌人都逃到太仓县城，便决定直奔沙溪。到沙溪遇到陆洪元带领的地下武装十余人，我们就把这些同志编入县大队。5月13日拂晓，人民解放军解放了太仓县城，县机关就随着军队前进，浦太福同志先进城，我随后进城，与解放太仓县城的部队取得联系，由部队政委介绍了解放太仓县城的经过，后因军事行动紧急，部队很快离开太仓县城。

进县城以后，由李成吾同志和地下党取得联系，由地下党的同志分头将六个区的区乡干部带到分工的所在地。县机关按各自分工的部门收拢各系统的旧职人员，恢复工作秩序。到新区的任务很重，头绪也很多，我们就进行周密的安排。首先是征粮、筹木板的任务迫在眉睫。因为国统区的群众长期受国民党的欺骗宣传，对我们不太理解，对人民政府的筹粮和国民党的要粮之间的区别和性质还认识不清，我们就通过深入细致的宣传和踏踏实实的工作，去改变群众的认识，筹集了粮草、木板，保证了前线作战的需要。

同时，我们还通过办地下党员和少数积极分子训练班，把这批干部作为补充各级组织的后备力量，这项工作由李成吾同志直接抓。当时恰好地委副书记孙加诺来太仓指导工作，便请他给训练班的学员讲形势，还组织学员学习党的方针政策以及解放军“约法八章”的条文，弄清党在新区的任务。训练班结束后，这些同志就在发动群众、组织生产、揭发敌情中发挥了重要作用。为了扫清发动群众的阻力，我们摸清敌情，对罪大恶极、群众最痛恨的恶霸进行了镇压，广大群众拍手称快。就这样，新政权初步建立后的工作一步步地开展起来。

## 选择向导，作为开展工作的桥梁

我们这些南下干部讲的是山东、苏北的地方话，新区群众讲的是本地话，首先碰到的问题是语言不通，给开展工作带来了困难。怎么办呢？就寻找向导。所谓向导，就是懂地方话又会讲普通话的靠拢党的青年知识分子，以他们作为我们开展工作的桥梁。这些有作为的土生土长的青年人，最难能可贵的是把党的事业看得高于一切，对外地干部的关心胜过关心自己。他们精通本地的乡土人情，有知识，有全心全意为人民服务的好品质，没有他们，要打开工作局面是难以顺利进行的。当时，解放了的太仓，对我们老区来的干部，好像一个神秘的世界，我们很想了解当地的地理历史、民俗风情、山川河流、名胜古迹，也想了解国民党统治下的区乡体制，各种规定、制度、三教九流以及群众的生活、负担等等，这一切都得到了向导们的解答，为我们创造了工作上的便利。他们在独立活动时，把了解到的情况、群众的思想活动、地富的动向都主动地向区乡干部汇报。有时他们遇到了一些困难，我们就鼓励他们在风浪中前进。他们有时在工作中碰到很多疑问，就如饥似渴地学习党的斗争史，学习社会发展史，学习形势，联系社会上的各种问题，从理论上予以解答。他们还自觉遵守纪律，有吃苦耐劳精神，不管刮风下雨，照样深入农村，帮助群众解决实际问题。1949 年 7 月，太仓气候反常，成天大雨倾盆，江堤被台风袭击吹毁，大片土地受淹，大批房屋倒塌，他们就不怕苦不怕累地和群众一起防汛抢险，修堤排涝，生产自救。他们的行动，群众看在眼里，记在心上，从他们的一言一行中，群众看到了共产党的干部和国民党的官吏不一样，改变了对他们的看法，从内心里佩服共产党能带出好干部，党的威信和政府的权威在实际工作中逐步树立起来。

接着我们又把他们既当作党的干部使用，又给他们加担子，鼓干劲。这批干部除个别是共产党员外，都是非党青年人。他们虽然不是共产党员，可干的是共产党的工作，执行的是共产党的政策。当时国民党统治虽然已在太仓被摧毁，但留下的残余力量没有停止活动，随时窥测动向，制造谣言，蛊惑人心。这些青年人就在斗争中予以揭露和打击，使党的方针、政策得以发扬，取得了人民的信任。他们在短短的几年中，锻炼成熟起来，既有原则性，又有灵活性，遵守组织纪律，服从组织分配，在干部中做出了榜样。有的同志经过几年的磨炼，在各个不同的岗位上担任领导工作，在执行党的方针、政策方面是认真的，坚持党的原则，团结同志，是非分明，不随风飘，不搞团团伙伙；有些同志怎么说就怎么做，要别人做的首先自己做，心地纯洁，无私无畏，胸怀开阔，实事求是，他们被群众称为可信任的优秀干部。

## 发动群众，完成建政、肃匪、反霸任务

县委进入太仓城以后，根据上级党委的部署，主要任务抓三条：夺权建政、肃匪、反霸。同时发动群众恢复和发展生产，进行建党，组建各种群众团体，建立人民武装等。县区党委、政府进入各管辖区以后，先安定人心，分别召开各界代表会，由县长、区长出面讲话，宣布中国人民解放军布告，具体解释“约法八章”条文，安定民心，开展工作。还在县城落实旧职人员的政策，教育改造他们。我们遵照毛主席对旧职人员“宜集中不宜分散，宜养不宜赶，集中整顿，认真改造，分别对象，逐步处理，使之各得其所”的原则，除了一些科级以上人员已逃跑外，我们基本上按原来的系统集中，由他们提供情况，参照开展工作。他们中的大多数人在以后的工作中表现是好的。各界人士中，有些代表人物主动找到我们反映情况，了解他们所关心的问题，我们也做了细致的解释，从而人心安定，学校很快开学，商店开门，粮店照常营业，农贸市场也很活跃，工商界原有的组织，经调整后也照常工作。

在一切工作转入正常以后，我们发动群众，贯彻阶级路线，城乡工作紧密结合，同步进行。我们从老区来的干部，有农村工作的经验，但对管理城市没有经验，尤其缺乏管理城镇、建设城镇的方法。如何把城镇管好这一问题，迫使我们学会在城镇中和国民党、资产阶级做政治上、经济上的斗争，在乡村重视同欺压群众的各种敌人做斗争。在我们进太仓后，城乡敌人的共同特点是：采取隐蔽的办法窥测动向，和我们做斗争。我们则以引蛇出洞的办法加以打击。根据群众的揭发检举，对那些隐蔽的特务和浮在面上欺压群众的恶霸、土匪及时加以逮捕，罪行严重、民愤极大的先镇压一批。

建立各种群众团体。建立农会、妇女会、青年团、工会等群众组织，是发动群众开展各项工作的基础，是发展生产的动力。县一级各种群众团体，在进城前基本上建立起来，经过一段时间的工作，逐步健全和不断完善，对各群众团体有针对性地安排各自的重点。太仓的工业不多，只有集中在沙溪的两个私营

纱厂。县工会为了便于开展工作，移到沙溪利泰纱厂办公，一面组织生产，一面建立工会组织。利泰纱厂当时虽然受原料的影响，机器时开时停，但生产还能维持，工人没有失业。我们就组织工会，提高工人的觉悟，把生产搞上去。共青团的组织也搞得比较活跃。1949 年 8 月，在县级机关首先发展了一批青年知识分子参加团组织，配备了团的干部，活跃了青年的身心，搞好了工作，进而为区、乡和农村发展团的组织创造了条件。

同时，我们还积极筹备和建立党的组织。太仓在解放前有地下党组织，有 20 余名党员，我们在接头后把他们组织起来，并从老区来的干部中吸收了一批党员，作为骨干力量。1949 年 7 月，由苏州地委组织部部长徐禹民带队和县委一起在陆渡乡的一个村搞建党试点，严格在农民中挑选积极分子培养训练，并对他们进行党的理想教育，使他们初步确立共产主义人生观，树立全心全意为人民服务的思想，还分配给他们工作任务，在实际中接受考验锻炼，然后逐个吸收他们入党，建立党的小组。这次试点的成功，为在全县全面铺开做出了样子，为在新区建党提供了一些经验。

（本文摘自太仓市档案馆编：《太仓红色档案选编——初心》，上海文艺出版社 2021 年 6 月版。）

# 南下太仓的几段回忆

刘宏德

刘宏德，1924年10月生，山东省昆嵛县人，1946年3月加入中国共产党。南下前任昆嵛县政府教育科科员，南下后任太仓县人民政府秘书处秘书。历任中共太仓县委秘书室主任、中共太仓县委副书记、中共太仓县委书记处书记、太仓县革命委员会副主任、苏州地区计划委员会副主任、苏州地区商业局局长。1985年12月离休。2015年11月病逝。

今年（1989年）是太仓解放40周年，回忆我随军南下，渡江到太仓，在太仓工作、生活了26个春秋。回忆往事，浮想联翩，拾掇几段真实史料，小中见大，以资纪念。

## 渡江前后

1949年初，在党中央"打过长江去，解放全中国"的口号鼓舞下，华东地区抽调1.5万名干部，集中待命随军南下，接管蒋政权。1949年2月，山东的东海地委，按一个县配好接管一个县的干部，于是年春节前出发。昆嵛县来的同志于4月上旬移驻如皋县白蒲镇，同苏北华中工委来的和江南北撤的同志会合，重新混合编制，任务是去太仓县建立人民政权。李铭堂任县委代理书记，王一峰任副书记，浦太福任县长，王杰任副县长，那时，我是县政府秘书。待命期间，学习了城市工作守则。浦太福县长是太仓人，向大家介绍了江南风俗以及太仓的军事、政治、经济等情况，尤其是人民盼解放的心情，讲得绘声绘色，我感受很深。同时学习了《太仓概况》，为开辟新区工作打下了良好思想基础。

1949年4月21日，我人民解放军突破“长江天堑”，在敌军全线溃逃、我军乘胜追击的有利形势下，我们遂于4月24日清晨，在靖江七圩港乘一叶扁舟渡江，船行江中，已被我军击伤仍在燃烧的“紫石英号”敌舰朦朦可见。当太阳升起时，船已驶近南岸，于江阴县夏港的滩头地带登陆，这时飞来几架国民党飞机，但也只是“无可奈何花落去”而已。到达江南后，我们马不停蹄地沿着澄锡公路向太仓目的地进发。那里是石子路，不少同志的鞋磨破了，脚上起了泡，也没人叫苦，而对江南的一草一木感到特别新鲜。当绕过无锡市，行至常熟境内，敌机又来低空侦察俯冲，由于当地群众指引，我们隐蔽及时，未被发现，敌机只空放了一阵机枪，垂头丧气而去。当晚，队伍赶到常熟城里过夜，在那里休整了两天，其时太仓境内仍为国民党三〇八师负隅据守，只能渐进，尚难插入，故又移往靠近太仓的常熟支塘镇。在那里我们同地下党组织和地下武工队联系多了，消息灵通了，工作已逐步展开。在支塘还发生个小插曲：有的同志鞋子破了，到街上去买跑鞋，商店老板见他们穿着黄军装，以为都是解放军，要赠鞋给他们，不肯要钱，有的人拿了鞋。县领导知道后，为执行城市工作守则，发扬不拿群众一针一线的光荣传统，严明纪律，顾及影响，一律将鞋退回给了原店。消息传开，各界人士纷纷赞扬共产党领导好，解放军纪律严明，不拿群众一针一线。

4月29日，根据我地下武工队提供的敌人动向，敌军主力已撤到太仓城里，北部重镇沙溪一带，只有小股敌人侦探和巡逻队出没，县委为了尽早进入太仓境内，鼓舞士气，激励民心，有利工作，决定进驻沙溪。记得队伍路过直塘车站东转去沙溪时，沿途不少群众围观和欢迎，竞相传告：“解放军来了！解放军来了！”当时县政府驻在沙溪北道院，同各界人士的接触频繁，来自各方面的消息也多了。东北部的璜泾、浮桥、牌楼等区、镇、乡的干部也先后奔赴各自的工作岗位。他们到任后张贴布告，召开各界人士会议，展开政治攻势，同时接管当地国民党的区乡政权，收缴地方自卫队的武器。总之，我人员派到哪里，哪里的国民党基层政权就被接管，人民政权就相应地建立起来。但是这时就整个太仓来说，我县人民政府驻在沙溪，国民党军据有城里的局面，僵持了半月有余。可是国民党并不死心，曾派飞机到沙溪上空侦察，妄图扰乱民心，在沙溪利泰纱厂投下了数枚炸弹，妄想破坏生产，幸好弹落煤堆，未酿成祸害。还有一次，大概在5月10日，传来消息说，城里敌军企图夜袭沙溪，鉴于我军主力离太仓较远，为避其锋，县机关一度北移至太常边境的项桥一带。不久，我大军入太仓，县机关始返回沙溪镇，为解放太仓、包围大上海筹集军粮、马草、门板等军需物资。

正在这时，有些同志病倒，我同一位姓孙的同志突患急性肺炎，老孙因年龄大，高烧不退而病故，我初在沙溪医治，后高烧不退，浦太福、王杰两县长见了十分关怀，介绍我去常熟县政府安排住院治疗。住院四天，高烧一退，我就要求出院，太仓县城是5月13日解放的，我于5月15日随送军草的船回太仓。

## 安民告示

在常熟休整期间，浦太福、王杰两县长对我说，县委研究，部队打仗要有武器，我们到新区太仓也要有武器，县政府要发个安民告示，并阐述了布告的要求和主要内容，由我起草。我想这是太仓解放后的第一张布告，是具有历史意义的，也是很有分量的事，非同一般，一定要写好。于是夜以继日地搜集资料，征询意见，拟稿、修改、誊清，花了两天时间终于写成初稿，送领导审阅，记得最后定为八条（“约法八章”），现在原布告已无存，原文也记不清了，其大意是：

——历数国民党倒行逆施罪行，物价飞涨，民不聊生，现今国民党军队全线崩溃是历史的必然，末日即将到来；

——共产党是全国人民的救星，是代表全民族利益的，解放了的人民，翻身当家做主人；

——庄严宣告太仓县人民政府正式成立，即日起国民党政权要停止一切活动，听候接管，各区、乡人民政权也相继成立，行使职权；

——鉴于国民党遗留下来的是个烂摊子，百业待兴，布告要求各行各业照常营业，学校开学复课；

——正告国民党散兵游勇、地方武装、土匪帮派等，限期向人民政府归顺，由独立营收缴武器，立功者奖，抗拒自取灭亡；

——通告国民党政权旧职人员保护国家财物、档案不受损失，听候接管，量才录用，各得其所，蓄意破坏者，严惩不贷；

——还有将召开各界人士代表会共商国是，以及支援前线解放全中国等。

布告是在常熟印制好的，进入太仓后就到处张贴布告，起到了安定民心的作用，收到了预期效果。

## 保家卫国

新中国成立不久，1950年6月美帝国主义发动侵朝战争，直接威胁着我国安全。党中央于1950年10月发出抗美援朝的伟大号召，太仓人民同仇敌忾，群起响应，有的给志愿军写慰问信、送慰劳品，有的为捐献飞机大炮赠款，有的以搞好本职工作的实际行动支援志愿军打击美国侵略者。特别是一些青年人踊跃报名参加志愿军，扛起三八枪，跨过鸭绿江，抗美援朝卫国保家乡。记得在1951年就掀起了春、秋两次大的参军运动。是年3月的一次参军，由浦太福县长挂帅，下设新兵征集办公室，当时我任办公室主任，负责处理日常事务，所见所闻，记忆犹新。最大的感受是：同样是当兵，新旧社会大不同。过去是好铁不打钉，好人不当兵，国民党抽丁拉伕，花钱雇兵，还是不愿去。今天解放了的人们，出自内心的激情，争相参军，气氛热烈。妻子送丈夫、父母送儿子的好人好事，处处可见可闻。半泾乡有一户父子俩争着参军，互不相让，十分动人（那年参军是18 ~ 35岁），弄得乡里没有办法，只好叫他父子同报名，同送县去挑选，经再三动员，才说服了儿子，让他父亲先上前线。沙溪区还送了个名叫严萍的女兵，她参军心切，说古时花木兰替父去从军，今天我严萍决心当个中国女兵。区里见状，只好答应送县再定，终因这次没有吸收女兵任务，向她进行了说服教育，留她先在办公室为征兵服务，才把她的情绪慢慢安定下来。后来安排她参加了地方工作。那时，从上到下，从市镇到农村，到处呈现着一片参军光荣的气氛，一人参军，全家光荣，一村有人参军，邻里也添光彩。新兵送县集中时，各个胸戴大红花，有的骑着大马，有的乘着龙舟，十分荣耀。新兵集中到县的那几天，各界人士敲锣打鼓，燃放鞭炮，学生们扭着秧歌舞，打着腰鼓，欢迎场面热烈动人。每批新兵到县，县长都亲自去欢迎接送，还特地去看望到县的新兵家属，把他们待为上宾。新兵在独立营换装后，学习几天政治、军事基本知识，然后再送苏州军分区集中，不久，即编入正规部队，奔赴朝鲜前线英勇杀敌。在不太长的时间里，浮桥、九曲等地的军属收到了子弟在前线杀敌立功的受奖喜报。饮水思源，祖国有今天，太仓有今天，我们要感谢千千万万为国奋斗牺牲的志愿军将士，有了这些最可爱的人，我们才有今天的幸福日子。

（本文摘自太仓市档案馆编：《太仓红色档案选编——初心》，上海文艺出版社2021年6月版。）

# 南下一路记

王 杰

王杰，1912 年 10 月生，山东省昆嵛县人，1940 年 10 月加入中国共产党。南下前任中共昆嵛县酒馆区委书记，南下后任太仓县人民政府副县长。历任中共太仓县委员会委员、太仓县人民政府县长、中共苏州地委工业部部长、苏州专署工业交通处处长、苏州地区行政公署财贸办公室主任、苏州地区行政公署副专员。1983 年 2 月离休。2001 年 11 月病逝。

记得当解放战争节节胜利，尤其是辽沈战役胜利结束之际，毛主席预先为解放全国接收新区而准备的 3 万 ~ 4 万名干部随军南下。1948 年 11 月我被调到昆嵛县酒馆区任区委书记，到任后正赶上发动大参军运动，完成参军任务后已经是 12 月，亦是淮海战役接近胜利结束阶段，这时提出的口号是：打到南京去，活捉蒋介石，接管天下。正在这时，县委交通员送来县委书记丁宗岳同志给我的一封亲笔信，指明调我、区长迟绍轩、粮管所所长周庆新，还有黄从仁立即交代工作，于第二天下午 2 时到县委报到。

那时正值隆冬腊月，我们 4 人在纷飞的大雪中步行准时到县委报到，报到后立即参加编队准备南下工作。昆嵛县共 13 个区，每区调 4 ~ 5 人，加上县级机关的一共 70 ~ 80 人，编成了一个中队。由于出发时间紧迫，所有南下干部都不准请假回家，编队后第二天中队就步行到地委所在地文登县城报到，待命出发。

昆嵛南下的干部中队到文登地委报到，同时报到的有文登、昆嵛、荣成、威海卫市和地委机关的干部，在文登城整顿了一天。第二天一早，由地委书记宫维桢、副书记孙加诺带队，由文登城乘卡车出发到莱阳水沟头村。文登地区的西半部乳山、牟平、海阳、莱阳等县亦同时在水沟头村集合，住了三天，队伍以地委为大队、县委为中队、区委为小队编成后由水沟头村出发，以每天 70 ~ 80 里的速度步行到达了潍坊，在潍坊仅休息了半天，转乘火车到临城车站后下车，在华东党校学习了半个月。学习内容是：城市政策，入城手册，三大纪律，八项注意，等等。接着又乘火车到达陇海路江苏新沂县新安镇，在新安镇休整了两天，主要是为渡江准备干粮。从新安镇出发步行经过淮阴、淮安、宝应到达高邮县，在高邮仅仅休息了一天，转乘汽车到了如皋县的白蒲镇，在白蒲镇会集了各地的南下干部，统归华东局领导。华东局公布命令，我们昆嵛和乳山两个县的南下干部合并后接管苏州地区的太仓县。

华东局对接管的地点和干部的任职公布后，地委通知以中队（县）为单位向长江沿岸进军。1949 年 4 月 20 日，我们到达了沿江边的十一圩港，十一圩港的对面是江阴要塞，是国民党炮台阵地。部队于 20 日晚 12 时就开始渡江，我们干部队伍紧随部队于 21 日凌晨 4 时冒着敌机的疯狂扫射和轰炸开始渡江，渡江时我们中队坐帆船出发，出发次序先由代县委书记李铭堂、副书记王一峰率先起航，我们正副县长（县长浦太福）压队。胜利到达江南江阴县境内的夏港镇时，已是 21 日上午 9 时左右，10 时才吃到早餐，12 时即向东南方向步行，经无锡市到了常熟。这段时间正是江南的梅雨季节，大雨小雨不断，且又是水网地区，沿途公路桥梁很多，又都被国民党逃跑时炸断，所以经常绕道而行，一里顶三里之远，行军艰苦不言而喻。到了常熟县亦是向上海靠近了一步，这时上海还未解放，敌机沿公路狂轰乱炸，所以我们在常熟只休息了一天，晚上向太仓方向进发，路经常熟支塘时，因与我们的部队发生误会牺牲了一个同志。在支塘镇住了三天并与太仓地下党接上了关系，这时太仓县除城区以外全境已无敌人，从支塘到了太仓县的沙溪镇，又住了四天。待太仓县城解放，我们终于随部队到达了南下接管的目的地太仓县城。

我们到达太仓后，首先遇到的困难是：一是对江南水网地区很不习惯；二是与当地群众的语言不通，向群众宣传必须使用翻译；三是党的力量薄弱，全县地下党员只有 10 人左右；四是基层政权乡以下都是伪保甲长。我们南下同志就在这样的困难条件下开始工作，依靠地下党的几个同志做向导，宣传 1949 年 4 月 25 日《中国人民解放军布告》即“约法八章”，张贴县政府的安民布告，稳定群众，发动群众。进县城后首要任务是接管国民党的旧机构。紧接着为支援上海征粮征草征器件等，以满足部队的需要，解放上海取得了伟大胜利。同时搜剿残匪和散兵游勇，最大的一股是国民党一个连，缴械后武装了我们自己，其人员一律遣散回家。

在接管中，我们发动群众以工代赈进行生产救灾。1949 年 8 月，九级台风在太仓境内经过，太仓又是沿江下游南岸，江堤不但年久失修，又被国民党反动派挖战壕破坏很大，所以台风登陆时大面积决口，农田被淹。我们立即修复江堤，安置灾民，组织生产自救。县委分工以我为主带领部分干部和 1 万多名民工抢修海塘工程两个多月，紧接着开始秋征。总之，工作千头万绪，大家都是满腔热情、通宵达旦，顺利完成了繁重的工作任务。之所以有以上的成绩，主要原因是我们党在群众中有崇高的威望，和当地党组织的同志紧紧团结在一起，发动群众、组织群众。同时，这也为我们下一步建立政权打下了很好的群众基础，为今后工作开辟了顺利的道路。

（本文摘自政协太仓委员会编：《太仓文史汇辑⑥》，2023 年 6 月版。）

# 接管浏河　保卫浏河

王吉增口述　陈树人整理

王吉增，1918 年 1 月生，山东省昆嵛县人，1946 年 2 月加入中国共产党。南下前任昆嵛县特秀区粮站助理员，南下后任太仓县浏河镇镇长。历任中共太仓县浏河镇党委书记、政协太仓县第一届委员会秘书长、中共太仓县委统战部部长、政协太仓县第五届委员会副主席。1981 年 12 月离休。1995 年 10 月病逝。

1949 年 4 月，人民解放军继辽沈、平津、淮海三大战役胜利之后，遵照毛主席发出的“将革命进行到底”的伟大号令，以排山倒海之势，突破长江天险，迅速解放了南京，宣告了国民党反动政府的覆亡。接着分路南进，挺进大上海。

我们两淮纵队过江以后，不顾敌机的狂轰滥炸，迅速地向苏南各地急行军。4 月底，我们从江阴进驻无锡，稍事休整。5 月初，又步行到刚解放的常熟，在那里驻防三天，肃清遗留下的残敌，不久，我们又摸黑赶到支塘，这时敌军已迅速溃退到太仓、浏河一线。此时，我第三野战军由陈毅司令员亲自率领的先头部队，已在浏河镇北的六里桥设立前线指挥部，正在打击、围歼妄图在浏河一线负隅顽抗的国民党敌军。5 月 10 日，我们负责接管太仓县的干部，经利泰纱厂进驻沙溪镇，县委、县政府开始履行接管保卫工作。第二天，兵分三路，着手接管已经解放的沙溪、双凤、璜泾、浮桥四个区，5 月 12 日解放了浏河镇，13 日凌晨太仓县城解放，开始了全县范围内的接管保卫工作。

浏河镇解放后，中共太仓县委首先公布了负责接管浏河区、乡、镇的干部名单。区委书记张子平，副书记于宗礼，区长侯国恩，副区长迟吉信，浏河镇镇长王吉增。当时浏河区管辖浏新、陆渡、新塘、何桥四个乡和浏河镇。根据上级指示，我们边接管边工作，做到接而不乱。首先宣布了接管政策：首恶必办，胁从不问，立功受奖，分别对待。5 月 14 日，我们召集了国民政府的乡长、镇长、保长训话，组织他们学习解放军的“约法八章”，宣布对浏河地区进行接管。接着对国民党的乡、镇政府及其资产档案文书进行查封。同时对国民政府的军、政、警、宪、特人员讲明政策，晓以利害，做到监督清点，顺利接收。我们还接管了盐山、港口码头、面粉厂、军需仓库等重要单位，获得了许多敌人遗弃的枪支、弹药、军服和大米。鉴于接管干部人数少，只有二十多人，对接管的情况又不熟，我们坚持走群众路线。注重调查研究，做到实事求是，在实践中学习，大胆工作，总结经验，区别不同情况，工作落到实处。重点是打击散兵游勇、地痞流氓的浑水摸鱼和捣乱破坏，打击暗藏的反革命分子和刑事犯罪分子，同时对投诚兵士、国民政府的旧职人员进行整编，愿意的留用，不愿意的遣返自谋生计，严格把握对敌斗争的政策和策略，谨慎从事，对中统、军统等反革命组织严密监视，捣毁其机关，查封其档案、资财，逮捕其首要分子，进而侦破潜伏的特务组织，打击反革命活动。同时，召开浏河镇各界代表人士会议，宣传党的政策，一方面要求工商界照常营业，遵纪守法；另一方面动员各界人士协助人民政府筹粮筹款，支援人民解放军解放上海。

由于敌人丢失了苏南大片土地总是死不甘心，还想疯狂反扑。从 5 月 17 日起，连续四天，敌人出动十多架敌机分批对浏河镇进行轰炸，企图炸毁轧花厂、粮库、协丰木行，炸毁沟通浏河南北的重要桥梁——新闸桥、老浮桥，妄图切断我人民解放军解放上海的通道。当时，我们接管人员组织全镇人民冒着敌机乱轰滥炸的危险，转移粮棉和木材，护守桥梁，日夜奋战，百倍警惕，始终保证着这条支援上海解放的重要道路的安全、畅通。5 月 27 日，上海解放后，我们又组织大批民船满载着大量支前物资，出长江口，越钱塘湾，到达浙东地区，有力地支援人民解放军解放舟山群岛。

接管浏河后，我们又面临着一个建立、保卫新政权的任务。首先，我们将原国民党统治时期浏河镇所辖的十五个保和一个镇，改划为三个乡（桃源、新塘、子泾）、一个镇的行政建制，任命了领导干部，组织生产，维护社会治安。但浏河镇素有“小上海”“六国码头”之称，有着青帮、洪帮的社会势力，有着中统、军统的特务网络，还有渔霸、海匪的潜影踪迹，敌情盘根错节，异常复杂。当时一些散兵游勇、地痞流氓、不法奸商和社会渣滓，纷纷出笼，乘机杀人越货，敲诈勒索，哄抬物价，兴风作浪，破坏社会治安，有的公然打起“江南纵队”“华东地区先遣队”等旗号持枪抢劫、浑水摸鱼，搞颠覆活动。针对这些情况，我们立即建立浏河公安分局和浏河水上派出所，经过深入调查研究，采取果断措施，一举查获反革命活动、拦路抢劫、哄抬物价等重大案件十多起，抓获特务、匪徒、作恶多端的地痞流氓、不法奸商二十多人，并镇压了其中一批罪大恶极的为首分子。

这样一来，得到了浏河镇社会各界人士的广泛支持，各界人士纷纷拥护人民政府所采取的各项措施，社会秩序得到了稳定，一切工商业活动也趋于正常，人民生活得到了安定。

（本文摘自太仓市档案馆编：《太仓红色档案选编——初心》，上海文艺出版社 2021 年 6 月版。）

# 抢修海塘回忆

王　新

王新，1916年10月生，山东省牟平县人，1943年3月加入中国共产党。南下前任昆嵛县政府财政科科长，南下后任太仓县人民政府财政科科长，曾任苏州市人民政府视察室视察员。1982年12离休。2014年7月病逝。

我原在山东省文登县人民政府工作，1949年2月接到县委通知，调我随大军南下，接管新区工作。当时我们县南下时有干部80余人，行军至江苏白蒲时，因客观情况的变化，我们南下大队和山东乳山县南下大队以及苏北和太仓地下党的部分同志合并为一个队，经过短期学习党的方针政策，于1949年4月22日早上渡江，在江阴县夏港镇登岸，又经过5天的行军，4月27日到太仓县的沙溪镇（按：此处日期有误，太仓县委、县政府是5月3日到达沙溪的）。当时因太仓县城尚未解放，除做支援解放上海和其他一些工作外，还做了接管县城的准备工作，到5月13日，我们进入了县城，随即进行全面的宣传和接管工作。

对新解放的城市全面管理困难很多，主要表现在：除了要大力支援前线外，还要肃清国民党残兵游勇以及土匪对社会治安的扰乱，还要关心与人民息息相关的工农业生产，打击奸商哄抬物价，安定人心，同时，国家财政税收等的收缴，都亟待解决。

初解放的太仓除了上述困难外，还有一件十分紧迫的抢修江堤的大事。因为太仓地处长江沿岸，西北从锵脚塘（与常熟交界），东南到小川沙口（与宝山交界），沿江有36公里的江堤，在国民党的统治下年久失修，加之敌人凭江设防，挖掘战壕，以阻止我解放大军过江，因此江堤到处都有溃决的危险，形成险工的有7处之多，其中尤以七丫口、龙王庙2处尤为严重，形似悬崖。汛期即将来临，大堤随时都有被冲垮的可能，千百万人民的生命和财产危在旦夕，如不紧急动员起来进行抢修，势必造成严重的后果。

6月下旬，苏州专员公署水利处召开防汛工作会议，太仓县政府派我参加，会上李幹成专员和钱天素处长都亲自到会动员。李专员重点强调修江堤的意义和迫切性，使参加会议的同志提高了对防汛和抢修江堤的认识，坚定了大家一定要治理好江堤的信心和决心。我回到县里后，立即向县委和县政府领导汇报了会议的精神，县领导非常重视，专门召开会议作了研究，决定建立县防汛抢险委员会，各区、乡建立相应的组织，由我负责率领干部和群众去江堤抢修。那时大家干劲十足，吃住都在江堤上。经过发动，很快就组织了浏河、浮桥、璜泾三区的民工上堤抢修七丫口和龙王庙两处长达180米的江堤。7月1日至10日做好一切准备工作，修堤用的木桩、石头等物资被源源不断地运到江边。7月14日正式开始抢修江堤。在县委、县政府的领导下，数千名民工辛勤劳动，江堤抢修的进度很快。到7月23日，1170根长5米的桩木已打下了90%，并填上了石头，这两处的工程大部分已经完成，大家都为工程的进展顺利而感到高兴。但是，天有不测风云，7月24日（农历六月二十九）晚上8时，特大台风袭击到长江口，2小时后，浪高风险，暴雨倾盆，江堤经受着浪涛一次次的冲击，到了午夜，风狂雨急，势如排山倒海，巨浪扑堤而过，江堤多处决口，决口总长计5448米，江水漫进了太仓城，到处一片汪洋。这次强台风所造成的损失是严重的，据当时统计：死亡18人，船只损失很多，有十二三万亩农田被淹，6400多间房屋倒塌，12894间房屋被刮坏，冲垮桥梁40余座，牲畜死亡不计其数。面对如此严重的灾害，同志们都非常难过，但也激起了坚决修好江堤的决心和信心。

由于我初次从北方来到南方，气候、生活都不适应，加之吃住奔走在江堤，日以继夜地工作，生活很艰苦，又无蚊帐，任疟蚊叮咬，染上了严重的疟疾，经常发高烧，病倒在工地上，为此组织上把我调回到县政府工作。之后，党和政府对抢修江堤的工作更加重视，投入了大量的人力、物力和财力。仅1949年3次较大规模的抢修江堤，就动员了干部200多人、民工56400余人次，支出大米、麦子36.58万斤，抢修江堤10846米。如今，经过近几十年的治理，太仓县的江堤基本上得到了巩固，控制了水涝灾害，保障了人民生命财产的安全。

（本文摘自政协太仓委员会编：《太仓文史汇辑③》，2023年6月版。）

# 双凤区接管概况

宫润森

宫润森，1914 年 8 月生，山东省昆嵛县人，1944 年 10 月加入中国共产党。南下前任昆嵛县白鹿区副区长，南下后任太仓县双凤区区长。历任中共太仓县印溪镇党委书记、太仓县人民法院院长、中共太仓县委政法部部长、太仓县人民检察院检察长、中共太仓县政法党组副书记、太仓县人民委员会副县长、中共太仓县委纪委副书记、中共太仓县委统战部副部长。1980 年 11 月离休。1999 年 1 月病逝。

1949 年 3、4 月份，我们在苏北如皋县白蒲镇学习“入城规则”以及“约法八章”等文件，因为要到太仓去接管，又学习了《太仓概况》一书，对太仓的国民党党、政、军、警分布情况和地理概貌有了一定的了解。接着在会上又公布了中共太仓县委、县政府以及各区党政组成人员的名单。公布于伦修为双凤区区委书记，我任双凤区区长。虽然那时不知双凤区所在地是个什么样子，但对公布我去的地方却特别注意。

我们于 4 月 23 日凌晨渡江南下后，经过常熟支塘，然后到达太仓县的沙溪镇。我们双凤区的党政组成人员，于 5 月 4 日那天，一边张贴双凤区人民政府的布告（包括直塘镇、毛市乡）安定人心，维持正常秩序，一边进入双凤区。而那天，双凤区的工商界人士准备用鞭炮在街上欢迎区党政人员，可是我们已老早进入双凤镇并正在开会部署工作。有人告诉他们，区长老早来了，他们到镇里一看，区长是个赤脚光头的模样，不像他们想象中的穿着长袍大褂、很有架子的“区长”。

我们来到双凤区时，区公所的人也逃走了，什么东西都没有，只有两间连窗也没有的破房子，后来伪镇长陶笑霞和旧人员孔德彦等5人来报到，我们根据党的政策，除了伪镇长以外，其余4人照常留用，提供情况。因为语言不通，我们又运用靠近我们的既会讲普通话又会讲本地话的积极分子做向导和翻译，依靠他们逐步把工作开展起来。

双凤区解放后，当时有解放军一个团，分驻直塘、双凤两个镇，不几天，驻军要调防，县长浦太福特地到双凤来，找了当地有一定影响的几个人物，要他们保证区长、教导员以及全体干部的人身安全，否则，就要找他们算账。因为那时双凤区是国民党的“模范区”，所谓“模范”，实际上就是特务土匪多，国民党员多，人员又复杂，我们来接管的十多个人，又是人生地不熟。为了防止发生意外，我们在驻军的帮助下，搬到东市梢起凤桥处的一个农民家里去住，因为这里三面靠水，一面出入，容易警戒。我们搬到这里的第一夜，特务一宿打了三次枪，枪声从南北两个方向响起，我们这一宿都和衣躺在铺草上，连鞋子也没有脱，以便发生紧急情况时随时应付。白天，我们仍回区政府办公，那时的任务，主要是筹借粮食，支援前线，解放大上海。在筹借粮食的过程中，20多个伪保长都是口是心非，迟迟不交粮食。后来我们找伪保长训话，又找了几个粮食大户进行宣传，动员他们限期把粮食借出来，经过一段时期工作，筹粮工作才如期完成。

（本文摘自政协太仓委员会编：《太仓文史汇辑③》，2023年6月版。）

# 第四部分 大事纪要

# 1948年

## “九月会议”召开

**9月8日至13日** 中共中央在河北省平山县西柏坡村召开政治局扩大会议，即“九月会议”，到会的有政治局委员7人，中央委员和候补中央委员14人，重要工作人员10人，这是自日本投降以来到会人数最多的一次中央会议。会议根据战争形势的发展，提出了建军500万、用5年左右的时间（从1946年7月算起）从根本上打倒国民党的反动统治的伟大战略任务，并同时讨论了为夺取全国政权准备所需要的干部工作。

## 毛泽东起草《中共中央关于九月会议的通知》

**10月10日** 毛泽东为中共中央起草了《中共中央关于九月会议的通知》，指出：“夺取全国政权的任务，要求我党迅速地有计划地训练大批能够管理军事、政治、经济、党务、文化教育等项工作的干部。战争的第三年内，必须准备好三万至四万下级、中级和高级干部，以便第四年内军队前进的时候，这些干部能够随军前进，能够有秩序地管理大约五千万至一万万人口的解放区。”

## 中共中央发出《关于准备五万三千个干部的决议》

**10月28日** 中共中央发出《关于准备五万三千个干部的决议》。该决议指出：“在战争第三、四两年内（1948年7月至1950年6月），人民解放军可能夺取的国民党统治区域，大约将包含有1.6亿左右的人口，500个左右的县以及许多中等城市和大的城市，并在这些新的区域建立政权。”因此，共需中央局、区党委、地委、县委、区委五级及大城市的各项干部5.3万人左右，并决定从华北、

---

说明：大事纪要收录资料时限，上限为“九月会议”召开的1948年9月，下限为苏州国民经济恢复的1952年12月。简要记载文登县、昆嵛县干部南下历程和南下后在接管建政中作出的重大决策部署及具有重要影响的事件。

华东、东北、西北、中原五大老解放区抽调干部，以区党委（或省委）为单位，配备整套班子，随军前进，到新解放的区域，建立党政军机构，进行接管开辟工作。为此，中央要求华东局准备 1.5 万名干部随军南下，接管新区政权。

### 闵家庄会议召开

**12 月** 为贯彻中共中央政治局“九月会议”的决议，华东局在临朐县与益都县交界处的闵家庄召开各区领导人会议，部署抽调干部随军南下工作和研究大军渡江以后华东局及所属各区党委的组织安排问题。会议要求山东每个战略区抽调干部各组成一个区党委（山东共组成五套区党委的架子）和下属若干个地、县、区党政军群领导机关架子，集中进行学习整训，随时准备渡江南下。

### 华东局发出《关于执行中央准备五万三千干部决议的指示》

**12 月 25 日** 华东局发出《关于执行中央准备五万三千干部决议的指示》。该指示指出：“我们注意到目前华中的干部（尤其中级和高级干部）特别缺乏，因此准备一万五千干部规定完全由山东来负责。”同时，还就 1.5 万名干部的落实做了具体分配：鲁中南配备 1 套区党委级、10 套地委级、40 套县区委级，共调干部 3680 人；胶东配备 1 套区党委级、7 套地委级、42 套县区委级，共调干部 3650 人；渤海配备 1 套区党委级、5 套地委级、41 套县区委级，共调干部 3456 人；济南配备 1 套区党委级、2 套地委级、5 套县区委级，共调干部 576 人；昌潍特区配备半套地委级、5 套县区委级，共调干部 404 人；潍坊市配备 3 套县区委级，共调干部 225 人；华东局直属机关配备 1 套中央局级、1 套区党委级、5 套半地委级、15 套县区委级外，另配备城市工作干部 1475 人，共 3009 人。

### 胶东区组织大批干部南下

**12 月** 胶东区党委根据华东局指示，为执行中央准备干部南下的决议，在全区抽调 3650 名干部，组成 1 套区党委级、7 套地委级、42 套县区级的领导干部准备渡江南下。其中，党务干部和民运干部 1778 人、政府财粮干部 1604 人、军事干部 268 人。主要负责干部人数为：区党委级 15 人、地委级 70 人、县委级 294 人。这批干部在翌年春，先后随军南下。

# 1949年

## 文登县、昆嵛县抽调干部南下

**1月** 东海地委抽调文登县、昆嵛县约80名干部于1月上旬出发南下，开辟新区工作。

## 益都集训

**1月** 由各战略区抽调的首批南下干部在山东益都县境内中共华东局党校所在的王岗村一带集训，并组成了中共华东局党校的四个部：一部由鲁中南区干部组成；二部由华东局机关的干部组成；三部由渤海区干部组成；四部由胶东区干部组成。各大队党委也相应地改为部委会。华东局领导成员张鼎丞任校长，温仰春任副校长。党校领导与各部委负责人组成学委会，在学委会统一领导下，由各部委负责管理各部的教育学习。加上在此前后各战略区的部分南下干部亦前来党校参加学习，党校全部学员已达3000名。

## 中共华东局党校开学典礼

**1月18日** 中共华东局党校在王岗村举行开学典礼。华东局及山东省党政领导饶漱石、陈毅、康生、张鼎丞、张云逸、曾山、舒同、黎玉、郭子化等亲临大会作讲话。

## 中共中央发出《关于军事形势和准备渡江南进干部的指示》

**2月3日** 中共中央发出《关于军事形势和准备渡江南进干部的指示》，要求“华东、华中调动集中及训练一万五千干部的工作，应立即动手去做，并于二月底在徐州集中待命”。

## 中共华东局党校南移临城

**2月8日** 毛泽东为中共中央军事委员会回复第二野战军、第三野战军的电报中，要求“华东局、华东军区机构立即移至徐州，同总前委和第三野战军一同工作，集中精力布置南进”。华东局随即指示中共华东局党校南移临城，并要求在此接收各战略区正在南下的15000名干部，编为华东南下干部纵队。

## 东海地区干部南下

**2月** 根据上级指示，东海地委从文登、昆嵛、荣成、乳山等7县和威海卫市共抽调802名干部，南下赴新解放区开辟工作（后荣成南下干部因青岛解放在即，被胶东区党委留下接管青岛）。

## 文登县、昆嵛县抽调第二批干部南下

**2月** 根据东海地委指示，文登县、昆嵛县分别抽调75名、71名身体健康、德才兼备的干部南下，并分别配备20名、19名勤杂人员，两县各自组成一套县、区级领导班子，于2月中旬出发南下，赴新解放区开辟工作。

## 贾汪干部会议召开

**2月中旬** 为具体部署渡江作战任务，第三野战军前敌委员会在第三野战军第七兵团驻地苏北贾汪召开师以上干部会议，学习解放区的有关政策，做好进军江南的接管准备工作。会议决定：渡江作战发起后，由第三野战军副政委谭震林、第七兵团司令员王建安率第七兵团负责接管浙江，同时决定成立中共浙江省筹（准）备委员会。

## 临城集训

**3月中旬** 从渤海、胶东、鲁中南、昌潍特区、潍坊市、济南市、华东局直属机关、华东军区抽调的大批南下干部，以及从华东局财办所属专门学校、华东大学抽调的部分干部和学生，陆续会聚临城地区，与已先期到达的第一批南下干部会合。至此，南下干部队伍15000余人，集中驻扎在临城周围的沙沟镇和微山湖一带的乡村地区。在临城，全体南下干部被统一整编为“华东南下干部纵队”，并公布了南下干部纵队大队以上军政干部名单：刘少卿任纵队司令员，温仰春任政治委员兼政治部主任，刘德胜任参谋长，方忠立任政治部副主任。华东南下干部纵队下辖四个支队：鲁中南区南下干部为第一支队，司令员汪乃贵，政治委员张雨帆；华东局直属机关南下干部为第二支队，司令员赵毓华，政治委员王尧山；渤海区南下干部为第三支队，司令员周贯五，政治委员刘格平；胶东区南下干部为第四支队，司令员廖昌金，政治委员赵明新。全体南下干部作为中共华东局党校学员，进行集中整训学习。学习的文件主要有《目前形势和我们的任务》《城市工作政策》《中共中央关于保护工商业问题的指示》《中共中央关于接收官僚资本主义企业的指示》《中共中央关于军事管制问题的指示》《华东局关于江南新区农村工作的指示》《华东局关于接管江南城市的指示》等，其中重点学习了《中共七届二中全会决议》。

## 白蒲镇集中学习

**3 月**　根据中共中央和华东局关于渡江南下接管苏南地区的指示精神，中共华中工委从两淮、盐阜和胶东地区抽调了1000余名干部，组成“南下干部总队”，到苏北地区如皋县白蒲镇集中学习。驻白蒲集中训练期间，吴江、太仓等苏南地区县委、县政府的干部配备也被确定。

## 南下准备渡江

**3 月上中旬**　胶东区南下干部所在的华东南下干部纵队第四支队提前结束学习，于 3 月中上旬离开临城南下，首先到达扬州、南通一带与苏北的南下干部会合集训，准备接管苏南。

## 抽调南下干部参加渡江作战

**3 月下旬至 4 月上旬**　为配合人民解放军渡江作战，中共中央决定从正在临城集训的华东南下干部中抽调一部分提前南下，参加渡江作战，随军筹集粮草。华东南下干部纵队渤海三支队第四大队接到命令提前结束学习，从沙沟车站乘火车顺津浦线向南经徐州、蚌埠到达合肥。经大队党委与华东局支前指挥部联系，由华东局与中共淮海战役总前委有关部门决定，四大队跟随第三野战军第九兵团第二十七军和第二十五军过江，并拟定了各中队对军方案。同时兵团部还派出代表协理大队行军及供给事宜。

## 华东南下干部纵队向长江挺进

**3月底4月初** 除已经先期出发、随军筹粮的南下干部外，华东南下干部纵队领导机关、各支队领导机关及其所属大队共1万多名南下干部，统一由刘少卿和温仰春带队从临城南下，向长江边挺进。

## 华东局发出《关于接管江南城市的指示》

**4月1日** 华东局发出《关于接管江南城市的指示》，指出对新收复的人口在5万以上的城市或工业区，均应实行一个时期的军事管制制度，一切部队干部及接收人员必须坚决遵守入城纪律等。该指示规定：我军进入城市“必须全心全意地依靠工人阶级，团结其他劳动群众，争取知识分子，争取尽可能多的能够同我们合作的民族资产阶级及其代表人物站在我们方面，或者使他们保持中立，以便向帝国主义、国民党、官僚资产阶级作坚决斗争，一步一步地战胜这些敌人”。该指示确定接管的方针是“按照系统，整套接收，调查研究，逐渐改造”，并规定了11项具体政策。

## 华东局发出《关于我军南进与各游击区会师的工作指示（草案）》

**4月1日** 华东局发出《关于我军南进与各游击区会师的工作指示（草案）》，指出双方会师“是关系我党我军与南方老苏区老游击区广大人民的政治联系的根本政策问题，是关系我党我军在解放南方各省时的统一政策统一行动的重大关节问题”，“我人民解放军主力部队的党，自己站在领导地位，尤应以自我批评的态度，主动的去团结当地党和当地同志，从军事会师，进到思想会师，以至政策会师，对于团结全党去完成解放南方各省的任务，是有其决定意义的”。该草案还提出了会师时应该注意的3项问题。

## “吴江县人民政府印”启用

**4月19日** “吴江县人民政府印”正式启用。

## 太仓县领导名单公布

**4月19日** 中共苏州地委公布太仓县委、县政府领导成员名单和工作机构。同时公布了城区、沙溪、浏河、浮桥、双凤、璜泾6个区委、区政府领导名单。

### 八圩港渡江

**4月20日** 国民党政府拒绝在和平协定上签字，国共和谈破裂。晚12点，中国人民解放军自江苏省靖江县八圩港渡江。

### 渡江战役打响

**4月21日** 毛泽东、朱德发布向全国进军的命令，人民解放军发起渡江战役，向国民党长江防线发起进攻。

### 登陆长江南岸

**4月22日** 中国人民解放军成功登陆长江南岸。

### 进军苏州

**4月26日** 中国人民解放军第十兵团第二十九军奉命向苏州进军，黄昏时先头部队进抵苏州外围。同日，苏南行政公署宣告成立。

### 苏州解放

**4月27日** 接管苏州的南下干部总队千余名干部和人民解放军一起进入苏州，苏州城解放。

### 划定苏州行政区

**4月27日** 苏南行政公署发布训令：决定划苏州市及吴县、常熟、昆山、吴江、太仓五县为苏州行政区。

### 接管吴江的南下干部抵达苏州

**4月27日** 下午，接管吴江的南下干部在县委书记鲁琦和县长杨明带领下由浒墅关抵达苏州。在苏期间，鲁琦等负责同志听取了中共苏锡常工委书记周克和中共苏州工委书记张云曾介绍的吴江县地下党组织的情况。当天晚上，文登南下干部奔赴苏州吴江县。

### 吴江县城解放

**4月29日** 中国人民解放军第三野战军第十兵团二十九军八十七师二六〇团进驻吴江县城松陵镇。鲁琦率领苏州地委第一大队第二中队干部到达吴江，与吴江的地下党会师。同日，吴江县城解放。

**苏州市军管会成立**

**4月30日** 中国人民解放军苏州市军事管制委员会（简称苏州市军管会）成立，韦国清、叶飞、陈庆生、刘培善、朱绍清、陈美藻、宋季文、宫维桢、许亚、李幹成、惠浴宇、林修德12人为委员，韦国清任主任。

**苏州地委、苏州专署成立**

**4月30日** 中共苏州地方委员会（简称苏州地委）成立，下辖常熟县委、昆山县委、太仓县委、吴江县委、吴县县委及太湖工委，宫维桢任书记。同日，苏州行政区专员公署（简称苏州专署）成立，李幹成任专员。

**苏州市委、市人民政府成立**

**4月30日** 中共苏州市委员会成立，惠浴宇任书记。苏州市人民政府成立，惠浴宇兼任市长。

**接管太仓的南下干部抵达常熟**

**4月30日** 当晚，接管太仓的昆嵛县南下干部抵达常熟支塘。中共苏州地委副书记许亚、中共苏州地委副书记兼常熟市军事管制委员会副主任孙加诺介绍了太仓境内国民党军队企图负隅顽抗等情况，指示接管干部在常熟县城休整待命。

**苏南行政公署分配筹粮支前任务**

**4月** 为保证上海战役和大军南下的支前工作，以及稳定市场，苏南行政公署分配行政区筹粮任务为2500万公斤，确定负担原则为“负担能力强的多负担，负担能力弱的少负担，没有负担能力的不负担”。到5月上旬实际完成筹粮2550万公斤。

**吴江县庆祝解放大会**

**5月1日** 吴江县城召开各界人民庆祝解放大会，晚上举行了大游行。

### 李成吾与南下干部会师

**5月1日** 嘉太工委副书记李成吾到达太仓北部迎接人民解放军，与南下的太仓县委、县政府在支塘会师，后经常熟支塘镇到达太仓县沙溪镇，等待太仓解放。

### 接管吴江旧政权

**5月2日** 吴江县人民政府开始接管国民党党政军机构及金融机构。

### 吴江“政字第一号”布告发布

**5月3日** 吴江县人民政府颁发了“政字第一号”布告。

### 中共中央批示华东局《关于我军南进与各游击区会师的工作指示（草案）》

**5月4日** 中共中央对华东局《关于我军南进与各游击区会师的工作指示（草案）》（简称《工作指示》）作出批示，指出《工作指示》写得很好，中央完全同意。同时还强调，要“特别注意教育野战军的与随军南下的干部，认识到游击区的党与游击部队的缺点，最主要的原因是由于他们长期在敌后作战，得不到中央经常具体的领导，中央的许多文件也很少看到，学习的机会也少等等。这样来看问题是合乎事实的，也能使游击区的党与游击部队的干部更愉快地自觉地检讨其自己的缺点；另一方面，也就能使野战军的与随军南下的干部对当地坚持游击战争的干部少作求全的责备，这样就有助于双方的团结。这是一个外来与本地的关系问题，也是野战军与南下干部如何与当地群众结合的问题。从接触的一开始，特别是外来干部就必须自觉地深刻注意这一点”。

### 吴江解放

**5月5日** 吴江县全境解放。

### 发动群众解放太仓

**5月上旬** 人民解放军先后解放璜泾、沙溪、双凤、浮桥等地区，太仓县委、县政府进驻印溪镇办公。区、乡（镇）干部按分工奔赴已解放地区开展工作，宣传党的政策，召开各界人士会议，收缴自卫队武器，发动群众支援前线，配合人民解放军解放太仓县城。

### 太仓解放

**5月12日** 晚8时左右，人民解放军向太仓县城国民党守军发起进攻。深夜11点，人民解放军全歼国民党守军两个团，太仓解放。

### 太仓县人民政府成立

**5月13日** 太仓县委、县政府进驻县城，县长浦太福发布告示，宣告太仓县人民政府正式成立。

### 庆祝苏州解放

**5月13日** 苏州市军管会公告全市放假一天，庆祝苏州解放。当天下午，数万名工人、学生、市民和各界人士在金门外张家花园冒雨举行盛大集会，会后进行火炬游行。

### 吴江县学校秩序恢复

**5月15日** 吴江县政府发布“教字第一号”通令：“除反动的训导制度及国民党党义、公民、军训等反动课程应即取消外，原有组织编制与课程可仍暂维原状，照常上课。”中小学校的校长、教师维持原状。学校工作很快恢复了秩序，正常地向前发展。

### 吴江县建立八大区

**5月16日** 吴江县建立城厢区、芦墟区、黎里区、同里区、平望区、盛泽区、震泽区、严墓区8个区政权，任命了各区委书记、区长。

### 接管吴江县国民党乡镇公所

**5月17日** 吴江县委、县政府开始接管国民党乡镇公所。

### 吴江县确定货币标准

**5月中旬** 吴江县军管会发出通令，明确人民币为唯一合法货币，国民党政府发行的金圆券为非法货币。

### 接管太仓旧政权

**5月23日**　太仓县委、县政府接管国民党县级党政机关、学校和企业的工作全面展开。

### 苏州专署接收各级政权

**5月24日**　苏州行政区专员公署所辖常熟、吴县、吴江、昆山、太仓五县，共有人口2607186名。解放后，按照“各按系统，原封不动，由上而下，分头接收”的方法进行接收，县、区、乡各级人民政权先后建立，社会秩序逐步稳定，人民政权法令初步推行，接收工作大致告一段落。

### 接管太仓公医院

**5月27日**　太仓县政府接管太仓公医院。

### 苏州地委机关学习城乡政策

**5月28日**　苏州地委宣传部发出通知，号召各机关加强学习，提高干部思想政策水平。学习内容城市应以《中国人民解放军布告》为主，结合学习其他有关城市政策；农村除学习“约法八章”外，还应学习江南新区农村工作参考材料。

### 吴江县新华书店成立

**5月29日**　吴江县新华书店成立，配备专职工作人员，后逐步在盛泽等地设立门市部。

### 吴江县第一个公营企业成立

**5月底至6月中旬**　为应对第一次物价上涨危机，吴江县在同里镇设立苏南建中贸易公司吴江办事处，成为全县第一个公营企业。

### 苏州地区统一地下党组织

**5月**　苏州行政区地下党有1000余名党员，常熟550人，吴江160余人，昆山100余人，吴县70余人，太仓20余人，市区200余人。各县、市均按事先布置，进行公开党组织与秘密党组织的会师。会师后对地下党一部分同志分配了工作，一部分留在原处以便密切联系群众，从而统一了组织。

### 苏州地区支前工作

**5月** 苏州修竣苏锡、苏昆、昆太、锡常、常太、太浏、苏嘉、湖苏等公路，修复桥梁56座；组织轮船50只、拖船58只、帆船约1200只供运输粮、弹、药、人员之用；苏州市及吴县、吴江、常熟完成借粮任务3400万公斤，其中供应支前640万公斤。

### 吴江县支前工作

**5月** 为支援上海战役，吴江县委、县政府成立县支援前线办事处，组织全县人民开展修桥筑路、借粮献粮工作。

### 太仓县筹粮支前工作队成立

**5月** 根据苏州军分区支前司令部的征粮指令，太仓县委建立筹粮工作队，太仓县政府成立支前科，负责筹集粮草支援前线的工作。

### 吴江县发布肃清土匪7条指示

**6月6日** 吴江县委发出关于肃清土匪的7条指示，指出党政军目前最重要的任务之一就是迅速肃清散兵股匪，迅速建立发展县、区武装，迅速安定秩序，以利建设工作的顺利进行。

### 接管苏州

**6月7日** 苏州市军管会暨市政府对在苏州原国民党政府各级机构、官僚资本所经营的银行、工厂、公共事业等的接管工作初步结束，进入审查处理阶段。被接管的主要单位有：江苏省政府一部分，第二行政区督察专员公署，吴县县政府，江苏省高等法院，中央银行、中国银行、交通银行在苏州的分行及国民党地方政府所属银行，苏州面粉厂，太湖煤矿公司，中国蚕丝公司苏州分公司第一实验厂，国立河南大学、国立社会教育学院等公立中等专科以上学校30余所和小学60余所，以及国民党江苏省党部机关报《苏报》、江苏省立图书馆、吴县县立图书馆、中国文化服务社等机构。

### 中国人民银行苏州支行营业

**6月11日** 中国人民银行苏州支行开始营业并举行座谈会。苏州市长惠浴宇在会上讲话，指出当前物价飞涨、金融混乱的原因主要是少数奸商进行银圆投机所致，希望各县协助稳定金融，并警告投机商立即悔悟。

### 《华东区金银管理暂行办法》实行

**6月13日** 苏州市军管会宣布实行《华东区金银管理暂行办法》，禁止银圆在市场上流通，并对全市金银实行严格管理。该办法发布后，苏州市及各县进行了银圆贩子登记，又组织了一批粮食、布匹投放市场，打击了投机商，平稳了物价。

### 太仓县收兑银圆

**6月16日** 中国人民银行太仓办事处挂牌收兑银圆。

### 苏州地委开展建党工作

**6月29日** 根据中共中央关于"要谨慎、宁少勿滥"的建党方针及苏南区党委组织工作会议精神，苏州地委从具体情况出发，决定6月至8月开展建党工作，主要是整理、巩固现有组织，并通过群众运动，发现积极分子，加以培养教育。

### 苏州专署抢修江堤

**6月30日** 苏州专署派员赴江阴至浏河全长88公里江堤勘察，发现从北新闸至浒浦14公里的江堤被国民党军队挖成交通壕，其中有散兵坑295个、机枪掩体18处、碉堡及炮兵阵地15个，全段有38处需要修复。经苏南行政公署批准，拨米1000石，抢修江堤险段。

### 太仓县新华书店开业

**6月** 新华书店太仓县支店开张营业。

### 《关于防汛工作的紧急指示》发布

**7月10日** 苏州地委、专署发出《关于防汛工作的紧急指示》，指出6、7月间正临大汛，加上阴雨连绵，长江水位陡涨，已超过去年夏秋间的最高水位，还将继续高涨。太仓、常熟江堤年久失修，虽经抢修，但尚未巩固。太湖、阳澄湖等地，地势低洼，连日阴雨。根据以上情况，防汛工作已属刻不容缓。该指示要求各级党政军负责人，必须将防汛工作列为当前最主要任务。

## 太湖剿匪工作部署

**7月10日** 中共苏南区委、苏南行政公署、苏南军区决定成立太湖区剿匪委员会，同时设立太湖剿匪指挥部，统一指挥苏州、常州、湖州三地的剿匪武装，对太湖土匪进行全面清剿。13日，剿匪指挥部召开第一次会议，部署剿匪工作。

## 太仓县防汛抢险委员会和防汛总队成立

**7月13日** 为应对7月水灾对农业生产的破坏，太仓县委、县政府成立县防汛抢险委员会和防汛总队，沿江各区成立防汛大队，各乡成立防汛中队，开展抢险救灾工作。

## 苏州行政区防汛救灾委员会成立

**7月13日** 苏州行政区防汛救灾委员会成立，李干成任主任委员。

## 苏州专署部署夏季征粮工作

**7月18日** 苏州专署发出关于夏季征粮工作中组织领导的指示，自县至乡各级均成立夏季征粮委员会；各乡征委会在所在地选择3～5个中心保设立征收处；以各县委书记、县长、民运部部长、民政科科长、粮食局局长为征委会成员，并吸收地方公正人士1～2人作为顾问；区以区委书记、区长、民运科科长、区粮库主任、粮政股股长等，并吸收进步人士1人、有声望的农民2人、军属1人组成；乡以指导员、乡长、工作组组长、农民积极分子、进步人士、军属等7～11人组成。

## 太仓县委农会筹备处成立

**7月21日** 太仓县委农会筹备处成立，县委副书记王一峰任主任。

## 苏州地委组织干部奔赴各县开展工作

**7月23日** 苏州地委组织党政机关干部、各种训练班的干部和学员500多人，分赴吴县、太仓等县，深入农村积极开展抢险救灾、恢复生产、剿匪肃特等工作，广泛发动组织群众，克服困难。

### 苏州地区组织干部抗击台风灾情

**7月26日** 因台风暴雨袭击苏州，长江、太湖水位陡涨，多处圩堤决口，210万亩农田受淹，3万多间民房倒塌，3000多人溺亡，5万多人受灾，成为苏州百年未见的灾害。苏州地委和苏州行政区、市防汛救灾委员会分别发出紧急指示并召开会议，要求各级党委、政府和部队，发扬与人民群众同生死共患难的精神，投入到抢险救灾中去。

### 太仓县打击涨价风波

**7月** 太仓县公安局会同工商、银行等部门破获金银贩卖案件16起，缴获银圆14523枚，打击了银圆贩子的嚣张气焰。第一次涨价风波得以抑制，对于解放初期人民币迅速占领市场，建立社会新秩序起到了重要作用。

### 太仓县部署夏季征粮工作

**7月** 太仓县委、县政府制定公布《夏季征收公粮公草实施细则》，召开区委书记会议部署夏季征收工作。

### 吴江县取缔银圆市场

**7月** 吴江县委、县政府根据中共中央关于打击银圆投机交易，使人民币占领金融市场的指示，以及华东军区发布的金银管理暂行办法，坚决取缔银圆市场，禁止银圆交易。

### 吴江县开展台风抢险救灾

**7月** 吴江县开展台风洪涝抢险救灾工作。

### 太仓县第一次职工代表大会召开

**8月7日至9日** 太仓县第一次职工代表大会在印溪镇召开。47名代表分别来自纺织、粮、棉、油加工、电讯、建筑、搬运等各个行业，代表全县25个基层工会组织、3419名工会会员、8350名职工。大会选举产生了县总工会筹备委员会，县委代理书记李铭堂兼任主任。

### 苏州地委发出夏征工作指示

**8月9日** 苏州地委书记宫维桢就夏征工作作出两点指示。一是处理好夏征和救灾的关系：重灾区应把工作重点放在抢救上，夏征势必减、缓、免，但在情况未搞清之前，先缓实行；轻灾区抢救工作进行到现在，应把工作重点放在夏征上来；无灾区则应突击进行夏征。二是对如何搞好夏征工作，提出四点意见：加强宣传教育工作；发动党员、积极分子带头，明告保甲长首先缴粮，以此推动群众缴粮；开展群众性的缴粮竞赛；对大体完成任务的保甲单位进行总结表扬。

### 抽调干部南下福建、川黔

**8 月 15 日** 根据苏南区党委通知，苏州行政区抽调 37 名干部去福建工作。不久，又抽调 36 名干部去川黔工作。

### 苏州军分区剿匪工作会议召开

**8 月 25 日至 28 日** 苏州军分区召开剿匪工作会议，机关干部和各县剿匪部队 400 余人参加会议。苏州军分区司令员王治平传达华东军区剿匪工作指示和方针。截至 8 月上旬的 3 个月中，共俘匪 1517 名，缴获炮 4 门、各种枪支 1751 支、各种枪弹 10 万余发、炮弹 192 发、手榴弹 283 枚及其他军用品。

### 太仓县放贷稳物价

**8 月** 为应对第二次物价上涨，太仓县委、县政府发放贷款，扶持农民和有利于国计民生的纺织工业，帮助他们恢复和发展生产，增加市场物资供应，使物价逐渐趋于平稳。

### 太仓县第一个国营商业企业成立

**8 月** 太仓县第一个国营商业企业——苏南建中贸易公司苏州分公司太仓县贸易支公司在印溪镇建立，太仓县开始对市场部分商品直接进行供求调节，引导和稳定市场。

### 中国新民主主义青年团吴江县工作委员会建立

**8 月** 中国新民主主义青年团吴江县工作委员会建立。

### 苏州行政区夏季征粮征草工作完成

**9 月 4 日** 苏州行政区夏季征粮征草工作顺利结束，行政区合计征粮 3723

万公斤，完成应征数的 97.7%。

**组建苏州市各界人民代表会议筹备会**

**9 月 15 日** 根据苏南区党委发出的《关于召开各界人民代表大会的指示》，苏州市政府邀请各界人士组成苏州市各界人民代表会议筹备会，市长王东年在会上说明代表会议的性质及职能。王东年指出，在当前情况下，这是人民政府联系群众的最好形式。筹备会由 17 人组成，王东年任主任委员。

**太仓县全面剿匪肃特**

**9 月 16 日** 根据华东局《关于开展剿匪肃特斗争的指示》精神，太仓县委召开区、乡干部扩大会议，决定全面开展剿匪肃特工作。

**吴江县临时农民代表大会召开**

**9 月 27 日至 30 日** 吴江县委、县政府召开吴江县临时农民代表大会，通过了组织农民协会的决议。

**太仓县筹备各界人民代表会议**

**9 月** 太仓县委根据苏南区党委部署，着手筹备召开各界人民代表会议，建立各界人民代表会议制度。

**太仓县人民教育馆建立**

**9 月** 太仓县政府接管县（城中）民众教育馆，建立县人民教育馆，后改名人民文化馆。

**太仓县第一次农民代表大会召开**

**10 月 6 日至 8 日** 太仓县第一次农民代表大会在城厢镇召开。

**吴江县第一届各界人民代表会议第一次会议召开**

**10 月 8 日至 10 日** 吴江县第一届各界人民代表会议第一次会议召开。

**太仓县第一届各界人民代表会议第一次会议召开**

**10 月 8 日至 12 日** 太仓县第一届各界人民代表会议第一次会议在城厢镇

召开，会上把剿匪肃特工作列为全县重点工作之一。

### 吴江县成立总工会筹备委员会

**10 月 17 日** 吴江县召开临时职工代表会议，选举产生县总工会筹备委员会。

### 中国新民主主义青年团苏南区太仓县工作委员会成立

**10 月** 中国新民主主义青年团苏南区太仓县工作委员会成立，确定“由重点建团到普遍建立支部，而后一面发展一面巩固”的建团工作方针，全面开展组织发展工作。

### 吴江县筹建中国少年儿童队

**10 月** 团吴江县工委着手筹建县中国少年儿童队组织，选定松陵中心小学进行试点。

### 太仓县工商业联合会筹备委员会成立

**10 月** 太仓县工商业联合会筹备委员会成立。

### 太仓县开展扫盲工作

**10 月** 太仓县教育主管部门借鉴老解放区做法，采取冬学和农村俱乐部等形式，开展民众教育。璜泾区王典等创办农村民校和农村俱乐部，举办民教班，开展“扫盲”工作。

### 吴江县各镇工商联合会筹备委员会成立

**10 月** 吴江县各镇旧商会开始改组，城区、横扇、盛泽、震泽、黎里、平望、同里、芦墟、严墓、八坼、北厍镇先后成立了工商联合会筹备委员会。

### 苏州各县农会组织防匪小组

**11 月** 常熟、吴江、太仓、吴县等地农会，在“防匪剿匪肃特，保卫秋收秋种”的号召下，领导群众普遍组织防匪小组，进一步开展治安工作。

### 吴江县成立禁政委员会

**11 月**　吴江县在各区成立禁政委员会，查禁鸦片等毒品以及卖淫嫖娼等腐败现象。

### 苏州地委废除保甲制度

**12 月 20 日**　苏州地委提出全面废除保甲制度，划小区乡，以乡为基层政权组织。明确大县 3000 ~ 6000 人为一乡，小县 3000 人以下为一乡，同时注意到自然地理地形、人民居住风俗习惯和群众基础等因素。乡行政委员会下设财粮委员会、生产委员会、治安武装委员会、调解委员会、优恤委员会等。以自然村建立行政小组，一般以 40 ~ 60 户为一单位。到 1950 年春季，保甲制度全部废除。除少数区、乡（镇）尚未进行民主改造外，已有 55 个区、719 个乡（镇）建立了人民政权。群众组织方面，县、区、乡的机构已成立，农会拥有会员 70 余万人，人民自卫队、民兵共约 15 万人，青年团员约 1.5 万人。

### 苏州地委发出减租工作指示

**12 月 31 日**　苏州地委发出通知，根据华东局和苏南区党委指示精神，1950 年 1 月至 2 月的工作以开展减租运动为中心，结合生产救灾和反霸斗争。要求各级党委在思想上明确减租的宣传教育、了解情况、总结经验是开展减租运动的重要步骤。各县必须排除各种困难与障碍，做好减租工作。

### 苏州地委开展党支部公开工作

**12 月**　遵照苏南区党委组织工作会议精神，苏州地委开展党支部公开的工作。支部公开前先在党内外进行教育，使党员了解公开党支部的意义。正式宣布公开时，隆重召开支部大会，邀请群众参加，会上宣读党员名单，支部书记作支部工作总结报告。

### 吴江县开展扫盲运动

**1949 年**　吴江县教育科在城镇举办工人识字班，在农村举办农民学校，利用冬春农闲组织农民开展冬学。全县办冬学点 20 个，学员 2300 人。

# 1950年

## 《吴江县减租暂行条例实施办法》发布

**年初** 吴江县委根据华东局颁布的《华东新区农村减租减息暂行条例》和苏南行政公署颁布的《华东新区减租减息暂行条例的实施补充办法》的文件精神，制定了《吴江县减租暂行条例实施办法》，普遍进行了减租减息工作，为即将开始的土地改革打下了良好的基础。

## 吴江县彻查匪特

**年初** 吴江县委、县政府根据上级精神，作出“在夏收前彻底查清所有匪特，为秋收后进行土地改革作准备”的决定。

## 吴江县成立农民协会

**1月8日** 吴江县第二届农民代表大会第一次会议召开，吴江县农民协会正式成立。

## 苏州专署水利工作会议召开

**1月9日至11日** 苏州专署召开水利工作会议，落实苏南第一次水利工作会议确定的兴修水利工程计划，决定修建太仓、常熟境内海塘工程、桩石工程7600米，计土方工程31.5万方；低田复圩约300万方；修建常熟沙洲区沙堤工程约80万方。

## 太仓县成立太仓海塘工程处

**1月16日** 太仓县委根据苏南行政公署水利会议精神的要求，成立太仓海塘工程处，组织实施江堤加高加固工程，提高防汛能力。工程于1月22日开工至5月23日竣工，加高加固江堤36.6公里，疏浚随塘河7.96公里，修建桩石护岸工程53处计7.7公里，工程土方量32.83万立方米。

### 吴江县工商联筹备委员会成立

**1月16日** 吴江县工商业联合会筹备委员会成立大会召开，工商联筹备委员会宣告成立。3月，吴江县工商联筹备委员会正式接收旧商会。

### 吴江县废除保甲制

**1月21日** 吴江县城厢、同里、芦墟、黎里四个区废除保甲制，建立新乡政权。

### 吴江县推销公债

**1月25日** 根据政务院指示，吴江县委决定成立吴江县推销人民胜利折实公债委员会，积极推销公债。至1952年底，全县共认购公债93700份（每份约合人民币2元），超额完成3700份。发行折实公债，是在物价波动较大情况下的可行办法，对国家回笼货币，解决一部分财政开支起到了一定作用。

### 苏州地委发出土地改革准备工作指示

**1月26日** 根据中共中央关于江南新区实行土地改革的指示以及华东局、苏南区党委关于9月底前必须做好土地改革准备工作的决定，苏州地委发出指示，2月至3月农村工作以减租为中心，结合生产救灾及其他工作，充分发动群众，肃清匪患，同时搞好基本情况的调查；4月至5月重点搞好土地改革实验，并在实验基础上拟定全面方案；7月至10月重点搞好土地改革干部训练。

### 太仓县推销公债

**1月** 太仓县人民胜利折实公债推销委员会成立，推销国家发行的“人民胜利折实公债”，对国家回笼货币、稳定金融物价起到了一定作用。

### 太仓县全面开展冬学运动

**1月** 太仓县冬学运动全面开展，组织群众进行识字和政治教育。全县开办冬学学校35所44班，学员2027名，其中妇女694名，学员中年龄最小的14岁，最大的45岁，文盲、半文盲共占76%。春耕开始后，冬学大部分转为民校，利用夜晚进行扫盲教学。民校经费主要由区、乡政府筹集，不足部分由学员负担。

### 太仓县成立第一个基层供销社

2月6日 太仓县第一个基层供销社——新塘供销社诞生。

### 吴江县禁烟禁毒委员会成立

2月 吴江县委、县政府成立禁烟禁毒委员会，加大禁烟禁毒力度。

### 吴江县复圩工程开工

2月 根据苏南水利工作会议精神，吴江县复圩工程开工。县政府成立水利工程处，由县长杨明兼任工程处主任。城厢、大庙两区合并成立太湖生产救灾委员会，具体负责生产救灾和工赈修圩。

### 太仓县剿匪肃特工作全面开展

3月 太仓县第一届各界人民代表会议第二次会议作出了《关于加强剿匪肃特维护地方治安的决议》。太仓县委先后下发《关于加强剿匪肃特斗争的指示》《关于当前工作执行中几个问题的意见》等文件，对剿匪肃特工作作了具体部署。剿匪肃特工作全面开展。

### 太仓县第一个农村俱乐部建立

3月 太仓县岳王区新建乡建立了全县第一个农村俱乐部。

### 吴江县开展统一财政经济工作

3月 政务院颁布《关于统一国家财政经济工作的决定》，党中央要求各级党委必须用一切办法保障这个决定的全部实施，基本方针是将全国财经工作从分散经营过渡到统一管理。吴江县委、县政府随即着手开展统一财政收支管理、统一税收管理、统一现金管理、建立地方政教事业经费收支制度等工作。

### 苏南区太仓合作总社建立

4月1日 苏南区太仓合作总社建立。

### 苏州军分区建立

4月16日 苏南军区决定以吴县、吴江县、常熟县、昆山县、太仓县、嘉定县范围建立苏州军分区，任务是清剿匪特、警备辖区、收缴敌人武器弹药和配合地方工作。

### 吴江县民主妇女联合会筹备委员会成立

**4月** 吴江县民主妇女联合会筹备委员会成立。

### 苏州地委讨论华东局土地改革草案会议召开

**5月2日** 苏州地委召开常委会议，讨论华东局土地改革草案，并提出意见。

### 太仓县现金管理机构设置

**5月** 太仓县委、县政府根据《中央人民政府政务院关于统一国家财政经济工作的决定》精神，开始实行高度集中、统收统支的财政管理体制，全力解决财政困难。为统一财经，节约开支，太仓县设置现金管理机构，严格执行收入归库制度。机关、公营企业单位的现金，除留一定限额外，均存入银行。采取编订收支计划、推行专用支票、扩大转账结算、组织贸易回笼、开办储蓄业务、控制现金投放等措施，使金融形势日趋稳定。

### 苏南建中贸易公司苏州分公司吴江办事处撤销

**5月** 撤销苏南建中贸易公司苏州分公司吴江办事处，分设中国粮食公司吴江办事处、中国百货公司吴江支公司。

### 苏州地委颁发土地改革草案

**6月1日** 苏州地委颁发《苏州行政区在今冬明春实行土地改革的部署（草案）》，决定分三期实施土地改革。第一期为典型试点，各县分别以一个区为重点，在该区选择一个乡做典型试验，时间自8月1日到10月下旬；第二期拟完成总乡数的27%，时间从秋征结束到年底；第三期拟完成总乡数的53%，时间从1951年春节后到3月底。乡的土地改革工作具体分四个阶段：划分阶级；发动群众，斗争敢于破坏土地改革的地主，没收地主的土地；分配土地；总结经验，改选乡人民政府与农会，宣布土地改革完成。

### 吴江第一个少年儿童队组织成立

**6月25日** 吴江县松陵中心小学成立了全县第一个少年儿童队组织。

### 苏州全市禁娼

**6月26日** 苏州市政府采取统一行动在全市禁娼，并查封了全市的所有妓院。由公安、民政等六部门组成苏州市妇女生产处教委员会，对收容妓女集中进行教育改造。

### 太仓县整顿私营工商业

**6月** 根据党的七届三中全会对于合理调整城市工商业的重大决策，太仓县委、县政府着手整顿私营工商业。

### 太仓县进行土地改革试点

**8月1日** 太仓县委土地改革工作队进驻岳王区大众乡，进行土地改革试点工作。

### 太仓县开展农业税改革

**9月** 太仓县部署全县各级党组织广泛开展宣传中央人民政府《新解放区农业税暂行条例》教育活动，并根据《苏南区1950年度农业税暂行条例实施细则》要求，全面开展调查登记农业人口、田亩产量及整顿田赋工作，按农业人口每人全年平均农业收入实行全额累进计征。

### 吴江县确定营业税征收方法

**9月** 吴江县的营业税确定根据不同经济成分分别采取自报查账、民主评议、定期定额三种征收方法。

### 太仓县进行第二批土地改革试点

**10月19日** 太仓县委土地改革工作队在岳王区新建、新生、新河、方桥4个乡进行土地改革试点。

### 吴江县制订镇压反革命运动计划

**10月下旬** 吴江县委根据苏州地委传达的关于镇压反革命运动的指示精神，制定了运动计划。

### 太仓县扩大国营商业阵地

**10 月**　太仓县设中国土产公司太仓办事处、中国粮食公司太仓办事处、中国花纱布公司沙溪和浏河收花站，逐步扩展国营商业阵地。

### 苏州地委开展干部思想宣传教育

**11 月 10 日**　苏州地委发出指示，根据形势及干部的思想状况，需要在党内外开展一次时事宣传教育，对美国扩大侵略朝鲜战争应树立正确认识，消除“亲美、恐美”思想，更好地开展抗美援朝、保家卫国运动。地委对学习和宣传工作作出具体部署。

### 太仓县土地改革委员会成立

**11 月 25 日**　经苏州地委批准，太仓县委成立由王一峰为主任、袁锡志为副主任的 11 人组成的太仓县土地改革委员会，具体领导全县的土地改革运动。

### 吴江县芦墟供销合作社设立

**11 月**　1950 年 3 月，吴江县政府接收了国民党政府时期设立的吴江县供销合作社联合社。11 月，吴江县在芦墟设立供销社。东秋、汾溪两乡及芦墟镇部分社员成立解放后全县第一个合作企业——芦墟供销合作社。

### 吴江县土地改革委员会成立

**12 月 17 日**　吴江县土地改革委员会成立。

### 吴江县剿匪结束

**年底**　吴江县的剿匪斗争基本结束。

# 1951年

## 太仓县土地改革全面展开

**1月** 太仓全县进入土地改革全面开展阶段。至1月底，全县除1个镇外，其余67个乡（镇）进入土地改革全面展开阶段。

## 太仓县动员抗美援朝参军

**2月** 太仓县委根据上级党委的要求开展“抗美援朝，保家卫国”爱国参军运动，动员适龄青年报名参军。

## 吴江县拟定镇反工作计划

**3月10日** 吴江县委根据地委《三个月镇反工作指示》，拟定《三个月工作计划》，明确提出了镇压反革命的目标。

## 吴江县接收新兵委员会成立

**3月11日** 吴江县成立接收新兵委员会，县长杨明任主任。

## 吴江县召开万人公审大会

**3月23日** 吴江县召开万人公审大会，镇反运动达到高潮。

## 太仓县各级农民业余教育委员会成立

**3月** 太仓县、区、乡成立各级农民业余教育委员会，冬学学校转为常年民校，各校建立校务委员会。全县划分农民业余教育中心辅导区47个，由俱乐部组织辅导。

## 吴江县开展抗美援朝运动

**3月** 吴江县开展“抗美援朝，保家卫国”运动，全县各地纷纷开展群众性抗美援朝动员大会，举行声势浩大的游行活动。

### 吴江县第二届各界人民代表会议第二次会议召开

**4 月 24 日** 吴江县委书记鲁琦在县第二届各界人民代表会议第二次会议上，作了题为《关于在全县普及深入开展抗美援朝运动的意见》的报告。会议通过了关于在全县普及深入开展抗美援朝运动的决议案，制订了《吴江县各界人民共同爱国公约》。

### 吴江县政府船舶管理所成立

**4 月** 吴江县政府船舶管理所（交通局前身）成立，主管全县交通运输。

### 太仓、吴江县委颁发土地证

**5 月** 根据苏南区党委农村工作会议精神，对照华东局规定的五条标准，太仓、吴江县委组织力量对土地改革进行复查验收，颁发土地证。

### 太仓县民主妇女联合会筹备委员会建立

**5 月** 太仓县委决定建立县民主妇女联合会筹备委员会。

### 太仓县召开抗美援朝增产动员大会

**6 月 7 日** 太仓县委召开响应抗美援朝总会“六一号召”、完成增产捐献计划动员大会，号召全县人民开展订立爱国公约运动，以实际行动支持抗美援朝。

### 吴江县召开抗美援朝代表大会

**6 月 28 日至 30 日** 吴江县召开全县抗美援朝代表大会，发动群众大力开展爱国、增产、捐献和制订爱国公约的群众运动。

### 吴江县开展《婚姻法》宣传教育

**7 月** 中央发布检查《婚姻法》执行情况的指示，吴江县各地通过检查与处理违反《婚姻法》的典型案例，进一步开展宣传教育。

## 吴江县邮电局成立

**8月** 吴江县邮政、电信两局合并，成立邮电局。

## 吴江县业余学校成立

**8月** 吴江县县直机关成立业余学校，县长兼任校长。全县工人业余学校增至8所，农村俱乐部增至20所。

## 太仓县土地改革结束

**9月** 太仓县委开始为农民颁发土地使用证。太仓县农村土地改革运动胜利结束。

## 纺织业恢复生产

**9月** 中国花纱布公司苏州支公司在盛泽派驻人员委托电机同业公会联营处接洽加工棉布，支持纺织业恢复生产。

## 苏南区吴江县合作总社成立

**9月** 吴江县在原有联合社的基础上，成立苏南区吴江县合作总社。结束了私营商业在农村市场的垄断地位，使农民免受中间剥削。

## 吴江县土地改革结束

**10月上旬** 吴江县土地改革运动正式结束。

## 吴江广播收音站建立

**10月** 吴江县建立县广播收音站，抄收记录新闻和重要通知，供县领导参阅，并把重要新闻油印成资料。

## 吴江县第一届人民体育运动大会举行

**10月** 吴江县第一届人民体育运动大会在吴江师范举行。

## 太仓县制订冬学运动实施计划

**11月** 太仓县政府制订《太仓县一九五一年冬学运动实施计划》，实行政府领导、文教部门负责、群团组织配合的领导体制，贯彻“以民教民”的方针，教学内容以政治教育为主、识字教育为辅。

### 吴江县决定广泛开展冬学运动

**11 月** 吴江县召开县第二届各界人民代表会议第三次会议，作出了《关于开展冬学运动的决议》，指出：为适应土地改革翻身后广大农民群众提高政治文化水平的迫切要求，必须在冬春广泛地开展冬学运动。

### 太仓县妇女联合会成立

**12 月 7 日至 9 日** 太仓县第一届妇女代表大会在城厢镇召开，太仓县妇女联合会成立。

### 吴江县开展农业互助合作

**12 月 15 日** 中共中央以草案形式发布的《关于农业生产互助合作的决议》提出按自愿和互利的原则，发展农民互助合作。吴江县委遵照中共中央的决议精神，抓住时机进行宣传发动，加强对农业互助合作运动的领导。

### 太仓县委县直机关干部大会召开

**12 月 26 日** 太仓县委召开县直机关干部大会，县委副书记作题为《县直属机关精简节约、反对贪污、反对浪费、反对官僚主义》的动员报告。

### 吴江县婚姻登记办理开始

**12 月** 吴江县各区政府、盛泽镇政府开始办理婚姻登记。到 1952 年 6 月，吴江县乡镇先后开始办理结婚、离婚和复婚登记。

### 吴江县开展血吸虫病治疗

**1951 年冬** 吴江县开始普遍进行卫生教育，重点开展对血吸虫病的治疗。

### 吴江县物产购销委员会成立

**1951 年** 吴江县成立物产购销委员会，为各种土特产、工业品扩大销路。

## 太仓县妇幼保健所成立

**1951 年** 为保障妇婴生命安全，太仓县建立县妇幼保健所，开始推行新法接生。太仓县妇幼保健所联合县卫生院等医疗机构开展妇幼保健宣传，举办新法接生培训班，102 名旧接生婆学会新法接生，培训新接生员 16 人。

# 1952 年

## 吴江县委开展农业互助合作培训

**1952 年春** 吴江县委举办党员训练班，召开互助组长座谈会，广泛深入地学习、贯彻中共中央决议以及华东局《关于农业互助合作的指示》。

## 吴江县开展“三反”运动

**1 月 3 日** 吴江县委通过了“三反”运动计划。7 日，吴江县机关“三反”运动全面展开。

## 太仓县全体党员进行民主检查

**1 月 12 日** 太仓县委召开全体党员大会，县委书记李铭堂作《关于县直属机关的“三反”运动进入民主检查阶段》的动员报告，号召全体党员进行检查和坦白，并带头进行自我检查。

## 太仓县委反贪污斗争动员大会召开

**1 月 26 日** 太仓县委召开反贪污斗争动员大会，要求作好反贪污战斗的准备。

## 太仓县开展农业互助合作

**1 月** 太仓县委、县政府开始组织农业生产互助合作。

## 太仓县血吸虫病防治站成立

**1 月** 苏南太仓血吸虫病防治站成立，县长兼任站长，承担防病宣传教育、血吸虫病检查等任务。

## 太仓县开展查螺灭螺运动

**1月** 太仓县组织群众开展大规模查螺灭螺运动。

## 吴江县人民文化馆成立

**1月** 吴江县在民众教育馆的基础上，成立吴江县人民文化馆，后改称文化馆。

## 太仓县委“打虎”队成立

**2月21日** 太仓县委成立“打虎”指挥部及“打虎”队。

## 吴江县开展打“老虎”运动

**2月22日** 吴江县委作出县、区、乡“三反”和打“老虎”计划，各镇、区随即开展打“老虎”运动。

## 太仓县“打虎斗争大会”召开

**2月28日** 太仓县委召开“打虎斗争大会”。

## 太仓县防疫委员会成立

**3月** 太仓县成立县防疫委员会，负责全县防疫工作。

## 吴江县建血防工作试点

**3月** 吴江县委、县政府组织防治人员30余人，深入疫区，到城厢区浦东乡开始第一个血防工作试点。

## 吴江县推广互助合作

**4月9日至10日** 吴江县召开首届互助组代表会议，表彰互助合作运动中的模范人物，鼓励推广互助合作运动。

## 太仓县一届二次互助组代表会议召开

**4月12日** 太仓县召开第一届互助组代表会议第二次会议，进一步动员和部署开展爱国增产竞赛运动。

### 吴江县被列为肃毒工作县

**4 月 15 日** 中共中央作出《关于肃清毒品流行的指示》，吴江县被列为第二批进行肃毒工作的县。

### 吴江县防疫委员会成立

**4 月** 吴江县成立了防疫委员会，同年更名为爱国卫生运动委员会，领导全县人民开展爱国卫生运动。

### 吴江县“三反”运动进行定案追赃

**4 月** 吴江县“三反”运动进入定案追赃阶段。

### 吴江县纠正打“老虎”运动偏差

**5 月 24 日** 吴江县对打“老虎”运动进行复核审定，对发生的偏差进行纠正。

### 吴江县“三反”运动结束

**6 月 8 日** 吴江县“三反”运动结束。

### 吴江县肃毒委员会成立

**6 月 13 日** 吴江县委、县政府召开会议，传达苏南政法会议精神，听取各镇关于毒贩活动情况的汇报。公安、法院、宣传部、民政科、卫生院等部门组成肃毒委员会，公安局局长任委员会主任。

### 太仓县“三反”运动基本结束

**6 月** 太仓县委成立“三反”委员会，进行最后的审定及复核工作。“三反”运动基本结束。

### 吴江县开展肃毒工作

**8 月** 11 日，吴江县公安局将肃毒计划向苏南行政公署公安局进行详细汇报并得到批准。17 日，县委召开盛泽、芦墟两镇肃毒工作干部会议，传达上级指示，先以盛泽、芦墟为重点，主攻震泽、松陵、同里的 4 个大毒贩专案，再向全县扩展。21 日，吴江县一举摧毁 2 个大贩毒集团，逮捕毒贩 13 人。不久之后，吴江县又逮捕了5名毒贩，集训2名毒贩。经宣传发动、检举揭发、坦白交代、自首登记，共查明毒贩32人，缴获烟土1钱、烟水半瓶、烟枪1支、戥子4个。

**太仓县组织签订爱国增产捐献合同**

**8月14日** 太仓县总工会组织工厂企业劳资双方签订爱国增产捐献合同，把增加收入的一部分或者全部捐献出来支援志愿军。

**太仓县全面禁烟毒赌**

**8月** 太仓县委、县政府全面开展禁查烟毒和禁赌专项行动。

**吴江县政府卫生科成立**

**9月** 吴江县政府成立卫生科，是吴江历史上第一个专门从事卫生行政管理工作的政府职能机构。

**太仓县剿匪肃特胜利**

**10月** 在太仓县委的统一领导下，历时三年的剿匪肃特工作取得了胜利。

**吴江县公费医疗预防实施委员会成立**

**11月** 吴江县公费医疗预防实施委员会成立，制订《吴江县公费医疗预防暂行实施办法》。

**吴江县动员抗美援朝爱国参军**

**12月29日** 根据上级指示，吴江县再一次动员和部署开展抗美援朝爱国参军运动。全县又有17495人报名参军，送兵610人。

# 第五部分 档案资料

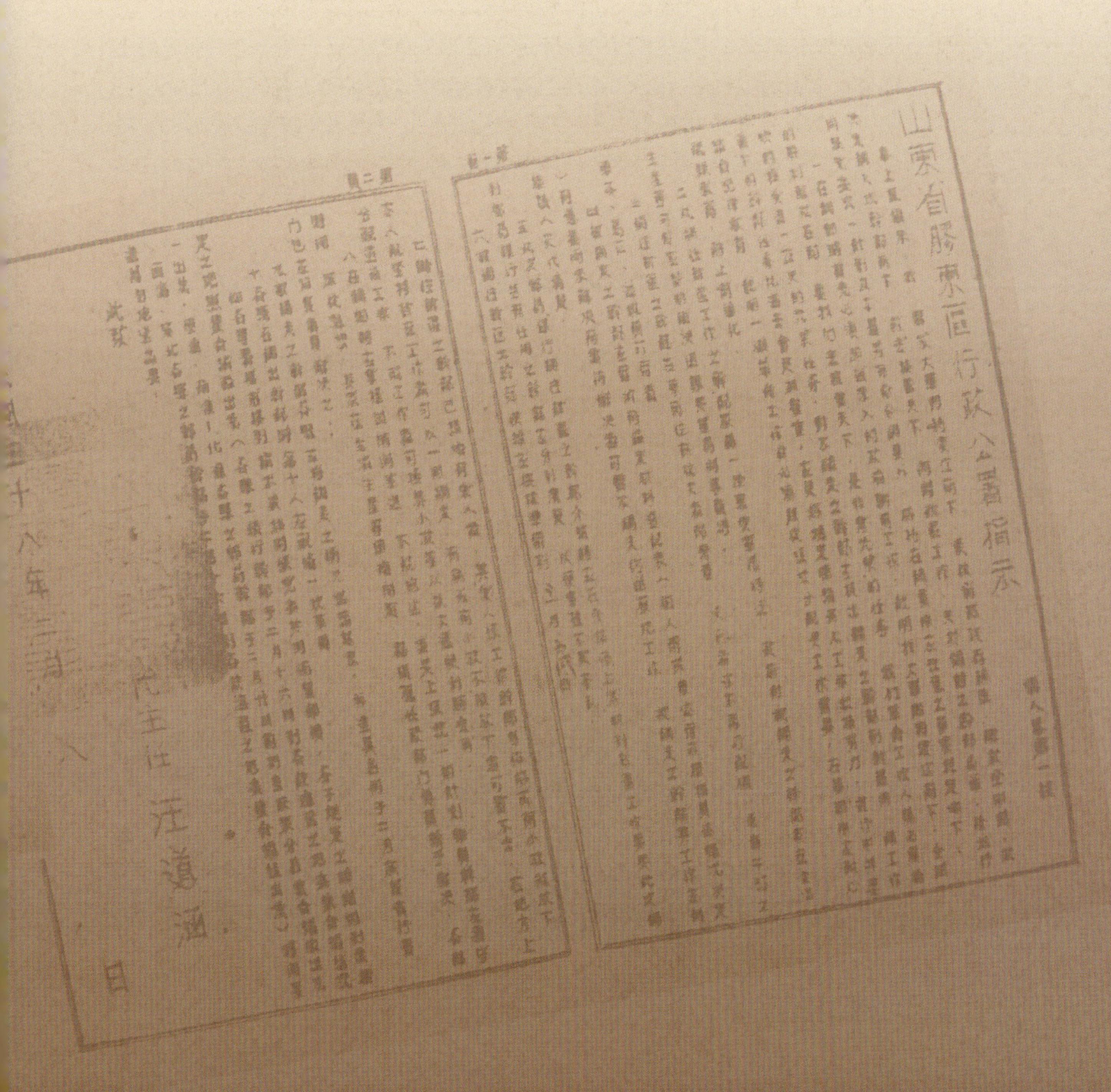

# 中共中央关于九月会议的通知

（一九四八年十月十日）

（一）一九四八年九月，中央召开了一次政治局会议，到会政治局委员七人，有中央委员和候补中央委员十四人、重要工作人员十人参加，其中有华北、华东、中原、西北的党和军队的主要负责同志。这是从日本投降以来到会人数最多的一次中央会议。会议检查了过去时期的工作，规定了今后时期的工作任务。

（二）一九四五年四月党的第七次全国代表大会以后，中央委员会和全党领导骨干，表现了比较抗日时期更为良好的团结。这种团结，使得我党能够应付日本投降以后整三年内国际国内所发生的许多重大事变，并在这些事变中使中国革命向前推进了一大步，摧毁了美帝国主义在中国广大人民中的政治影响，抵抗了国民党的再一次叛变，打退了它的军事进攻，使人民解放军由防御转到了进攻。

在一九四六年七月至一九四八年六月的两年作战中，人民解放军歼敌二百六十四万人，其中俘敌一百六十三万人。两年主要缴获，计有步枪近九十万支，重轻机枪六万四千余挺，小炮八千余门，步兵炮五千余门，山野重炮一千一百余门。两年中人民解放军由一百二十余万人增加到了二百八十万人。其中正规军由一百一十八个旅增加到了一百七十六个旅，正规军人数由六十一万增加到了一百四十九万。解放区现有面积二百三十五万平方公里，占全国面积九百五十九万七千平方公里的百分之二十四点五；现已有人口一亿六千八百万，占全国人口四亿七千五百万的百分之三十五点三；现有县城以上大中小城市五百八十六座，占全国城市二千零九座的百分之二十九。

由于我党坚决领导农民实现了土地制度的改革，现已在大约一万万人口的区域彻底解决了土地问题，地主阶级和旧式富农的土地大致平均地分配给了农村人民，首先是贫雇农。

我党党员由一九四五年五月的一百二十一万，增加到了现在的三百万（我党党员一九二七年国民党叛变以前为五万人，一九二七年国民党叛变以后降为大约一万人左右，一九三四年因土地革命顺利发展升至三十万人，一九三七年因南方革命失败降为大约四万人左右，一九四五年因抗日战争顺利发展增至一百二十一万人，现在因反蒋战争和土地革命顺利发展又增至三百万人）。党在最近一年内，一方面基本上克服了并正在继续克服着党内在某种程度上存在着的成分不纯（地主富农分子）、思想不纯（地主富农思想）和作风不纯（官僚主义和命令主义）的不良现象，另一方面又克服了和正在继续克服着跟着大规模发动农民群众解决土地问题的斗争而产生的，部分地但是相当多地侵犯了中农，破坏了某些私人工商业，以及某些地方越出了镇压反革命的某些政策界限等项“左”的错误。经过过去三年、特别是最近一年的伟大的激烈的革命斗争，和对于自己错误的认真的纠正，全党的政治成熟程度是大进一步了。

党在国民党区域的工作，有了很大的成绩，这表现在各大城市中争取了广大的工人、学生、教员、教授、文化人、市民和民族资本家站在我党方面，争取了一切民主党派、人民团体站在我党方面，抗拒了国民党的压迫，使国民党完全陷于孤立。在南方几个大区域内（闽粤赣边区，湘粤赣边区，粤桂边区，桂滇边区，云南南部，皖浙赣边区和浙江东部南部）建立了游击战争根据地，使这些地区的游击部队发展到了三万余人。

两年内，特别是最近一年内，在人民解放军中，实行了有秩序的、有领导的、由全体战斗员和指挥员一起参加的民主运动，开展了自我批评，克服了和正在继续克服着军队中的官僚主义，恢复了在一九二七年至一九三二年期间曾经实行有效、而在后来被取消了的军队中的各级党委制和连队中的战士委员会制，这样就使军队指战员的政治积极性和自觉性大为提高，战斗力和纪律性大为增强，溶化了大约八十万左右从国民党军队来的俘虏兵，使他们变为解放战士，掉转枪口打国民党。两年内，从解放区动员了大约一百六十万左右分得了土地的农民参加人民解放军。

我们现在已经有了相当多的铁路、矿山和工业，我党正在大规模地学习管理工业和做生意。两年内，我们的军事工业，有了相当大的增长。但是还不足以应付战争的需要。我们缺乏若干重要的原料和机器，我们基本上还不能炼钢。

我们已在华北四千四百万人口的区域建立了统一的党和党外民主人士合作的人民政府，并决定由这个政府将华北、华东（有人口四千三百万）和西北（有人口七百万）三区的经济、财政、贸易、金融、交通和军事工业的领导和管理工作统一起来，以利支援前线，并且准备在不久的将来，将东北和中原两区的上述工作也统一起来。

（三）中央会议，根据过去两年作战的成绩和整个敌我形势，认为建设五百万人民解放军，在大约五年左右的时间内（从一九四六年七月算起）歼敌正规军共五百个旅（师）左右（平均每年一百个旅左右），歼敌正规军、非正规军和特种部队共七百五十万人左右（平均每年一百五十万人左右），从根本上打倒国民党的反动统治，是有充分可能性的。

国民党的军事力量，在一九四六年七月为四百三十万人，两年被歼和逃亡三百零九万人，补充二百四十四万人，现有三百六十五万人。估计今后三年尚能补充三百万人，今后三年被歼和逃亡可能达到四百五十万人左右。这样，五年作战结果，国民党的军事力量可能只剩下二百万人左右了。我军现有二百八十万人，今后三年准备收容俘虏参加我军一百七十万人（以占俘虏全数百分之六十计算），动员农民参军二百万人，除去消耗，五年作战结果，我军可能接近五百万人。如果五年作战出现了这样的结果，就可以说国民党的反动统治已经从根本上被我们打倒了。

为了实现这一任务，必须每年歼敌正规军一百个旅（师）左右，五年共歼敌正规军五百个旅（师）左右。这是解决一切问题的关键。我们第一年歼敌正规军折合成九十七个旅（师），第二年歼敌正规军折合成九十四个旅（师），根据这一情形看来，这样的目标是可能达到并且可能超过的。国民党现有全部军事力量三百六十五万人中的百分之七十是在第一线（长江和巴山山脉之线以北，兰州和贺兰山脉之线以东，承德和长春之线以南），在其后方者（包括长江和巴山山脉之线以南，兰州和贺兰山脉之线以西）仅有大约百分之三十。国民党现有全部正规军二百八十五个旅，一百九十八万人，其中在第一线者二百四十九个旅，一百七十四万二千人（北线九十九个旅，六十九万四千人，南线一百五十个旅，一百零四万八千人），在其后方者，仅有三十六个旅，二十三万八千人，并且大部分是新建立的部队，缺乏战斗力。因此中央决定人民解放军第三年仍然全部在长江以北和华北、东北作战。为着执行歼敌任务，除有计划地谨慎地从解放区动员人民参军外，必须大量利用俘虏。

（四）由于我党我军在过去长时期内是处于被敌人分割的、游击战争的并且是农村的环境之下，我们曾经允许各地方党的和军事的领导机关保持着很大的自治权，这一种情况，曾经使得各地方的党组织和军队发挥了他们的自动性和积极性，渡过了长期的严重的困难局面，但在同时，也产生了某些无纪律状态和无政府状态，地方主义和游击主义，损害了革命事业。目前的形势，要求我党用最大的努力克服这些无纪律状态和无政府状态，克服地方主义和游击主义，将一切可能和必须集中的权力集中于中央和中央代表机关手里，使战争由游击战争的形式过渡到正规战争的形式。过去两年中，军队和作战的正规性是增长了一步，但是还不够，必须在第三年内再进一大步。为此目的，必须尽一切可能修理和掌握铁路、公路、轮船等近代交通工具，加强城市和工业的管理工作，使党的工作的重心逐步地由乡村转到城市。

（五）夺取全国政权的任务，要求我党迅速地有计划地训练大批能够管理军事、政治、经济、党务、文化教育等项工作的干部。战争的第三年内，必须准备好三万至四万下级、中级和高级干部，以便第四年内军队前进的时候，这些干部能够随军前进，能够有秩序地管理大约五千万至一万万人口的新开辟的解放区。中国地方甚大，人口甚多，革命战争发展甚快，而我们的干部供应甚感不足，这是一个很大的困难。第三年内干部的准备，虽然大部分应当依靠老的解放区，但是必须同时注意从国民党统治的大城市中去吸收。国民党区大城市中有许多工人和知识分子能够参加我们的工作，他们的文化水准较之老解放区的工农分子的文化水准一般要高些。国民党经济、财政、文化、教育机构中的工作人员，除去反动分子外，我们应当大批地利用。解放区的学校教育工作，必须恢复和发展。

（六）召集政治协商会议的口号，团结了国民党区域一切民主党派、人民团体和无党派民主人士于我党周围。现在，我们正在组织国民党区域的这些党派和团体的代表人物来解放区，准备在一九四九年召集中国一切民主党派、人民团体和无党派民主人士的代表们开会，成立中华人民共和国临时中央政府。

（七）恢复和发展解放区的工业生产和农业生产，是支援战争、战胜国民党反动派的重要环节。中央会议认为，必须一方面使人民解放军向国民党区域发展胜利的进攻，将战争所需要的人力资源和物力资源大量地从国民党方面和国民党区域去取给；另一方面，必须用一切努力恢复和发展老解放区的工业生产和农业生产，使之较现有的水平有若干的增长。只有这两方面的任务都完成了，才能够保证打倒国民党反动统治，否则是不可能的。

执行这两方面的任务，我们有很多的困难。大军进入国民党区域执行无后方的或半有后方的作战，一切军事需要必须全部地或大部地就地自己解决。而恢复和发展工业生产和农业生产则需要有较好的组织工作，很好地领导解放区内部的市场和管制对外贸易，解决某些机器和原料缺乏的问题，首先是解决交通运输和修理铁路、公路、河道的问题。目前解放区的经济状况和财政状况，存在着很大的困难，虽然我们的困难比较国民党的困难要小得多，但是确实有困难。这主要是物资和兵员不足供应战争的需要，通货膨胀已到了相当大的程度，而我们的组织工作特别是财经方面的组织工作不够，则是形成这种困难的原因之一。我们相信这些困难是能够克服的，并且必须克服这些困难。在克服困难的斗争中，必须反对浪费，厉行节约：在前线注意缴获归公，爱护自己的有生力量，爱护武器，节省弹药，保护俘虏；在后方，减少国家机构的开支，减少不急需的人力和畜力的动员，减少开会时间，注意农业的季节，不违农时，节省工业生产的成本，提高劳动生产率，全党动员学习管理工业生产、农业生产和做生意，尽可能地将各解放区的经济加以适当的组织，克服市场上的盲目性，并同一切投机操纵的分子进行必要的斗争。从这一切着手，我们就必能克服自己面前的困难。

（八）提高干部的理论水平，扩大党内的民主生活，成为完成上述任务的重要环节。中央会议已通过关于扩大党内民主生活的专门决议。关于提高干部理论水平的问题也进行了讨论，并引起了到会同志的注意。

（九）全国第六次劳动大会已经胜利地召开，并成立了中华全国总工会。明年上半年，将召开全国妇女代表大会，成立全国民主妇女联合会；将召开全国青年代表大会，成立全国青年联合会；并将建立新民主主义青年团。

（《毛泽东选集》第四卷，人民出版社 1991 年 6 月第 2 版。）

# 中共中央关于准备五万三千个干部的决议

（一九四八年十月二十八日）

华北局、华东局、东北局、西北局、中原局，并告晋绥分局、冀热察辽分局、豫皖苏分局、华中工委及各前委：

（一）中央政治局九月会议，讨论了为了夺取全国政权所需要的干部的准备工作问题。战争的迅速发展，业已将此项任务紧急地提到了我党面前。如果我党缺乏此项准备，势必不能适应战争发展的需要，而使我党处于被动的地位。因此，中央特根据九月会议的方针，做出本决议。

（二）估计在战争第三第四两年内（一九四八年七月至一九五零年六月），人民解放军可能夺取的国民党统治区域，大约将包含有一万万六千万左右的人口，五百个左右的县及许多中等的和大的城市，并在这些新的区域建立政权。这些新的区域的最广大部分将是第四年夺取的，而在第三年则夺取一个较小的部分。这个估计可能夺取的区域所包含的人口数和县市数，和战争第二年末尾即一九四八年六月时期我们所有的人口数及县市数大体上相当。就是说到战争第四年末尾，即一九五零年六月时间，我们可能从现有的一万万六千八百万人口和五百八十六个县市发展到三万万三千万左右的人口和一千个左右的县市。我们应从这个可能的发展前途来准备我们的干部。我们必须准备夺取全国政权所需要的全部干部。这个决议所说的是准备战争第四年所需要的干部。战争第三年所需要的干部，因为战争尚在现有五大解放区附近不远的地方进行，除已经调派者外，应由各区自己设法解决。战争第五年及其以后所需要的干部，中央将另作决议。

（三）根据过去发展新区的经验，每一个新开辟县，至少需要县级及区级干部七十五人左右（在老解放区，平均每县脱离生产的干部，包括村级干部在内，约有二百至三百人，最大的县有多至四百人者）。五百个县则需干部三万七千五百人左右。平均五个县设一地委，每一地委至少需干部六十人左右。五百个县有一百个地委，共需干部六千人左右。平均三十个县设一区党委，每一区党委，至少需干部八十人左右，五百个县有十七个区党委，共需干部一千三百六十人左右。五百个县左右的地区需成立四个中央局，每一中央局至少需干部三百人左右，共需干部一千二百人左右，此外还需准备七千左右的干部在大城市工作。以上所需中央局、区党委、地委、县委、区委五级及大城市的各项干部，共约五万三千人左右。

（四）此五万三千个左右的干部，分配华北一万七千人，华东一万五千人，东北一万五千人，西北三千人，中原三千人。

（五）上述五万三千个干部，以工作性质区分，则应包括军事工作（为建立军区、军分区及地方部队所必需的军事及政治工作干部），党务工作，机要工作，政府工作，工、农、青、妇、民众团体工作，经济工作（管理工业），财政工作，银行工作，贸易工作（管理贸易局），通讯社及报纸工作以及为办大学和党校用的学校教育工作等项干部，不可缺少。每项工作干部的比例，亦须适当配备。

（六）根据过去开辟新区工作的经验，最低限度需要的各级各项工作干部，除了一般工作干部以外，担负主要工作责任的干部，每一县约需七人，每一地委约需十人，每一区党委约需十五人，每一中央局约需四十人。如此则上述五百个县左右的地区内，各级各项工作中负主要责任的干部，最低限度，大约需中央局一级一百六十人，区党委一级二百五十五人，地委一级一千人，县级三千五百人。此项干部，必须在各地区所抽调的干部内按比例分别列入。即华东、东北两区，在每区所抽调的一万五千个干部中，必须包括担负各项工作的主要责任的干部，中央局一级四十八人，区党委一级七十五人，地委一级三百人，县级一千零五十人。华北局抽调干部的总数，比华东或东北多二千人，其所应准备抽调担负各项工作的主要责任的干部的比例亦应增加。西北、中原两地，在每区抽调的三千个干部中，必须包括担负各项工作的主要责任的干部，中央局一级八人，区党委一级十五人，地委一级五十人，县级二百人。

（七）五万三千个干部分配各区的数目，分为两期准备完成。一九四九年六月为第一期，各区应完成三分之二左右，即华北一万一千人左右，华东一万人左右，东北一万人左右，西北二千人左右，中原二千人左右；一九四九年十二月为第二期，各区应完成三分之一左右，即华北六千人左右，华东五千人左右，东北五千人左右，西北一千人左右，中原一千人左右。一九四九年六月以前各区为了在自己区域附近发展新区所需要的干部，不在上述五万三千个干部的计划之内。

（八）为了完成上述五万三千个干部的准备工作，为了解决各区干部缺乏的困难，并为了准备在战争第五年度（一九五零年七月至一九五一年六月）的干部的需要，有计划地大量地培养、训练和提拔干部，便成为各区各级党委当前的重大任务。为此必须：

（甲）各区中央局（分局）、区党委两级，应即开办党校或加强或扩大已有的党校，抽调各级的各类的适当的干部到党校学习。在学习中，即应以区党委为单位，包括区党委（或省委）、地委、县委、区委四级的干部在内，配备整套架子，集中在一起学习。这种配备架子集中学习的办法，可以使学习的领导加强，干部易于提高，上下级干部易于熟悉。将来派遣出去，亦可就这些架子安放在各个地方，不必打乱重配，以利工作的发展（当然不是说一定不能打乱）。地县两级，应即普遍开办短期训练班，训练区、村干部。县委办的训练班，应轮训村级干部，并从其中挑选一批人脱离生产，以一部分补充区级缺额，一部分送地委或区党委或省委办的党校去学习。

（乙）中央局（分局、工委）、区党委（省委）、地委、县委、区委五级各种重要工作岗位，一律增设副职。挑选区、村两级的一批干部到县级担任副职，挑选一批县级干部到地委一级担任副职，挑选一批地委一级干部到区党委或省委级担任副职，挑选一批区党委或省委一级的干部到中央局或分局或工委一级担任副职，使各级担任副职的干部能在实际工作中得到锻炼，以备将来提拔使用。此项设立副职的办法，应成为准备干部的最重要的方法之一。

（丙）各大军区开办军政学校或加强和扩大已有的军政学校，培养军区、军分区及地方部队所需要的军事及政治工作干部。

（丁）创办中等学校并办好已有的中等学校，培养大批具有中等文化程度的人才，准备补充各级各项工作的干部。

（戊）在可能开设大学的地区，应即开办正规大学，以培养将来为政治、经济、文化各方面工作所需要的较高级的人才。

（己）创办各种专门学校，培养各种专门人才。上述中学、大学及专门学校中，均可大量地附设短期的速成学校或训练班，以应急需。

（庚）在解放了的城市中，放手地大量地使用及训练改造除了反动分子以外的原来的企业人员及公教职员，以补我城市工作干部之不足。经过一个时期之后，并可从此类人员中抽出一批加以训练派往新解放地区去工作。

（辛）从国民党统治的大城市，如平、津、青、沪、宁、杭、汉、渝、蓉、厦、穗、昆等地大量地吸收工人及知识分子到解放区来，加以必要的训练之后，派往各种岗位去工作。

（九）为了照顾调往新区工作的干部的家庭的困难，减少干部的顾虑，凡过去及今后调往新区工作的地方干部，其家庭一律按军属待遇。各地政府应明文公布，并立即对已经外调的地方干部的家庭实行按军属待遇。

（十）为使调赴新区工作的干部，在政治上、思想上、组织上有充分的准备，明年六月及十二月各区分担抽调的干部，除已在党校学习者外，尚须于明年六月底以前及十二月底以前，分两期集中训练一个短时期。

（十一）上述五万三千个干部的实行调动，听候中央的通知。

［中央档案馆编：《中共中央文件选集（1948 年）》第 17 册，中共中央党校出版社 1992 年版。］

# 中共华东中央局关于执行中央准备五万三千干部决议的指示

（一九四八年十二月二十五日）

一、为迎接和争取全国胜利，中央政治局九月会议通过了《关于准备五万三千个干部的决议》。其中规定华东地区要准备一万五千人，并须于明年三月即要集中待命出发。

中央指出："战争的迅速发展，业已将此项任务，紧急的提到了我党面前，如果我党缺乏此项准备，势必不能适应战争的需要，而使我党处于被动地位。"我各级党委，应该发挥高度的负责精神，从思想上、政治上、组织上动员起来克服一切困难，为完成此项任务而努力。

二、我们要完成一万五千干部的任务虽有困难，如在大规模的支援战争，参军运动、接管新城市新地区等工作需要大量干部，今春调动一万多干部到新区工作并在执行中过于仓促，因而发生一些混乱，以及部分干部存在狭隘的地方观念，不愿远离家乡等。但华东现有约一百万党员，约有二十万干部。有许多干部长期在一个岗位上而尚未提拔，在解放许多新的城市中，吸收了一些产业工人和青年知识分子参加工作，各地各部门均举办了一些学校和训练班，同时中等学校亦大大的增加了等等，因此我们干部的数量仍是雄厚。我们不仅可以准备好中央所要求华东的一万五千名干部，而且还可以提拔大批干部补充本区，使华东解放区本身的工作仍能继续发展和巩固。

各级党委，各部门的负责同志，应加紧进行思想的政治的组织的动员，配合反对无纪律无政府状态的教育，应在党委的统一领导和布置之下通过组织部门有计划的、有步骤的分工合作来完成准备干部的任务，克服过去干部调动时的简单化与单纯任务观点的错误。我们必须既做到调出一万五千干部都很健全，都很称职，都自觉自愿的到新区去工作，又要做到各级党政军民各项组织仍能健全的发展工作。

三、我们注意到目前华中的干部（尤其中级和高级干部）特别缺乏。因此准备一万五千干部规定完全由山东来负责。同时我们按照中央指示原则，即根据过去发展新区的经验，每一个新开辟县至少要县级和区级各项工作干部七十五人，其中担负县级主要工作负责的干部约需七人。平均五个县设一个地委和专署军分区，每一个地委级的各项工作干部至少需六十人，其中担负主要工作责任的干部约需十人。平均三十个县设一个区党委及行署军区，每一区党委级的各项工作至少需八十人，其中担负主要工作责任的干部约需十五人。一百二十个县左右需成立中央局，中央局级至少需干部三百人左右，中央局担负各项工作责任的主要干部四十人左右。各级各项工作干部，包括党务、军事、政府、民运、经济、财政、银行、贸易、机要、通讯、报纸以及办学校等干部。

我们对调出一万五千干部包括区党委级至县委的全套架子，具体分配如下：

（甲）鲁中南配备：一套区党委级，十套地委级，四十套县区委级，共调干部三千六百八十人。其中各级各项干部：党务、民运一千七百六十六人，政府、财粮一千一百九十人，军事七百二十四人；担负各级各项主要工作责任的干部：区党委级十五人，地委级一百人，县级二百八十人。

（乙）胶东配备：一套区党委级，七套地委级，四十二套区委级，共调干部三千六百五十人。其中各级各项干部：党务、民运一千七百七十八人，政府、财粮一千六百零四人，军事两百六十八人；担负各级各项主要工作责任的干部：区党委级十五人，地委级七十人，县委级二百九十四人。

（丙）渤海配备：一套区党委级，五套地委级，四十一套县区级，共调干部三千四百五十六人。其中各级各项干部：党务、民运一千七百一十五人，政府、财粮一千五百一十七人，军事二百二十四人；担负各级各项主要工作责任的干部：区党委级十五人，地委级五十人，县委级二百八十七人。

（丁）济南配备：一套区党委级，两套地委级，五套县区级，共调干部五百七十六人。其中各级各项干部：党务、民运二百三十九人，政府、财粮二百四十八人，军事八十九人；担负各级各项主要工作责任的干部：区党委级十五人，地委级二十人，县委级三十五人。

（戊）昌潍特区配备：半套地委级，五套县区委级，共调干部四百零四人。其中各级各项干部：党务、民运二百零六人，政府、财粮一百七十八人，军事二十人；各级各项主要干部：地委级五人，县委级三十五人。

（己）潍坊市配备：三套县委级，共调干部二百二十五人。其中各级各项干部：党务、民运一百二十人，政府、财粮九十九人，军事六人，主要干部县委级二十一人。

（庚）华东局直属机关配置：一套中央级，半套区党委级，五套半地委级，十五套县委级除外，另配备城市工作干部一千四百七十五人，共为三千零九人。其中各级各项干部：党务、民运六百八十人，政府、财粮六百七十二人，军事一百八十二人；各级各项主要干部：区党委十五人，地委级五十五人，县委级一百零五人。

各地应抽调之干部，分做两期集结，今年十二月底为第一期，共调三千人，计：鲁中南六百人，胶东一千人，渤海七百人，华东区直属机关七百人。明年二月底为第二期，共调一万两千人，计：鲁中南三千零八十人，胶东二千六百五十人，渤海二千七百五十六人，济南五百七十六人，昌潍四百零四人，潍坊二百二十五人，华东局直属机关二千三百零九人。

四、为坚决执行中央指示，有计划的大量的培养训练和提拔干部，并遵照中央指示各项办法，根据自己的实际情况，在准备工作中必须具体解决下列问题：

第一，切实调查研究，熟悉自己的党员干部的数量和质量。为此必须进行研究党员干部的优点和缺点（特别着重研究各级各项担任主要工作责任的干部），熟悉他们是否忠实的执行中央的正确路线方针政策，其组织观念及遵守纪律的精神，身体健康，家庭生活情况，等等。只有熟悉了党员干部的数量和质量，才能正确的提拔和培养干部，正确的分配和使用干部。

第二，必须正确、积极大胆提拔干部。广大党员干部是参加过抗日战争、解放战争、减租减息、土地改革等民族斗争与阶级斗争，以及生产救灾等考验，在考验中表现忠实勇敢完成任务有功绩，并在人民中有威信者，都应迅速的有计划的正确的按级提拔起来。另外各级党政军民组织中，很多干部在一个职务上做了多年的工作（如三年五年的村长、支书，以及区长、区书，五年八年的县委书记、地委书记和县长、专员等），其经验丰富品质优良者更应积极提拔，以充实各级组织，并按中央指示："中央局（分局、工委）、区党委（省委）、地委、县委、区委五级重要工作岗位，一律增设副职，挑选区村两级的一批干部到县级担任副职，挑选一批县级干部到地委一级担任副职，挑选一批地委干部到区党委或省委担任副职，使各级担任副职的干部都能在实际工作中得到锻炼，以便将来提拔使用。此项设立副职的办法，应成为准备干部的最重要的方法之一。"

第三，必须遵照中央指示的精神，积极办党校，以提高党员干部的理论水平、政策水平，增强党性，改善作风。华东局决定，要各级党委于十二月选送三千党员干部到华东局党校学习（已通知各区党委）。各区党委如已经有党校的，应继续办理和扩大；如未开办的，应积极开办党校。加强党校领导，改进党校的教育方针和计划，华东局和区党委所办党校的方针计划和教育实施状况，必须向中央和华东局报告，以便帮助指导教育。各地委和县委应开办区村干部训练班，训练大批区村干部，提高区村干部的思想作风、政策水平和工作能力，以便提拔大批村干部来建设乡级的党支部和乡政权的组织，并提拔大批区村干部来充实区县党政军民的组织。

第四，区党委、地委、县委可设立工作团，一方面可作为党委助手，同时做机动使用。

第五，各地各种性质的中等以上学校和训练班应在新解放区和城市，如济南、徐州、潍县、烟台、淮阴等，吸收大批知识青年、旧职员及技术人才到我们学校或训练班去学习。除一部分给予较长期教育外，一般的给予短期的速成教育，提高其政治认识，改造其思想，激发其革命热情，即可适当的分配到新解放区城市农村去工作。

对于已经建立的各种学校和训练班，如华东局级所办的华大、军大、农专、工专、商专、交通学校等，应加强其政治与组织领导，以便更快培养人才，从中动员一批分配至华东局直属各机关中充实机构，或到新区工作。

第六，对于现在支前工作干部，各地区党委组织部应作系统登记统计，报告华东局。同时支前机关调动干部必须经过区党委，以免混乱，对大批支前干部，要加紧掌握，并在适当时期归还原地分配工作。对各地区新派遣的区党委、地委一级以上的支前干部，如改调其他工作和调至其他区域，支前政治部必须请示和报告华东局并告各区党委。

第七，必须关心干部，具体解决干部的困难问题，如注意干部的身体健康，注意疾病医药，如照顾调往新区干部的家庭困难，减少干部的顾虑。凡过去及今后调往新区工作的干部，其家庭一律按军属待遇，各地政府应明文公布，对于过去一切已经外调的地方干部的家庭，应即按军属待遇。至于此次调往新区的一万五千干部因为要随军前往新区工作，必须精干简便，暂不带爱人孩子，待到新区开辟工作环境安定之后，才迎接其家属去，因此对调往新区工作干部家庭的爱人孩子必须很好暂时安置，必须迅速以地委为单位设立新区干部家属管理处，以照顾其生活教育与将来集中行动。其所需经费，可做预决算报告上级政府，由政府供给之。

至于一万五千干部集中出发时的其他具体问题，如警卫员和马匹的配备等，须按照制度解决之。

各级党委接此指示，必须立即讨论具体计划并具体执行，并将执行情况经常报告华东局。

[山东省档案馆、山东社会科学院历史研究所合编：《山东革命历史档案资料选编（第二十一辑）》，山东人民出版社 1986 年 3 月版。]

# 山东省胶东区行政公署关于南下干部调动注意事项的指示

（一九四九年二月八日）

奉上级指示：我解放大军即将渡江南下，最后消灭残存蒋匪，解放全中国，故决定调大批干部南下，前去接管天下，开辟新区工作。关于调动之干部名单，除执行同级党委统一计划及本署另有命令调集外，特将在调集中应注意之事项规定如下：

一、在调动时首先必须加强深入的政治动员工作，说明我大军即将渡江南下，全国的胜利解放在即，要我们去接管天下，是非常光荣的任务，我们革命工作人员必须愉快的接受这一历史的光荣任务，对不调走之干部应提出调走之干部到新区开辟工作、留下的干部任务比过去会更加繁重，应更好稳定情绪安心工作积极努力，进行中并要结合纪律教育，说明一个革命工作者必须服从组织分配与工作需要，在动员中应耐心说服教育，防止简单化。

二、凡调往新区工作之干部家属一律享受军属待遇，政府对被调走之干部家庭生活生产等问题应帮助解决困难与军属同等看待。

三、调往新区之干部在原岗位有枪支者即带着，没有者亦不再行配备，负责干部之车子、马匹、通讯员可带着。

四、被调走之干部应带所有鉴定材料登记表（个人带或集体带可根据具体情况决定），有悬案尚未解决而需待解决者可暂不调走仍留原地工作，被调走之干部其工作应向接替人交代清楚。

五、此次邮局银行调往新区之干部介绍时应在介绍信上写明到新区工作，要与此次调到邮局银行另有任用之干部应分别清楚，以便掌握不致紊乱。

六、被调往新区之干部供给应按标准带到三月底。

七、调往新区之干部已结婚有爱人者，其爱人系工作干部身体好或有小孩能放下，本人能坚持新区工作者可以一同调走，有病或有小孩不能放下者可暂不去，在地方上分配适当工作，不能工作者可抚养小孩等以后交通便利时再去。

八、在调动时应掌握因时间紧迫，不能拖延，这是上级统一的计划。动员干部应遵守时间，服从组织，其家庭生活生产等困难问题，都由原任职部门负责给予解决，各部门也应切实负责解决之。

九、被调走之干部各县应将调走之情况总结起来，并造具名册于二月底报告行署。

十、各县在调出干部时，每十人应配备一炊事员。

仰各专署、县、市接到指示后和同级党委共同布置动员，务于规定之时间内到达指定之地点集合编队出发（各县之银行干部于二月十六日到各该海区之地委集合编组统一出发，东海、南海、北海各县之邮局干部于二月二十日前到达胶东分局集合编队出发，西海、滨北各县之邮局干部于二月十六日到各该海区之地委集合编组出发），时间紧迫万勿拖延为要！

此致！

代主任　汪道涵

山东省胶东区行政公署（印）

一九四九年二月八日

［中共威海市文登区委党史研究室、威海市文登区档案（局）馆编：《烽火》，九州出版社 2017 年 11 月版。］

# 东海地委、行政督察专员公署<br>关于南下干部统一发放供给的联合指示

（一九四九年二月八日）

接上级指示，此次所调南下干部，一律带足二、三月份全部供给。现为了发放统一，地委、专署特联合作如下规定：

**一、计算天数：**

自离开原伙食单位之日起，二月份计算至二十八日，三月份按三十一天算。

**二、发放价目：**

二、三月份一律按胶东行署一月廿六日所公布之二月份物价执行。

**三、各项供给：**

1. 伙食粮秣：按标准每天干部麦粮二斤二两、秋粮一斤十五两，杂员麦粮二斤五两、秋粮二斤二两。除保健人员全发麦粮外，其余干杂人员之麦粮十四日以前出发者二、三月份先按八天发给，十五日以后出发者二、三月份共按七天发给，余全为秋粮天数。其柴草一律按每天三斤发给，在集合前之个人走路期间，按走路天数扣发每天粮柴，改发餐票二餐。

2. 伙食费：发给现金，东海区内牙前、牟平、威海，每天三点三元，海阳每天三点六元，其余县份每天二点五元，保健人员外发保健费。

3. 二月份之烤火费按伙食天数发放，洗澡费、妇女卫生费按半月计算发放，三月份不发。

4. 办公费纸张一律依据标准纸数，二月份按半月计，三月份按整月计（杂员不发），灯油依标准油数，按伙食天数计算。

5. 医药：二、三月份每人共发给小米三斤，每斤价十元。

6. 关于个人供给：津贴、黄烟、理发费、卫生费等，一律根据二月份之标准物价将二、三月份应领者完全发给，杂员在三月份中应发给鞋子一双，作价一八〇元。

**四、注意事项：**

1. 因此次为集体行动，大饼费一律不发。

2. 供给发放完及时应填好供给证。

3. 各区干部集合至县时，县供给部门应作普遍检查，凡有不合规定者应进行纠正。

以上仰按照执行为要。

此致

县（市）委、政府

东海地委

东海专署

（威海市档案馆馆藏文件）

# 山东省胶东区党委、行署<br>关于此次抽调南下人员供给通知

（一九四九年二月十日）

**一、供给方法：（属个人供给部分必须填写供给证或供给介绍信）**

各县区所抽调之人员，在未到达地委集合前，所需之粮秣、菜金，由各县、区按照供给标准及二月份物价规定计算发给，到达地委后由地委负责供给。如县已将供给带至三月底或不足者，由地委按下列标准补足之。

各地委所集合之抽调人员，由各地委按下列规定之供给范围，标准自二月廿一日起发至三月底。此项开支并由各地委在"特别费、粮"项内之"调动人员路费、粮"中编造决算，呈区党委核销。

区党委、行署直属之机关部门、所抽调之人员，由各直属之机关部门，按下列供给范围，标准自二月廿一日起发至三月底，并由各机关、部门在"特别费、粮"项内之"调动人员路费、粮"编造决算分送区党委、行署核销。

凡抽调之人员在二月份队前所应发而未发之供给部分（如津贴、烟费等）须由各原机关、部门发足之。

各级银行、邮局，因供给不属地方开支，因此确定各级银行、邮局所抽调人员之供给，由各级按照此统一标准规定发至三月底，由银行、邮局按决算手续转呈上级报销。

**二、临时标准：**

（一）办公员——灯油：每人每日按生油一钱五计算；光连纸：每百人每月按三十张计算。生油每斤按人民币五十元，光连纸每张按十元折发代金（洋火、墨水、文具包括在内）。

（二）伙食费——自二月廿一起至三月底止，普通伙食平均每人每日按人民币八元，中灶伙食平均每人每日按二十元。在行程中按标准及当地物价开支报销，如在胶东地区即按胶东物价报销（油、盐、肉、菜包括在内）（病员伙食在

此内调剂之)。

(三)津贴费、保健费——猪肉每斤按人民币六十元。

(四)黄菸——每斤按人民币四十元。

(五)女卫生费——按标准每张纸按人民币一元发代金。

(六)医药费——每人每月按小米四斤,每斤按人民币十二元。

(七)粮草——按标准规定之干杂标准开支,如需用之粮票不足,可以实粮交同级粮食部门兑换粮票。

三、旅费

(一)由各海区至潍县规定每五十人,准用大车一辆,此项大车由各专署战勤科负责向群众义务支差,出差车夫及牲口的供给由各专署战勤科按支差标准供给往返(或采取包运办法亦可)。

(二)由潍县搭车至徐州、□之旅费由胶东统一解决。

致

一九四九年二月十日

(山东省档案馆馆藏文件)

# 中央关于新区征借粮草的规定（节录）

（一九四九年三月二十日）

一、大军南下进入新区后，民主政权尚未建立或刚刚建立，公粮制度一时不能实行，除以缴获粮及伪政府屯粮拨充军食，当地如有地方公产收入之存粮亦可尽先借用外，不能依赖后方供给，主要的必须采取就地征借办法，解决军队的粮草供应问题。征借的粮草将来再另订办法拨还或顶交公粮，届时也可宣布大地主大富农所借出之粮食，即作为征发之军粮或只顶还其一部。

二、根据合理负担的原则，征借的主要对象是地主、富农，其次是中农。按其粮食总收入作标准，地主征借百分之四十到五十，富农征借百分之二十五到三十五，佃富农征借百分之二十，中农征借百分之十到十五，贫农一般不借，只有在不得已时，才可少借一点。马草根据需要按一定比例随粮附加。在群众尚未发动的新区，这一规定之全部实行，固属尚难保证，但这种原则规定还是必要的，目的是避免不分贫富平均摊派，或对地主、富农行借过多，打击过重。

三、南下的部队，可以团为单位，在政治部领导下，由随军地方工作人员及供给人员组成粮秣工作队，负责筹粮。当地保甲长及差务处之类的组织，凡可利用者均利用之，配合以民主评议进行征借。粮秣队则一面监督他们；一面到群众中去宣传解释我们的借粮政策（当然也要宣传其他各种政策），检查保甲长或差务处对借粮政策的执行情况，并核对其账目，责成他们在当地群众中公布之，防止他们贪污中饱。无保甲长或差务处可资利用者，则由工作队直接办理征借。

四、在新区，应坚持财粮制度，爱护人民的财富，反对浪费，严禁以粮食换各种物品。粮秣由工作队按规定发给各伙食单位。不经过粮秣工作队，任何人不得直接征用粮草。为此，最好以军区或野战军为单位，印制统一的借粮证，由粮秣工作队统一填用。粮秣工作队有供给部队粮秣之责，也有检查粮秣开支之权。各伙食单位要向粮秣工作队报销。工作队也应有粮秣收支的详细账目，备政治部及部队首长随时检查。

五、征借粮秣时，一面要保证部队需要；另一面也要照顾到当地的负担能力，并注意了解有无部队征借过及征借了多少，据此才能决定征借的数量。同时要尽可能地分散征借，不要只顾一时方便而集中一地征借，免使群众一次出粮太多，引起反感并影响后来部队无粮可借。

六、部队进入城市，则主要依靠缴获解决军粮。如缴获不敷而又无粮接济，可经过商会向粮商暂时借用或购定短期的粮食，再由商会负责筹款折价偿还。

［中央档案馆编：《中共中央文件选集（1949年）》第18册，中共中央党校出版社1992年10月版。］

# 华东局关于我军南进与各游击区会师的工作指示（草案）

（一九四九年四月一日）

现在南方苏浙皖闽赣等省，均散布有我党领导的游击区和游击部队，或系苏维埃时期留殖下来的，如浙南、闽东、闽西等地，或系抗战期间留殖下来的，如皖南、浙东、苏南等地。我军渡江后即开始与各游击区会合，双方会师是在南方广大人民多年渴望与瞩目之下进行的，是关系我党我军与南方老苏区老游击区广大人民的政治联系的根本政策问题，是关系我党我军在解放南方各省时的统一政策统一行动的重大关节问题。目前我们对南方各游击区的情况，尚不完全了解，特预先指出下列各点，以引起各游击区各部队和南下干部的注意，在思想上、工作上有所准备，以便会师时造成有力的团结，去完成解放南方各省的任务。

一、首先是人民解放军的各级党委，与南下地方干部，和解放军全体指战员应认识南方各游击区，各游击部队，他们在多年游击战争中所创造的经验，所获得的成就，是最可宝贵的。例如保持了党在南方的革命旗帜，保持了党的组织和干部，保持了精干的游击武装，与当地人民在斗争中建立了很好的联系，有力的配合了北方的人民解放战争，这些方面均值得南下同志的重视和虚心学习。特别他们在长期奋斗中，与当地人民建立了斗争联系，对于执行我党解放南方各省的任务，可起重大的骨干作用，此一点要有深刻的认识。我军初到南方，情形不熟，必须懂得充分利用我党在南方各游击区这一有利条件。在各游击区影响所及的地方，必须经过他们作为联系群众的桥梁。应该以我们在北方遇事尊重地方党，重视本地干部的整风态度去对待他们，去造成双方的团结。切戒自高自大，只重视自己的经验，不重视别人的经验，不经过游击区的党去直接处理与当地有关的问题。我们南方游击区的党和部队，在数量上可能很少，形式上可能极不完备，地区也不宽广，供应部队的能力可能很小，他们多年与上级党隔断，对我党现行政策，不能完全明了，在敌人长期封锁与清剿之中，必然要产生各种缺点，我们南下的同志和主力部队应该以虚心体己的态度，加以慎重分析，作各种有益的帮助，如果采取轻视或粗鲁的态度，必犯脱离当地群众的严重错误。帮助当地党，培养当地干部，提拔当地干部，壮大游击队，变分散的游击区为广大的解放区，是我军南下的基本任务。对游击区与游击队的工作配合问题处理得是否适当，对培养当地干部与壮大当地部队的任务完成得好不好，这是检验我各党委工作的基本尺度之一。

二、南方各游击区的党和游击部队的同志，应向自己区域的党内同志和当地人民有系统说明目前政治形势和大军南进的意义。号召当地人民有力的执行配合任务，去实现南方各省的彻底解放。应该了解解放军和一批地方干部从北方来，多年在党中央直接领导之下，对党的政策比较了解，对解放区的建设比较有经验，因此在一般政策上游击区的党应服从部队党的领导和多倾听南下同志的意见。游击部队在行动上应接受主力部队的指挥。更应了解我游击区的党和游击部队，自己在多年坚持游击战争中，除有其光荣的成就外，还不可避免的在独立斗争中带来各种缺点。面临中国革命全胜的新时期，应重新检讨自己，适当的改变自己，才能适应新形势和执行新任务。就是在长期斗争中被检验过的认为正确的部分，亦应根据新的形势和新任务的需要，作必要的正确的改进，才能适合人民的要求，对当前任务作有力的贡献。在此，各游击区的党应与部队党于会师后，进行互相汇报情况，协商政策，并首先办训练班，将游击区的干部进行短期轮训，研究中央文件，造成共同认识。同时游击区的同志对人民解放军和南下地方工作同志的要求不可过高，他们数十万人中每个人对党的政策了解程度是参差不齐的，每个人的政治觉悟程度，也是参差不齐的，尤其情况生疏，斗争形势复杂，部队庞大，各种条件不具备，难免产生各种毛病。我游击区的党，要能正确分析这些形象的来源，站在党的正确立场，给以必要的帮助。

三、估计到大军南进后，敌人尚未完全消灭，斗争形势尚极其复杂，庞大部队的供应极其繁难，地方党政的系统未完全建立。群众的发动尚在初期，我党对各阶级的社会政策，只有原则的决定，其具体执行办法，则应根据各地实况去考虑订定。尤其在当地谁是反动分子、谁是恶霸分子，谁应先办、谁应缓办，谁应宽大改造、谁应立即惩办等问题，在这些方面可能引起部队与地方、外来与本地的不一致。尤其是部队的庞大供应容易产生制度不周、纪律不严的种种毛病，遇着此类关系双方团结必须求得一致的问题，应该掌握自我批评的武器，在一定组织内，经过一定的组织形式和手续去求得解决。不可意气用事，盲目冲动，损害团结。在一般处理原则上，双方应分清优点与缺点、有意与无意、个人与组织、少数与多数、个别与全体、原则性与灵活性的界限，从赞扬成绩去帮助改正缺点，从互通情报去造成共同意志。经过对方直属上级去纠正缺点与错误，而避免越权的直接处理。既不可对双方错误采取消极指责的轻率态度，亦不可采取放任自流的自由主义态度。在此，我人民解放军主力部队的党，自己站在领导地位，尤应以自我批评的态度，主动的去团结当地党和当地同志，从军事会师，进到思想会师，以至政策会师，对于团结全党去完成解放南方各省的任务，是有其决定意义的。

此指示先发部队党和南下干部研究，在会师时，由部队转发各游击区的党。

华东局
卯东

［中央档案馆编：《中共中央文件选集（1949年）》第18册，中共中央党校出版社1992年10月版。］

# 华东局关于接管江南城市的指示

（一九四九年四月一日）

我军渡江南进，江南各城市即将解放，特根据中央各种指示的原则与各地接管城市的经验，拟定下列接管江南城市的指示：

一、对新收复的人口在五万以上的城市或工业区，均应实行一个时期的军事管理制度。在占领城市初期，应指定攻城部队直接最高指挥机关军政负责同志与地方党政若干负责人，组织该城市的军事管理委员会。军管会为该城最高权力机关，凡入城部队及党政军民机关与各接管工作人员，均须接受军管会的统一指挥。军管会的基本任务为：镇压反革命分子之活动，肃清反动武装的残余势力，恢复并建立革命秩序；保护人民生命财产及一切正当的权利，建立革命政权；保证城市政策的正确执行与有秩序地进行各种接管工作；协助工人职员青年学生及其他劳动群众组织起来，作为城市革命政权可靠的群众基础。在上述基本任务大体完成，城市秩序安定，一切市政机关建立并经过上级之批准以后，始得取消军管制。

二、在军管会领导下可委任市长并成立市政府。凡我党我军既定之各项政策，应以市政府名义公布；但凡带紧急性、临时性或试验性的处置，则可以军管会的命令行之。在进入城市实行接管之前；应多方收集该城市的有关材料（事先应特别注意收集该城地图及电话簿），调查该城市的一切机关、工厂、仓库的具体情况及位置，并针对该城的实际情况来建立接收组织和配备干部，以便入城后有计划有步骤地实行各按系统、整套接收。在军管会下要有足够的经过专门训练、纪律良好、有相当城市知识的专门警备部队和公安武装，以便看守工厂、仓库、机关、公共建筑物和巡逻街道，以防止特务破坏与市民偷窃。同时各接收系统亦应随同部队入城，并事先准备好工作需要的运输工具与食粮之供给。对城市人民的粮食与煤炭的供给，亦须预作必要的准备。军管会入城后应首先注意恢复电力供给（使一切市政工业能够继续工作），迅速解决金融物价问题（使商人敢于开市做生意），迅速恢复交通秩序（可利用旧有警察徒手站岗维持交通），迅速接管各公营企业与公共机关，并注意防火消防工作与城市卫生工作。对一切接管之工厂，应按原职原薪立即复工、这是保卫工厂、安定人心、解决工人生活的基本环节。我们对一切新收复的城市，必须做到接收得好、管理得好，并必须“从我们接管城市的第一天起，我们的眼睛就要向着这个城市的生产事业的恢复和发展”（二中全会决议）。

三、城市秩序的好坏，首先决定于入城部队的纪律好坏，特别决定于部队干部与接收干部能否忠实执行城市政策与能否严格遵守入城纪律。因此一切部队从军、政、勤干部直到战士，一切接管机关从党、政、军、民、财经、文教干部，直到勤杂人员，在入城前，必须普遍地反复地深入地进行党的城市政策教育，及入城纪律的教育与接管城市的经验教育。一切部队干部及接管人员必须坚决遵守下列入城守则：

第一，一切机关、部队、公营企业人员、采购人员、民兵、民工，凡未持有军管会所发之通行证，或佩戴军管会特许之证章者，一律禁止出入市区及工厂区。严厉处罚一切破坏秩序、损坏公物及盗窃国家财产的分子。

第二，一切接收人员与入城工作人员，必须严格遵守“三大纪律，八项注意”，坚决执行人民解放军总部及华东军区颁布的一切命令法规。严禁无纪律无政策现象。

第三，入城部队只有保护城市工商业之责，无没收处理之权。除易于爆炸和燃烧的物资，如炸药、弹药、汽油等，应迅速疏散出城，并呈报军管会处理外，严禁搬运机器、物资和器材，严禁擅拆车轮及零件。

第四，除敌方武装散匪及其他持枪抵抗的人员应加俘虏，以及重要特务间谍与破坏分子和重要战犯应加以逮捕外，严禁乱打人乱拿人的现象。

第五，任何部队有收集散在战场上的弹药、武器、其他军用品及军用物资之责，但无单独处理之权。必须开列清单呈报军管会转报华东军区统一处理。严禁各部队后勤供给人员离开本身职务投机取巧，乱抓物资或抢购物资。

第六，一切入城的机关及部队必须遵照军管会所指定的房屋居住，服从公共房屋管理处的管理与分配，并教育一切人员爱护公物及使用屋内外一切新式设备与卫生设备的方法。严禁擅移器具设备及盗窃破坏国家财产。所有部队机关一律不准驻在工厂、医院、学校和教堂。

第七，在战斗结束后，除需要维持城市秩序一定数量的部队外，其他部队一律撤出城外，并在撤出前必须将任务移交清楚。一切驻在城内部队，应制定适合城市生活习惯的制度和规则。一切机关及部队人员不许在市内无故鸣枪，如需军事演习或练习射击时，必须得到军管会的批准，并须到军管会所指定的郊外地点演习。

第八，一切机关及部队人员应实行公平交易，不得强买强卖。所有部队人员及公务人员乘坐公共汽车，或进入公共游戏场所，必须照规买票。所有汽车及其他车辆入城，必须遵守交通规则并服从交通警察之指挥。

第九，一切机关及部队人员应保持艰苦朴素作风，不准私受馈赠、私取公物。反对贪污腐化堕落行为。

第十，厉行奖罚制度。对遵守纪律遵守城市政策有功者应给予精神的和物资的奖励。对违反纪律违反城市政策者必须彻底追究，并依情节轻重依法处理。

四、我军进入城市，“必须全心全意地依靠工人阶级，团结其他劳动群众，争取尽可能多的能够和我们合作的自由资产阶级及其代表人物站在我们方面，或者使他们保守中立，以便和帝国主义、国民党、官僚资产阶级作坚决斗争，一步一步地去战胜这些敌人”。同时当我军进入江南初期，必须集中力量消灭敌人及对各城市进行系统的接管工作，而尚不能进行有系统的全面的社会改革。因此我们在接管江南各城市时，应采取按照系统、整套接收、调查研究、逐渐改造的方针，以便力求主动、避免被动，并必须实行以下各项政策：

第一，对一切官僚资本的企业及其他各种公共企业，如工厂、矿山、铁路、邮电、轮船、银行、电灯、电话、自来水、商店、仓库等等，必须一律接管。我们在接管官僚资本企业与公共企业时，应采取自上而下，按照系统，原封不动，整套接收的办法。同时必须严格的注意到不要打乱企业组织的原来机构。在接收阶段一方面可以分别召集各原有机关的负责人负责办理移交手续，另一方面可以分别召集该企业各部工人会议或工人代表会议宣传政策，发动工人群众配合。如果仅有自上而下按照系统的接收，而无自下而上工人职员的审查和检举相配合，是接收不好的。对于接管来的企业的原有人员（包括厂长、局长、监工、工程师及其他职员），除个别破坏分子必须逮捕处理外，应一律留用，并令其继续担任原来职务。军管会只派军事代表去监督其生产，而不应干涉或代替其职务。如某个企业的主要负责人逃跑，或原有负责人劣迹昭著非撤换不可者，亦应从企业中提拔适当的人员代理（如第一级负责人不在，可委任第二级或第三级负责人代理）。对企业中的各种组织及制度应照旧保持，不应任意改变和废除。对旧的实际工资标准和等级及实行多年的奖励制度亦应暂时照旧，不得取消和任意改订。旧制度中须要加以改良者，旧人员中有须要加以调整者，均须在情况了解后，再作必要与适当的处理。

第二，对私人经营的企业（如工厂、公司、商店、仓库、货栈等等），及一切民族工商业的财产，应一律保护不受侵犯。私人工商业中如有股权不明或部分股东确为重要战犯或官僚资本者，应一律暂缓处理。但可先登记加以监督，防止转移资金货物。对私营企业应坚持“公私兼顾，劳资两利”的方针，一方面要教育说服工人不要提出过高的劳动条件，致使生产降低，经济衰落，工人失业；另一方面要严重警惕资本家故意消极怠工，或借故降低工人的实际工资及其他待遇。如劳资间有纠纷时，可由军管会召集双方调解或仲裁之。必须防止将农村中斗争地富消灭封建的办法错误的应用到城市。同时对故意消极怠工的资本家，应给以必要的适当的处罚。

第三，对国民党、三青团、青年党、民社党及特务机关等反动组织，应由军管会或市政府出布告，宣布解散，并没收其所有的公产、档案，严禁其继续进行任何活动。具体办法应遵照中央关于国民党、三青团及特务机关的处理办法处理之。对国民党政权机关人员及军外方机关人员，除首要战犯及罪大恶极的反革命分子必须逮捕法办外，凡不持枪抵抗、不阴谋破坏者一律不加俘虏或逮捕，并应责成其负责保护各机关资料档案等，听候接收处理。这些人员中，凡有一技之长，而无显著反动行为或严重劣迹者须经过集中训练审查改造后可以分别录用。江南各大城市解放后对保甲人员可暂时利用，使之有助于社会治安维持。其办法可按照中央关于暂时利用伪保甲长的通知具体处理。

第四，对学校与文化教育机关（如大学、中学、小学、图书馆、博物馆、科学试验室、体育场所等等）应采取严格的保护政策。要迅速派人到各学校宣布方针，并与他们开会具体商定维持的办法。对原有学校（除国民党党校军事学校外）一概采取维持原状逐渐改良的方针。例如开始在课程方面，应取消其反动的政治课程、公民读本，其余暂行照旧。例如在教职员方面，除去掉极少数的反动分子外，其余应一概争取继续工作。

第五，应建立各界代表会作为军管会和市政府在军管时期传达政策、联系群众的协议机关。各界代表会的组织和职责应遵照中央关于成立各界代表会的指示原则进行。

第六，我军进入江南应确定人民银行所发行的人民票为本币。对伪币金圆券应采取排挤方针，辅之以限额收兑。人民票与金圆券的比值及限额收兑的具体办法，应视当时情况规定之。

第七，我军进入上海、南京等大城市，应迅速出报纸及开始播音，以广泛宣传我党政策及政府法令、布告等。但一般标语口号，必须事先请示中央批准始可张贴。对国民党三青团及其他反动派的报纸、刊物和通讯社，应一律没收接管。对个人私人名义经营而确实有反动政治背景的反共反人民的报纸、刊物、通讯社等，也可以没收接管。其反动政治背景一时无法弄清者，则应经过调查及法庭判决加以处理。对进步的和中间性的民营报纸、刊物、通讯社可依法登记，在民主政府指导下进行营业。对敌方政府及党部管理之电台应全部接收。对大城市广播电台及广播人员的政策，应遵照中央指示的原则办理。

第八，对国民党监狱在押人犯，须经过实查分别处理。对革命分子应立即欢迎其出狱，对重大刑事案犯和盗匪犯、杀人犯等等，仍宜拘禁听候处理。对国民党的司法机关的接管，应照中央关于接管平津司法机关指示原则办理。

第九，对新收复城市的旧有各种税收，原则上应该一律暂时照旧征收。除少数苛捐杂税（如防共捐、战乱税等），应即停止征收外，对一般旧有税收、税率及税则，应待调查研究后再行改革。在我税收干部缺乏条件下，除对个别为人民所痛恨的旧税务人员应加处分外，对一般旧税务人员亦可暂时利用，以便逐渐训练改造或待将来再行调换。

第十，必须组织公共房产管理委员会，并在此委员会下设立公共房产管理处，统一管理与分配城市中一切公共房屋，不许任何例外。一切公共房屋连同房屋中的家具、设备、衣被、草木等在内，不论有无机关或个人居住和已否分配，一律归房产管理委员会接收和保管，并进行登记造具清册成为国家财产。对各城市公共房屋的具体处理办法，应遵照中央关于城市中公共房产问题决定的原则。对私人房屋暂采一律照旧缴纳房租的办法，以后房租亦应暂由房客与房东协议规定之。

第十一，凡属被国民党政府所承认的资本主义国家的大使馆、公使馆、领事馆及其所属的外交机关和外交人员，在人民共和国未和这些国家建立正式外交关系以前，我们一概不予承认，只把他们当作外国侨民待遇，但应予以切实保护。对教堂及一般外侨亦应采取保护方针。如外侨有犯罪行为应依法处理。但除现行犯外，必须先报华东军区，重要者则必须转呈中央批准始得逮捕与执行。对外人所办文化教育机关及其他事业的处理，均须遵照中央外交工作指示原则执行，且必须严格遵守请示报告制度。

华东局

四月一日

（中央档案馆、中国人民解放军档案馆编：《城市解放》，中国档案出版社2010年版。）

# 华东局关于江南新区农村工作的指示

（一九四九年四月一日）

（一）党的七届二中全会指出："从现在起，开始了由城市到乡村并由城市领导乡村的时期，党的工作重心由乡村移到了城市。在南方各地，人民解放军将是先占城市，后占乡村。"同时指出："城乡必须兼顾""决不可以丢掉乡村，仅顾城市，如果这样想，那是完全错误的"。我们进入江南新区后，党的领导机关必须将工作的重心放到城市，但因此也容易忽视或放松对于农村工作的领导，对于这个可能产生的偏向，务必预为防止。各级党委应经常注意到农村工作的研究和指导，在党委的分工上，应有专人经常主持这一部分的工作。而在那些没有大中城市的地区，党的领导机关自应将所辖的小城镇接好管好，但应以更大的注意力去领导乡村，将工作重点放到乡村。因为在今后一个相当长的时期中，乡村不但仍然担负着大军供应的主要部分，而且还要担负着协助城市发展生产的责任。如果我们放松了乡村的工作，放松了对于农民的组织与发动，或者在乡村工作的领导上发生错误，则我们将在大军供应和建设城市建设工业上发生极大困难，也将无法最后地击败国民党反动派和建设新民主主义的社会。我们大军过江后，将有大量的干部分到农村和大部分军队（他们是战斗队同时又是大量的工作队）驻在农村，党（特别是军队中的党）要很好动员和组织这个强大的力量去进行农村工作，使他们明了自己在农村和其他同志在城市一样担负着同等重要而艰巨的责任，需要很好的学会党的政策，研究实际情况，以完成党所给予的任务。

（二）党的七届二中全会指示："南方现时还是被国民党统治的区域。在这里党和人民解放军的任务是在城市和乡村中消灭国民党的武装力量，建立党的组织、建立政权、建立工会、农会及其他民众团体，建立人民武装力量，发动民众，肃清国民党残余势力，恢复和发展生产事业。在乡村中，则是首先有步骤地展开反对土匪和反对恶霸即反对地主阶级当权派的斗争，完成减租的准备工作，以便在人民解放军到达那个地区大约一年或者两年以后，就能实现减租的任务，造成分配土地的先决条件；同时必须注意尽可能地维持农业生产的现有水平不使降低。”在执行这个工作方针的时候，必须引导干部学会调查研究，从新区实际情况出发，根据客观环境、干部条件和群众觉悟程度等三方面来考虑一切问题，来决定我们的策略步骤。因为我们的干部多数来自北方，对南方的社会、政治、经济和历史情况，完全是生疏的，如果不这样，如果凭着主观的愿望或者只凭着老经验办事，那就很容易犯主观主义和经验主义的错误。就会像过去我们初到中原时在一个短期内所犯过的错误一样，使我们的工作又走一些弯路。一般说来，新区群众最初的要求是安定社会秩序和较为合理的负担方法，要求明了我党我军的态度，所以我军进入之后，首先要做的是：第一，根据党的口号和人民解放军布告进行广泛深入的宣传，明确的宣布和解释我党的政策，揭露敌人的一切造谣欺骗，以解除群众对我们的疑惧；第二，打坍或接收国民党各级反动政权，立即由人民解放军委任县区（乡）长，建立人民政府，发号施令，出安民告示，安定民心；第三，采取政治军事双管齐下的办法，坚决的消灭国民党和地主阶级的反动武装力量，和有步骤有方法的肃清匪患；第四，适应大军供应的紧急需要，颁布征借粮草办法、城市筹款办法、处理金融办法诸法令，使人民有法可守，避免紊乱；第五，一开始就应注意对于生产的领导和号召人民努力生产，我们的各项措施，都应注意保持人民的生产积极性，尽可能地不浪费农民的生产时间，以达到尽可能地维持农业生产的原有水平不使降低的目的。只要我们做好这些工作，加上人民解放军的良好纪律，就能够迅速地打坍国民党，巩固我们的胜利。在新区，大约今后一年甚至一年以上，还不可能实现减租（一般不提减息）。就是对于反对恶霸即反对地主阶级当权派的斗争，也应有准备有步骤的去进行，切不可在秩序尚未安定，干部和群众均无准备的条件下，主观地人为地去布置一个普遍的反恶霸斗争。在初期我们的打击目标，应集中力量打击那些进行武装抵抗、进行破坏行为、继续欺压人民、抵抗合理负担的明目张胆的反动分子，亦即是首先打击那些带全县全区性的罪大恶极的少数统治人物，暂时麻痹或中立那些尚不公然反对我们和继续作恶的恶霸分子或过去的当权人物，以便于我们组织群众力量，然后再去对付他们。当群众运动进入到反恶霸阶段的时候，也必须将斗争约束在从政治上打坍国民党和地主阶级的反动权威，树立人民（农民）的革命权威的目的之上，打击的对象不可过多，反恶霸阶段的时间不可拖长，切不可任意发展下去，打到许多不必打和不应打（如所谓狗腿）的分子身上，以免紊乱阶级阵容，造成团结敌人、孤立自己的结果。切不可重犯乱打乱杀乱捉的错误，而致引起群众的疑惧，丧失社会的同情。对农村中的开明绅士和比较进步的知识分子，他们在全国胜利的形势下可能要求靠近我们。我们不应拒绝同他们合作，而应由政府干部出面主动地去与他们合作，或与之建立一定的联系，或采取座谈会的形式给予发表意见的机会，或吸收某些分子参加一定的工作。因为这些分子往往是地方的在野派，与他们的合作，既能分化地主阶级，又能在反对地主阶级当权派的斗争中，起其一定的作用。在合作的过程中去考察他们的动机和政治态度，给予分别的对待，对于其中真正开明的进步的分子，尤以切实团结，帮助其进步，分配其工作，使之变为我们的干部。在每一个县或专区，培养几个能与我们长期合作的地主阶级左翼分子，是有益处的。对于农村中纯洁的青年知识分子，不问其阶级出身如何，均可大量吸收，经过短期训练，分配到群众工作中去加以改造和锻炼，无疑地，也将对新区工作产生良好的效果，并可能培养出一批干部。必须指出，我们的同志往往容易犯主观主义，而忽视了毛主席“一切从实际出发”的指示；往往缺乏策略思想，忽视了毛主席的“争取多数，打击少数，利用矛盾，各个击破”的策略指导原则；往往不善于分清界限，不善于分清群众的目前利益与长远利益，容易犯急性病，把应该放到明天打的敌人拿到今天来打，把明天才能做的事拿到今天来做，把少数群众积极分子或勇敢分子的要求当作是大多数群众的普遍要求，并轻率地以之作为决定政策和策略的根据；这些毛病，都应在今后新区工作中，予以注意和防止。

（三）军事供应是新区首先接触的关系军需民食的一个最大的政策问题，党和军队的领导者应以最大的注意去解决这个困难问题，使之既能保障军需，又能不致造成混乱，影响民生。在解决军需（包括粮草经费金融支差等）时，尽可能地避免由军队直接出面办理，而应迅速委派县区乡长，建立乡（等于区）以上的人民政府出面办理。各级政府一开始就应注意财经工作，建立财经机构。领导人民经济生活，发展生产，将是今后政权工作的中心任务。关于征借粮草、城市筹款、稳定币制等项具体政策，中央局将另有指示。在全国胜利形势下，从国民党地方反动政府上完整地接收一个专区一个县一个区的可能性增加了，在此种接收中，凡属小城市乃至较大集镇，基本上适用一般城市接管办法，特别注意维持秩序。防止破坏一切文件档案，不可只字抛散，而应分交有关部门缜密研究和处理；学校继续开学，只取消其党义公民等反动政治课程，其余均照旧讲授；政府所有单位照常办公，听候接收和处理；特别是所有财粮税务系统，千万不可打乱，而应暂时利用这些原有的机构暂时采用原有的税制，继续办理征收工作，然后再去逐渐地有步骤地加以改造和改变，以免影响财政的收入。对于和平移交的人员，在办理移交之后，一般地均应集中到县或专区施行短期训练，然后分别处理，凡是于我有用的普通职员和专门技术的人，都可酌量情形，分别录用，其余人员则可给资遣散。对于国民党用投降归顺方法以保持其力量的一切反动企图，应有足够的警惕，对于旧保甲长，则应令其继续供职，使之为我筹粮支差，以免造成农村中的无政府状态。但是必须了解，这些旧保甲长不会真心替人民办事的，所以我们应派人下乡，召集群众大会，当着群众宣布我党我军政策及负担办法，指明这些保甲长除个别分子外都是有罪的，他们应该公道办事，立功赎罪，规定几条守则，要他们遵守，并号召人民监督他们。我们切不可在群众尚未初步发动之前，就去改选或委派新保甲长，因为我们没有把握不选坏人，反会招致群众对我不满，所以这种办法是不妥当的。如果群众要求撤换时，则可领导群众自行推选。但是我们必须切实注意，选拔劳动群众中的积极的有觉悟的分子，去逐步地代替旧保甲长，利用旧保甲长的时间不可拖得太长，以免模糊了群众的认识，妨害了群众运动的开展。

（四）乡村人民（农民）的优势，决定于农民自身的组织力量和觉悟程度，决定于农民有了自己的政权和武装，有了自己的无产阶级政党来作为领导的核心。因此，除了建立政权之外，一开始就应注意到逐步地建立农民协会，建立地方武装和建立党的组织。不可能一开始就在乡村中普遍的建立农协，而应先在县区两级成立农民协会筹备会。分配最好的房屋作为县区农协的会址。今后党应依托农民协会去领导农民运动，下乡进行群众工作的干部，亦应由农协派遣和领导。农协是农民群众的组织，是乡村人民政府的主要支柱和基础，当农民群众已经组织起来和发动起来的时候，乡和村的农民代表会议将实际起到乡和村的人民代表会议的政权的作用。农协的成员是雇农贫农中农贫苦知识分子及乡村的独立劳动者，严防地主富农流氓混入篡夺农协领导。农协经常的任务是教育农民，组织农民，领导农民斗争和生产，依靠农民自身的觉悟和组织力量，在无产阶级先锋队的领导下，达到农民的解放。不应该叫农协去进行筹粮筹款派差等等行政工作，但农协必须教育和动员农民积极的支援前线，拥护和实行政府的法令。要使农民懂得，共产党和人民政府的每一个措施都符合于农民目前的和长远的利益，故应采取积极拥护和支持的立场。而在初期阶段，农民与地主阶级斗争的主要内容将是合理负担，故农协应在领导实行合理负担斗争中，去达到启发农民阶级觉悟，训练积极分子，建立农协在乡村的基层组织和保护农民利益的目的。农协筹备会要大量的开办短期训练班，吸收农民积极分子和贫苦青年知识分子入学，以培养农运干部和政权干部。训练班的时间不可太长，以七天左右为适宜，训练的内容主要是讲解劳动创造世界，阶级和阶级斗争（农民和地主、剥削和被剥削、农民解放的道路），形势和政策（主要是土地政策、负担政策），农协的组织和当干部的条件。在训练中注意选拔那些真正贫苦劳动正派的积极分子，作为农协的骨干，委派他们去建立乡村的农协组织，并吸收其中最好的分子入党。农村建党，采取少而精的原则，应在斗争中去逐步地个别地吸收党员，建立支部，切忌拉夫，宁缺勿滥。农村中的劳动青年和妇女一律参加农协，可在农协中成立青年小组和妇女小组，作为将来成立全区全县青年和妇女组织的基础。地方武装的建立，一般地应以当地原有的游击队或由野战军分遣一部分作为骨干，绝对不可将投降的地主武装或土匪改编为地方武装，而应将他们编入野战军去改造和消化，民兵则在一个时期内，暂时不宜建立。

（五）江南社会情况比北方复杂得多，我们同志对这里的情形暂时还是完全生疏的，所以在处理特务分子、国民党员、三青团员、土匪、会门、青红帮流氓诸问题的时候，必须采取极其稳重的分别对待的态度，切不可在没有必要准备的条件下，就去粗率的处理这类问题。但是我们应首先宣布解散特务机关，宣布国民党、三青团、青年党、民社党为反动的非法组织，宣布我党我军和人民政府对于过去参加这些反动组织的人员，除个别首恶分子外，一律采取既往不咎从宽处理的政策，号召他们脱离反动组织，改过自新。警告他们，如果继续进行反动活动，定将从严惩究。在宣布之后，对于普通党团员，实行登记，而应集中注意于对特务机关和反动组织及其负责人员的调查登记，并即按照中央社会部指示办法分别处理。对土匪和地方土蒋，实行首恶者必办、胁从者不问、立功者受奖的政策，采取以政治瓦解为主，配合以军事打击的办法，达到完全消灭的目的。对有会门的地区，应明白宣布不准成立，其已成立者，则进行政治争取和瓦解工作，只有在不得已时，才给以适当的军事打击，军事解决之后，除对其首要分子作适当的惩办外，其余胁从分子，仍应宽大处理。对青红帮流氓组织，则应采取置之不理的政策，如果他们在反动头子领导之下，进行破坏活动，则应按照反革命案件办理。不可涉及帮会关系，因为帮会是一个广泛的群众组织，只有在群众发动起来，人民生活改善的时候，才能获得解决。但是党应注意这个问题，逐渐物色和培养干部去进行这个工作，同时应争取一些比较进步的帮会头子与我合作，以达到减少帮会的破坏性，并防止敌人利用帮会反对我们的目的。

（六）江南有不少的地区，存在着或大或小的游击部队、游击根据地或地下党的组织，多年以来，他们进行了艰苦卓绝的斗争，在配合人民解放战争取得全国胜利的事业上，起了伟大的作用。由于他们熟悉情况，与群众有联系，必将起到更大的作用。南下的部队和干部进入这种地区后，应迅速同他们取得联络，热情地慰问他们，虚心地向他们了解情况，学习经验，共同研究工作。由于他们长期的单独活动，不可避免的存在一些弱点或缺点，特别对于党的各项具体政策了解不多。所以南下党委和军队首长应同当地党委商定办法，迅速分别召集会议或办短期训练班，讲解形势和任务，传达党的各项具体政策。对于他们的缺点，采取耐心等待，热情帮助其进步的态度，切不可操之过急，影响他们的积极性。对于南下军队和干部的缺点，尤以向他们说明，以免要求过高，反而产生失望的心理。对于他们的工作分配和组织问题的处理，应力求适当，不可粗枝大叶，影响团结。

（七）进入江南后，我们将会遇到地区太大、任务太多、干部太少的困难，南下干部和本地干部为数仍少，故必须坚决实行毛主席和中央的指示，南下大军除了“永远是一个战斗队”之外，必须同时负担“又是一个工作队”的任务。军队中的党委必须根据本身条件和地方工作的需要，与地方党委协商抽调大批适合于地方工作的干部和战士，加以短期训练，交由地方党委领导和分配工作。军队本身，则应切实执行“三大纪律，八项注意”，并加强连队对于居民工作的领导。新区干部另一个更重要的来源是大量地培养本地干部。外来干部必须了解：只有当本地干部大量生长起来的时候，我们党才能解决联系群众的任务，才能深入地发动群众，才能巩固革命的基础。所以大量选拔和培养本地劳动正派积极分子（防止流氓分子混入）成为干部，乃是外来干部的主要任务之一。为了适应主客观条件，在工作布置和力量配备上，应将重点放在城市周围、交通要道和人口众多的地区，亦即是敌人统治最强的地区。在领导方法上，亦应注意抓住重点推动一般，切不可无重点地平均使用力量，弄得处处软弱无力，做不出工作成绩来。

（八）江南问题极为复杂，许多新的问题摆在我们面前，帝国主义和国民党反动派将采用多样的斗争形式来反对我们，以图死灰复燃，我们以往的工作经验是完全不够用的，偶一不慎，就会上帝国主义和国内反动派的圈套，就会犯错误。所以，毛主席再三教导我们：“中国革命是伟大的，但是革命以后的路程更长，工作更伟大、更艰苦，这一点现在就必须向党内讲明白，务必使同志们继续地保持谦虚、谨慎、不骄、不躁的作风，务必使同志们继续地保持艰苦奋斗的作风。我们有批评和自我批评这个马列主义的武器。我们能够去掉不良作风，保持优良作风。我们能够学会我们原来不懂的东西。我们不但善于破坏一个旧世界，我们还将善于建设一个新世界。”只要我们各级党委、军队和所有干部，遵循了这个指示，我们就一定能够战胜工作的任何困难，团结江南人民，完成解放江南全部的任务。

（中共泰安市委党史征集研究办公室编：《泰安南下干部纪实》，中国文史出版社 2013 年 1 月版。）

# 中央对华东局关于接管江南城市指示草案的批示

（一九四九年四月二十五日）

（一）关于接管江南城市指示草案，中央同意，望即发布。

（二）根据平、津经验，军管会能很好地接收城市及工厂和资财，但军管会不能经营企业和工厂。故军管会在接收后，应迅速将企业、工厂和物资，分别交给各适当的负责的机关管理和经营。例如将市政工业及其他若干工商业交市政府管理经营，其他工商业则组织若干公司来负责经营，否则很难开工营业，即使勉强开工，亦难长期维持。

（三）根据平、津经验，新解放的城市照旧收税是完全可能和必要的。但旧的收税人员，因在群众中种下很大的恶感，群众不信任。故由旧人员去收税，普遍遭到群众的反对和抵制，后来委任我军人员任税收局长，并由我军人员带领旧人员去收税，发给我人民政府税收局的收条，人民才踊跃交税。这一经验，望记取。

（四）城市解放后，许多房客不交房租，房东亦不敢收房租，因此人心长期不安。军管会与人民政府，对此不应缄默、长期不表示态度，应正式宣布除官僚资本之房屋应予没收外，一切私人房屋的所有权应予保障，房客应继续交纳房租，租金多少应由房客与房东议定。有纠纷者应由政府或人民法庭调解仲裁解决之。

（五）城市解放后，常有许多自发的工人斗争。有些工人、店员，在老板恐慌情绪下，分了店铺和作坊。我们有些区委和支部，亦任意处理劳资纠纷。因此，在城市中常造成若干劳资斗争中的无政府状态，破坏我们的政策。故在城市解放后，应重新发表新华社的“二七”社论及其他若干关于工人运动的文章，并须规定每个城市的劳资问题及公营工厂中工人与管理机关的争执问题，均须一律经过市总工会及市政府劳动局审查和处理。军管会及党的市委则须派得力人去指导总工会及劳动局的工作，使其能有效率地解决一切劳资问题及公营工厂中工人要求问题。同时并须告诫各支部和区委及其他机关，不要不经请示任意处理劳资问题。

（六）国民党的官僚资本企业中，大多有大批冗员及官僚制度，例如工厂中的警卫科、厂警等，工人、职员十分不满，要求迅速改革。而这些人员和机构，也可以迅速改革。故在确定工厂管理关系后，应即发动工人迅速改革这些制度，以利生产。

［中央档案馆编：《中共中央文件选集（1949 年）》第 18 册，中共中央党校出版社 1992 年 10 月版。］

# 中共中央山东分局组织部<br>关于抽调一万五千干部随军南下任务执行情况的<br>补充报告

（一九四九年四月二十九日）

华东局并中央组织部并各区党委各直属市委地委：

关于地方调一万五千干部随军南下任务执行的情况，前华组已有两次报告，兹再补充报告如下：

甲、各级党委坚决地完成并超过任务，打破了历史的本位主义。在执行中贯彻照顾新区发展为主，又照顾老区巩固的原则。据不完整地统计，南下干部总数二二九六八人。其质量一般比留职者为强。

乙、完成任务的主要原因如下：

第一，中央及华东局关于抽调南下干部的正确决定，与领导党员干部经过整党加强纪律性教育后，政治觉悟提高与革命胜利形势的鼓舞，是顺利地完成任务的基本原因。

第二，深入的政治动员与具体说明南下的有利条件与可能的困难贯穿着领导上强调启发干部的自觉自愿，与本人强调服从组织适应全国形势的需要，既不勉强南下，又不放任自流，并将政治动员与帮助解决具体问题适当的结合，并迅速解除了党员干部的各种顾虑，普遍提高了干部南下的自觉性与服从性。

第三，在组织领导上，不仅做到了按级研究了解配备干部与批准的手续，而且为了坚决执行照顾新区为主又照顾老区的原则，有些地区在开始布置动员时尚未确定谁走之前强调照顾大局照顾全党，明确指出接管新区与巩固老区的关系、反对不愿调好干部到新区的本位观念，这是领导上掌握的第一个环节。但在调拨谁走之后，紧接着要防止某些干部临走时乱抓干部而不照顾老区的偏向，这是领导上掌握的第二个环节。

第四，由于时间的迫促，准备的不够充分与任务的提前完成，所以也发生了某些偏差。如有些同志为了南下，有病与初怀孕而不肯讲，集中徐州之后又退回来，以及个别新脱离生产的农民党员和新解放的学生半路逃回。这说明思想教育尚未成熟，组织审查不严密，虽然这不是主要偏向，但也不能忽视。

丙、经过这次干部抽调之后，各级组织变动很大，很快又配备起来了干部，在数量上比前增多了（山东原有干部九六九六八人，今年新提拔刚脱离生产干部三六九一三人，这次南下二二九六八人，现在尚有一〇二九一三人）。但在质量上半职多了（据胶东东海地委统计，县委书记新提拔者占百分之九六点二，原职者占百分之三点八，县委部长及政府科长新提拔者占百分之九一点六，分区书记新提拔者占百分之八二点五，甚至个别县份之主要干部完全是新提拔的），一般以区党委地委较强（有的地委配备的阵容尤为整齐，大部分优秀的县委书记提拔到地委），县级软弱，区级最弱，有些乡村级干部相对的强了（多系年纪较大或不愿脱离生产的党员或村干部）。总的看来组织的阵容一般是保证了。但新提升的干部对下面情况较熟悉和干部群众的联系较密切。尤其是县委以上的组织对政策原则的掌握，与具备工作的经验较好。但新提拔到上级机关，还有些胆怯，对业务不熟悉，因此这种削弱是一时的现象。领导上决定级级的深入具体帮助支持与鼓励其长处，很快即可克服其短处，有些组织被一时的削弱现象所吓倒，而失掉信心，或则放任不管都是错误的。

丁、在大量干部调走之后，一度的思想有许多波动。有些机关工作干部不安心，认为在下边工作进步快，提拔的快。想南下的因未达到目的而焦急，希望下一次很快走。怕南下的顾虑将来是否调动。也有的认为“早晚脱不了走，晚走不如早走”，以致精神不集中，对工作无信心。也有的干部特别是县区干部认为新的不如老的强，对自己工作无信心，对下级更无信心。新提拔的区干部怕领导不了老的干部，老的干部瞧不起新提拔的区干部。总之新提拔的县区干部工作历史短（区干部绝大多数是二年以内的）、经验少、文化低、认识窄狭。但提拔的干部有朝气，责任心加强了，而自满情绪产生了。今后是如何发挥其长处，克服其短处，稳定其情绪，鼓励其信心，加强政策与业务教育，具体帮助其解决困难，提高其政治文化水平与生产知识，成为目前干部工作的中心环节。

戊、目前干部的数量虽然增多了，但仍很缺很弱，农村工作干部要在今后生产及结束土改中加紧培养与提高，加强学习领导生产，加强劳动生产观念，培养大量的农业生产领袖。

第一，我们的城市工业生产建设干部最缺最弱。目前必须先加强企业中的骨干。必须坚决执行中央关于大批的培养训练和提拔产业工人干部（的指示），有计划的开办训练班，加强职工的政治教育，普遍进行职工补习教育，并将各种的学校整理加强，继续搜集长于城市工商建设的人才参加生产建设领导。

第二，我们的教育干部也很缺很弱。今后除长期培养专门教育人才外，目前必须从现有干部中选调一部分文化、理论水平高而又能领导学生群众运动的干部，到教育部门和各种学校中去工作。（城工干部的情况如检讨，另报。）

山东分局组织部

［山东省档案馆、山东社会科学院历史研究所合编：《山东革命历史档案资料选编（第二十二辑）》，山东人民出版社 1986 年 5 月版。］

# 中国人民解放军华东军区司令部入城纪律

（一九四九年五月）

城市秩序的好坏，首先决定于入城部队的纪律好坏，特别决定于部队干部与接收干部能否忠实执行城市政策与能否严格遵守入城纪律。因此一切部队从军、政、后勤干部直到战士，一切接管机关从党、政、军、民、财、经、文教干部直到勤杂人员，在入城前，必须普遍地、反复地、深入地进行党的城市政策的教育及入城纪律的教育与接管城市的经验教育。一切部队干部及接收人员必须坚决遵守下列入城纪律：

第一、一切机关、部队、公营企业人员、采购人员、民兵、民工凡未持有军管会所发之通行证或佩戴军管会特许之证章者，一律禁止出入市区及工厂区。严厉处罚一切破坏秩序，损坏公物及盗窃国家财产的分子。

第二、一切接收人员与入城工作人员，必须严格遵守“三大纪律，八项注意”。坚决执行人民解放军总部及华东军区所颁布的一切命令法规。严禁无纪律无政策现象。

第三、入城部队只有保护城市工商业之责，无没收处理之权。除易于爆炸和燃烧的物资如炸药、弹药、汽油等应迅速疏散出城并呈报军管会处理外，严禁搬运机器、物资和器材，严禁擅拆车轮及零件。

第四、除敌方武装散匪及其他持枪抵抗的人员应加俘虏及重要特务间谍与破坏分子和重要战犯应加以逮捕外，严禁乱打人抓人的现象。

第五、任何部队有收集散在战场上的弹药、武器、其他军用品及军用物资之责，但无单独处理之权。必须开列清单呈报军管会转报华东军区统一处理。严禁各部队后勤供给人员离开本身职务投机取巧，乱抓物资或抢购物资。

第六、一切入城的机关及部队必须遵照军管会所指定的房屋居住，服从公共房屋管理处的管理与分配，并教育一切人员爱护公物及使用室内外一切新式设备与卫生设备的方法。严禁擅移器具设备及盗窃破坏国家财产。所有部队机关一律不准驻在工厂、医院、学校和教堂。

第七、在战斗结束后，除需要维持城市秩序一定数量的部队外，其他部队一律撤出城外，并在撤出前必须将任务移交清楚。一切驻在城内部队，应制定适合城市生活习惯的制度和规则。一切机关及部队人员不许在市内无故鸣枪，如需军事演习或练习射击时，必须得到军管会的批准，并须到军管会所指定的郊外地点演习。

第八、一切机关及部队人员实行公平交易，不得强买强卖。所有部队人员及公务人员乘坐公共汽车或进入公众游戏场所，必须照规买票。所有汽车及其他车辆入城，必须遵守交通规则并服从交通警察之指挥。

第九、除外国侨民事务管理处外，任何机关和干部不许和外国人谈话或发生直接关系。对一切外国外交机关、教堂、学校、医院、银行、工厂、商店及外国人的住宅，应予切实保护，严禁擅入外国侨民的机关及私人住宅。如外侨有犯罪行为者，须呈报军管会处理。

第十、除中国人民解放军总部、毛主席、朱总司令所发布约法八章的布告外，不得乱寄其他未经上级批准的标语和口号。对城市各种具体政策必须经过中央与华东局批准后，方可实施。必须严格执行报告请示制度。

第十一、一切机关及部队人员应保持艰苦朴素作风，不准私受馈赠，私取公物。反对贪污腐化堕落行为。

第十二、厉行奖罚制度。对遵守纪律遵守城市政策有功者应给予精神的和物质的奖励。对违反纪律违反城市政策者必须彻底追究，并依情节轻重依法处理。

（中共泰安市委党史征集研究办公室编：《泰安南下干部纪实》，中国文史出版社 2013 年 1 月第 1 版。）

# 苏州专署关于接管经费处理办法的通知

（一九四九年五月三日）

接管工作已经开始，兹将接管经费在接收时期中，生活费用、薪津处理标准办法、手续，作如下规定：

**一、处理标准办法**

（一）凡原国民党反动政府所属一切政权机构中，负责看管移交及登记后尚未处理人员，于接管期中为使得移交及看管工作，可发一部分生活补贴粮，其标准每天每人 3 市斤计，按当日市价折算，并视不同情况发给一个月或半个月，待接管工作告一段落后，对其旧人员分别处理，如需要才录用，其薪津标准另行规定。

（二）凡原伪公管企业等部门之技术人员、医师、工程师等，除其主要反动分子外，大部分将来均可录用，原职原薪，但在接管期间，尚未定薪给标准之前，暂时可以每人每天发给大米 5 斤，其他非技术人员则每人每天发给大米 3 斤。

（三）公教人员、初小校长、教职工、一般职员、工友及实小教师，每人每天给大米 3 斤，初小校长以上的教员，均可每人每天发给大米 5 斤。

（四）公费学生每人每天发给 2.5 斤大米。

以上薪水的发放是临时办法，已请示苏南行署，如有更改当另通知。应向旧人员说明，这是临时办法，以后有了统一规定，则多余部分给予补足。

**二、使用手续**

凡在上述规定标准办法之内所需之费用，均须编造详细预算、旧公教技术人员名册，经批准后方准在领回之接管经费准备金动用，否则不得自行动支，如有紧急需用者，必须一面电告分区，请批准动用，一面追造预算，经过批准手续。

**三、关于今后录用之旧职员技术人员薪津标准，各部均可提出意见，送分区研究后将呈华中最后批准。**

上述仰希遵照为要。

通知各市县及分区直属各部。

专　员　李幹成
副专员　张维兹

（中共苏州市委党史工作办公室编：《苏州城市接管与社会改造》，中共党史出版社 2009 年 4 月版。）

# 中央对华东局《关于我军南进与各游击区会师的工作指示》的批示

（一九四九年五月四日）

华东局，并告中原局，林罗：

你们“关于我军南进与各游击区会师的工作指示”草案，已阅悉。写的很好，我们完全同意。并认为要特别注意教育野战军的与随军南下的干部，认识到游击区的党与游击部队的缺点，最主要的原因是由于他们长期在敌后作战，得不到中央经常具体的领导，中央的许多文件也很少看到，学习的机会也少等等。这样来看问题是合乎事实的，也能使游击区的党与游击部队的干部更愉快地自觉地检讨其自己的缺点；另一方面，也就能使野战军的与随军南下的干部对当地坚持游击战争的干部少作求全的责备，这样就有助于双方的团结。这是一个外来与本地的关系问题，也是野战军与南下干部如何与当地群众结合的问题。从接触的一开始，特别是外来干部就必须自觉地深刻注意这一点。

中央

辰支

［中央档案馆编：《中共中央文件选集（1949年）》第18册，中共中央党校出版社1992年10月版。］

# 苏南区党委关于支前工作的决定

（一九四九年五月五日）

一、京沪杭战役三野大军在长江东线突破江防追歼逃敌，均相继取得伟大胜利。现攻击上海战斗即将发起，为继续有效支援前线以及战役全胜后有计划地供应大军分防休整之需要，苏南党在当前繁重接管城市、开发新区工作之外，仍应以支前工作为全党目前头等紧急任务。

二、为适应战争胜利发展形势、苏南交通便利条件及接收新区时期工作特点，当前支前工作基本要求在于迅速筹集与调运粮食燃料与动员组织各种交通工具，修复公路、铁路便于粮弹军需的运输，以及协助部队，巩固苏北民工并有效组织其逐步复员工作。为完成上述任务，应善于发挥政权作用，充分运用城市力量及现代化交通工具，并将各军管会所接收粮食、车船尽先服从支前需要，区党委并按实际需要决定建立下列各级支前机构：

（一）建立苏南支前司令部，以管文蔚同志兼司令，陈国栋同志兼第一副司令，骆明同志为第二副司令，钟民同志兼政治委员，统一领导苏南全区之支前工作。

（二）各分区组织分区支前司令部，以专员或副专员兼任司令，地委书记或副书记兼政委，领导办理各分区境内支前工作，在上海作战期间苏州、松江两个分区，尤应以大力担负前线支前任务。

（三）无锡、镇江、常州、苏州、松江诸市，于市政府内设一支前处，运用城市支前力量，完成各交通要道必要的就地支前工作，并准备随时担负苏南支前司令部所交付之任务。

（四）各县下设支前总队部，仅于沪宁、沪杭两路及通苏北沿江交通要道如江阴、丹阳、吴江、昆山、常熟诸县，于县政府内设一支前科，负责支前工作，其他各县则按实际需要，善于运用政府权力，完成必要的支前任务。

三、目前战争发展虽极顺利，京沪杭全面胜利结束亦为期不远，但为适应主力攻占上海要求，及大军于战役结束后分防时期之大量供应，目前支前任务仍甚繁重，加以苏南新区困难尤其多，因此各级党委在领导思想上决不能因接管工作繁忙而对支前工作有所放松，并且按支前工作实际需要指定一部分负责支前工作。各级党政机关，对有关支前工作，仍应服从各上级支前机关之指挥，并按时完成其所交付之支前任务。

四、苏南支前司令部为完成当前支前任务所颁发支前工作计划，经区党委核准时与本决定一同下达，各地委接到后立即详细讨论、切实执行，迅速配备建立各级支前组织，并将负责干部名单报告区党委及苏南支前司令部。

（中共苏州市委党史工作办公室编：《苏州城市接管与社会改造》，中共党史出版社 2009 年 4 月版。）

# 苏州专署关于<br>切实保护一切公共财物的布告

（一九四九年五月十日）

查本区辖境，匪伪遗存之各种公共建筑、资财、仓库、战犯房屋、桥梁、树木等，解放以后均属人民财富，听候民主政府接管且人人有保护之义务，不使损失。惟近有少数不肖之徒乘机拆毁、盗窃、搬移、破坏，殊属不法，应究处，兹以解放开始，姑念器材、瓦木、用具等迅即送归原处，如仍企图隐瞒或继续破坏者一经检举，查明属实，决予严惩不贷。自即日起，凡境内一切公共建筑、财产、树木等任何人不得稍加破坏隐藏，各级政府应切实负责严密侦查，加以保护，切切！

专　员　李幹成

副专员　张维兹

（中共苏州市委党史工作办公室编：《苏州城市接管与社会改造》，中共党史出版社2009年4月版。）

# 苏州专署二十天工作报告

（一九四九年五月二十日）

## 一、一般情况

（一）苏州于4月27日解放，常熟、吴江亦相继解放，昆山和太仓至本月12日才解放，各县都在一天左右进入城市，事先准备工作（如政策纪律教育、新区工作、接收计划、干部配备等）都做了一些，故在进入城市后，工作步骤、组织方面都还没有大混乱。

（二）所有伪政权及公营企业等机关，高级的人员（县以上）逃跑的较多，以下的逃跑的很少，公路局、水利、农场、电灯、电讯、邮政等，学校包括大中小学都很完整，政权系统的人员逃跑的虽较多，但档案文件都尚健全，党团特材料、田亩册、税务方面都没有困难，地下工作同志在此是有成就的。一般群众对我政策已有一定程度的了解，故在我进入以后表现欢迎我们。敌人临走时的破坏主要在交通方面，公路铁路上的桥梁，如苏锡路在吴县境内的4座，苏嘉路有10座左右，昆山、太仓因敌撤逃迟，公路方面破坏较大。敌撤我进的真空时间，有商民自卫队及一部警察维持秩序，故遭受不肖之徒抢劫破坏的虽有，但不是很大。

（三）治安情况。一般秩序虽已逐步稳定，主要城镇未发生较大问题，散匪游勇抢劫滋扰尚不断发生，有的还有饥民参加。吴江县每晚常有十多起劫案，常熟县沿江与昆太交界处亦发现股匪伏击，吴县发生土匪抢夺我军粮船一只，劫去大米百余石，苏州城内亦发生抢案三起，破获一起。群众对此有些顾虑，有夜晚不敢在家睡觉的。各县武装很少，工作繁重，势必不能全力进行治安工作，故这一情况尚难平定。

（四）金融物价方面。在我进城后，人民币与伪币比值未定前，及至比值规定限期使用伪币后之短时间内，物价跳动上涨，而且常以银圆为本位。本月10号以后，伪币逐渐排除驱逐，苦力工人、贫苦摊贩等收兑了一部分。在苏州一地收兑人民币310万元，这在排除伪币上起了一定作用，并取到普遍良好的反映。如苦力贫民说："共产党到底是照顾我们穷人的，对我们特别优待。"同时也使一般旧职员、保甲长明确这一观点，一保长说："过去国民党训了我们一顿，回去就是要壮丁，给群众挨骂，两头死。现在共产党训了一顿，回去就是要替群众解决困难的。"目前伪币已肃清，大致上都以人民币为本币，唯银圆太多，尚在兴风作浪，在苏州市筹征收粮草代金中征了一部分银圆，配合收购发行人民币，以补足市场筹码之不足，采取各种措施，使人民币站稳脚跟。目前物价已趋平稳，部分物价呈微跌情势，因交通尚不甚通畅，市场贸易无大的成交。

**二、接管工作**

（一）苏州市接管工作由军管会统一领导，财经、公安、教育等处分别参加军管会之财经、公安、文教部，专署本身主要负责政务部接收，包括政权、建设、邮电等系统。常熟市由军分区、地委、专署合组，配备干部与县里结合，统一领导接管，这是分区的两个重点，其他都由各县负责，专署派出一个代表接收较大的企业机构。县的力量也都有重点配备，着重在较大的城镇与企业机构。因一般接管机构都完整，接收尚顺利，干部方面尚无较大困难，惟感不熟练。

（二）一般接收步骤是找旧职员听训，宣布我政策，造具清册，按照系统分门别类点交，现大都已进入清理阶段。人员除少数不能录用需要遣返一部分外，仍未予处理。薪给标准亦未确定，仅发每人每天三斤、五斤的生活费，而对这问题一般要求很迫切，工作学习亦不能早确定。苏州、吴江有好多流亡机构，在接收中尚有只交我们知道的，而我们不知道的尽量掩护不交，另外有交出次要的，掩护主要的，追得紧则交，不追不交。这种情况在党团特方面较多较严重，但在我了解情况、揭发追究下，大体上做到了移交，顽强抗拒移交的现象还没发现。

（三）武装方面的接收。吴县、常熟、昆山三县的收获较大。常熟接收共约500人，且大部系在我地下党的组织——苏常太武工队所控制的反动杂牌武装，遣散200人，逃跑100人，尚留用200人（其中100人补充警备第八旅）。吴县接收200人左右，昆山在未解放前来投诚的200余人，其他县有零星小股接收的，但散在外面的为数不少，掠夺滋扰为害甚大。现分区已成立四个收容组。并在蠡墅成立统一机构，以政治收容为主，但暂时未有显著成效。

（四）接收后一般均维持现状。学校全部复课，公用事业如电灯电话等始终未停止，其他企业机关都分别进行复业，中国蚕丝公司解放前已停业数月，现亦在筹备复工，惟需要较多的资金（另有计划）。税收5日即开始，每天收入100万元，除使用牌照税暂缓征外，其余已全部开征，估计全月全分区可收1.5

亿元。感到难以处理的是慈善机关如老人堂、婴儿院、孤儿院等，全分区统计人数要在千人以上（未精确统计），消耗很大，解散之于我政治影响不佳。

（五）接收干部以及各机关接收违反纪律的现象尚少。开始时有地下党所控制的游击队、武工队，因掌握得不够好，同时政策不熟悉，自立名目自定番号，甚至有假借冒充“昆山市委”“区政府”“太湖县政府”等名义擅自接收，发布“打土豪、分田地”等标语口号，形成临时某些混乱与群众的某些错觉，不久给予分别统一处理解决。

（六）政权接收。乡一级有半数还是旧的，镇长都是新派的。下面对乡镇保甲长的政策掌握和使用态度上是有偏差的。一种是自流放任，态度不严正，任务布置不严格，对个别为群众痛恨之乡保甲长未加区别使用，为群众不满，有的则未向群众说明，引起群众怀疑等右倾偏向；一种是对一般的乡镇保甲长过分以言语态度上的呼叱、辱骂、打击，不够适当与没有分寸的过“左”现象。这些伪职员、保甲长大部在表面上尚能积极服从命令，完成所交代的一定任务，不敢违法，企求将功折罚，仅有少部分的还作破坏活动，或明或暗的讲反动言论，甚至隐藏武器、勾结土匪等，除个别表现特别坏的，一般的只有待有条件时逐步改造，在干部缺乏、情况尚不了解与任务繁重的情况下还要适当使用一般旧人员的。

（七）接收物资的收获并不很大，较贵重的给带走了，详细的情形待再汇报。

**三、支前工作**

（一）粮食工作。接收敌人账面数计大米 56452 斤、糙米 95270 斤、谷子 9939387 斤、小麦 3645 斤，现查获实有大米 1617030 斤、谷子 3786138 斤，总计折成大米 4040158 斤，现将并入征借粮草任务中，结合清查估计最低尚能清查出大米 100 万斤（昆山、太仓在外）。

（二）供应情况。自本月 1 日开始半个月内全分区估计已支付大米在 1.5 万石，马料约 1000 余担（部队自筹者例外）。部队东进规定 20 日前送 100 万斤大米至军部（可以完成），其他在征借中陆续供应。

（三）征借粮草。我们于本月 10 日召开县长、粮食局长会议已行布置，最近并有地委、专署的联合指示（附上一份）：

1. 任务布置（包括城镇献粮及接收粮）

苏州市 650 万斤（其中 300 万代金），目前已完成半数。

吴县 1980 万斤。

吴江县 2000 万斤。

常熟县 2100 万斤。

太仓县 300 万斤。

以上合计 7030 万斤。

2. 征收标准

7 亩以下免予征借，7.1 亩至 10 亩每亩 10 斤，10.1 亩至 20 亩每亩 20 斤，20.1 亩以上每亩 30 斤，佃田 20 亩以上一律征 20 斤，地主按亩征借，每亩 30 斤，按上列标准如以每亩平均产量 200 斤计，上中农负担 5% 至 7.5%，中下富农负担 10% 至 12.5%，富农负担 15% 至 20%，地主对半分租者负担 30%，四六分租者为 37%，三七分租者负担 50%，均不超过中央之规定。据一般了解 300 斤收获量的较多，故负担还不算怎么重的。征借重点在地主富农，实在不能完成时再往下推至中农。现据常熟县的汇报，单地主富农即可胜利完成，该县土地较集中，地主土地占 70% 以上，其他县没有那么集中，任务的布置情形尚不明，不过大致是有把握的。这一工作至今为止，各县已深入动员到群众了。

（四）支前组织机构。分区已成立支前司令部，并已正式办公，由专员兼司令，地委书记兼政委，下设秘书处、民力部、交通部、财粮部。各县拟即成立支前办事处，支前任务较重的区设支前区员。

（五）对民力的动用方面，主要是船只。轮船、汽车全部控制起来，民船亦进行登记，以应军需任务。现轮船、汽车民用的很少，大都供军用，民船仅常熟县即已动员 600 余条。

（六）公路修筑方面，苏锡路和苏州至吴江的公路已全部修复，现正在昆山、太仓附近以及吴江以南的公路修理。公路修筑均利用旧公路局的力量，我们派人督促，协助当地县区政府进行，不久亦可修复。

（中共苏州市委党史工作办公室编：《苏州城市接管与社会改造》，中共党史出版社 2009 年 4 月版。）

# 苏南区党委、苏南军区<br>关于迅速肃清残匪建立地方武装的指示

（一九四九年五月二十五日）

由于我大军迅速进军，苏南地区业已全部解放，我党政军人员亦全部进入苏南辖区，苏南地区建设工作即将开始，但由于敌人的迅速溃散，使苏南目前还有许多地方，都是敌人所遗的散兵散枪、股匪及事先有计划地潜伏在我区的公开与秘密的特务武装，在广大的乡村中，还有相当数量的地主所控制的武装。因之，目前各地社会秩序许多地方尚处在暂时的动荡中，苏南全体党政军目前最重要的任务之一，就是要迅速肃清散兵股匪，迅速建立与发展县区武装，使各地能迅速安定革命秩序，以便其他各项建设工作能依次顺利进行。为完成上述任务，特对几个原则问题作如下指示：

一、肃清残匪工作，各地已在进行，但根据现有材料，各地在进行中对某些原则和策略的认识与掌握上有不够明确之处，特再作如下规定：

（一）对敌人所运用的一切武装力量，不管其公开的或者隐蔽的、分散的或成股的，不管其表面上伪装的如何，原则上都应采取彻底的肃清，决不允许其独立存在或给予任何番号收编。应采取发动群众以政治瓦解与军事清剿相结合的军政并进、剿抚兼施的方针，但在步骤上应分别对象、地区，分别轻重缓急，有步骤地有计划地去进行，首先集中全力去对付那些对我危害最大的公开地或隐蔽地与我顽抗的匪特武装。对那些一时尚不敢与我作对的某些地主武装可留在第二步（在我的力量已经到达这个地区，当时社会秩序业已恢复之后）再去分别地予以解决，以免操之过急，增加我之困难。在方法上，对这些残匪，一般都可以采取先公开号召其自动前来登记投诚，将功赎罪，并号召群众进行检举，如逾期不来，即应采取武装搜捕（对散兵匪特）与军事上连续扫荡清剿（对股匪）的手段坚决剿灭之，所获俘虏以战俘待遇处理之。对那些业已前来接洽投诚的股匪，不管其伪装如何，原则上均应责令其全部缴械（不准给予任何番号），然后集中管教审训并令其立功赎罪，协助政府进行肃清残匪工作。上述人员之

处理原则是：能用者集中审训后分别补入部队，应淘汰者经短期教育后分别遣散，对部分惯匪、特务、恶霸则送当地司法公安机关处理。

（二）对那些过去与我有过联络关系的武装，一般原则一律不承认其原来名义和不给予新的名义与番号，在我准备就绪后，即令其全部解除武装并集中审训，但在缴械以后的处理上，应适当照顾这个部队的历史情况与当时情况，从实际出发，适当照顾不同情况。能不拆散其下属建制即可改造者，则在淘汰其坏分子后可相当地保持其原来的建制，分批地（整连整排）编入我军。若没有条件如此，则可照第一条所定残匪人员处理原则处理之。只有当这个部队确能为我党所绝对控制者，过去的名誉与现在的成分都不坏的情况下，才能给其相当于人民游击队的待遇，但仍不能将这种部队作为当地县区武装，最多只能原建制地编入主力或警备旅，且仍需首先集中严格审训，并淘汰其坏分子。

（三）因战斗或其他原因所丢失在城乡各地的敌方散枪，我各地党、政、军应以最大努力采用广泛发动群众或其他各种适当的方法，有计划地进行彻底的搜缴，务使不致落入匪特之手成为后患（但民族资本家的私人自卫枪除外）。

（四）以上三条所述各项任务的执行，目前应以分区主力为主，协同当地军管会、警备司令部、政府及当地县区武装有计划地迅速进行之。为加速上述任务之完成，某些地区在确有实际需要时，尚可由各该地区之政府组织招抚委员会，以收剿抚兼施之效，避免残匪得到喘息和立足之机会。在执行上述任务中所获之兵员，除野战军及分区主力外，一律不得补入县区武装内。分区主力的补充亦不得超过其总兵额的1/6，其余人员由各分区负责集中管教、待命处理。所获全部枪弹，一方面应以最大可能去满足地方武装发展的需要，但同时亦要反对乱发枪，以免引起后患。

二、发展县区地方武装的工作，各地亦都已在进行，且一般都有了相当收获，但根据现有材料，各地在做法上、编制上及发展路线上都互有差异，特再作如下规定：

（一）上海战役结束后，将有大批主力分布于苏南各地，一面整训，一面剿匪，这大大增加了建设苏南的主观力量，且今后苏南地区已无强大敌人，苏南地方武装的任务，已经不是打游击而是维持地方治安，其对象已经不是强大敌人，而是零散的匪特。因之，苏南地区军区系统的武装，在数量上已不必亦不宜再保持庞大兵力，以免加重民负。根据上级指示，全军区武装最多不得超过5万人，即除原有各旅团外，大约只要再发展2万人左右即可，这就使我们在武装建设上要采取有严格限制的发展方针，并且成分要纯洁，政治质量要高，训练要按照实际情况逐步提高，制度要力求正规，组织要力求精简，对编制的执行要力求准确，装备要力求轻便等等，这就是地武建设的总方针。

（二）全军区目前共有 3 个警备旅 11 个团共约 3 万人，以上总方针，经上级指示决定取消各警备旅番号，现各旅机构应即集中全力专做军分区工作，军区及各个分区除各留一个团作为警备团外，其余 6 个团，自即日起均全部拆散其建制，分散至苏南各县区作为建设各该县区武装的基础，同时亦成为今后各该武装之巩固发展、建立制度、从事训练教育、积极剿匪和确保治安等各方面工作的骨干。拆散的部队，应即按县区武装之待遇生活以免生活特殊处于孤立，影响新老成分的团结。除以上分散的部队作为县区武装外，各地尚可再发展一定数量的新兵作为县区武装，计苏州分区可再发展 4332 人，松江分区可再发展 5800 人，常州分区可再发展 4460 人，镇江分区可再发展 4636 人。在组织上，县设总队，区设区队，乡不设脱离生产的武装，每个区队以 60 人为限，每个连队以 100 人为限。各级领导机关均需严格紧缩，精兵简政，多余干部送学校学习，多余战杂人员充实连队，拆散后的营、团机关，应即分别移作县总队机关或移作学校机关，一切机关部队在按编制表编成后，应即严格遵照编制不得超过，并应准备开展以农业手工业为主的生产运动，以轻民负。以上各点之具体计划与规定，由军区另行颁发命令及各种编制表。

（三）过去我党所领导和发展的人民游击队艰苦的坚持了斗争，他们在配合人民解放军争取全国胜利的事业上，起了很大作用。对于这种武装，在原则上应一律看作为我党建设地武的宝贵财产，并原建制地将其作为当地县区武装的主要骨干之一，不能妄加缴械编散，即使这种武装目前存在有某些缺点，但应采取帮助和教育的精神，克服缺点，努力学习，完成建军与剿匪任务。

（四）在各县区武装中，除过去人民游击队及警备旅派去的指战员外，只能以个别扩大为基本的发展路线，有计划、有步骤地吸收一批当地工农分子及知识青年参加，严禁吸收俘虏散兵或地主富农以保持成分的纯洁。

（五）除上述县区地方武装外，各分区还应负责协助政府在 1 万人以上的城镇中建立专门性质的人民警察，各分区亦在拆散的部队中拨出一定数目的武装加以专门训练，作为各该城镇人民警察的骨干，并协助公安机关改造旧警察，以达到迅速提高其水平。

（六）地武按照上述方针既经建立后，应即按照建立各种组织和制度，维持当地治安并从事各项正规教育和正规训练，以达到迅速提高其水平。

三、执行以上计划的最大障碍，是各级干部的思想问题。例如：轻视发展地武工作，不认识目前发展地武的重要性，放不下主力架子，计较个人名誉、地位、前途、生活、待遇、享受及其他个人得失问题，以及滋长刀枪入库和享受腐化的思想。我各级军政机关及其负责同志必须以最大努力去逐一克服存在各级干部中的上述思想，才能顺利完成上述任务。

以上两大工作，各地应联系起来结合当地具体情况迅速讨论布置执行，并争取于8月底以前基本上完成之，布置与执行情况应随时报告。

（中共苏州市委党史工作办公室编：《苏州城市接管与社会改造》，中共党史出版社2009年4月版。）

# 山东省人民政府<br>关于远调新区工作干部之家属<br>按军属待遇的通令

（一九四九年五月二十七日）

民字第一号

本政府规定远调新区脱离生产干部，其家属照军属待遇。而近连接远调干部来信，告以各地尚有未能很好执行者。为此，本府特重申前令，仰各地认真执行，彻底检查这一工作，向群众进行教育，适当的帮助远调新区干部家属解决生产、生活上之困难，以解除远调干部对家庭之顾虑为要。

此令

主　　席　康　生
第一副主席　郭子化
第二副主席　方　毅

［山东省档案馆、山东社会科学院历史研究所合编：《山东革命历史档案资料选编（第二十二辑）》，山东人民出版社 1986 年 5 月版。］

# 中共中央山东分局关于执行中央抽调一千二百干部的计划

（一九四九年六月二十五日）

中央这次抽调一千二百干部，并未指明按套抽调。但根据干部分配使用经验，估计新区情况，仍应按套抽调为宜，这样能使各种干部齐全、配合适当，并能保证一定干部质量，同时可减少干部思想顾虑。

二百县以上老干部，恰相当于一套区党委、四套地委、二十套县区的架子。分区委可不按套，共抽区书记区长及相当于区书记区长干部二百八十六人。分局根据中央指示精神及各地干部情况，慎重研究后，决定分配数字如下：

一、分局、省府直属各部门抽调一套区党委三十人，二套地委十八人，五套县委三十五人，区书记区长及相当于区书记区长干部一百人。

二、鲁中南六套县委四十二人，地委书记一人，地委组织部长二人，专员二人，专署公安局长一人，分区书记区长及相当于区书记区长干部六十人。

三、胶东五套县委三十五人，地委宣传部长二人，地委秘书主任二人，专署公安局长一人，专署秘书科长二人，专署文教科长二人，分区书记区长及相当于区书记区长干部共七十人。

四、渤海县委三套二十一人，地委民运部长二人，专署粮食局长二人，专署工商局长二人，分区书记区长及相当于区书记区长干部四十二人。

五、济南地委书记一人，专署公安局科长一人，专署税收局长一人，文教科长二人。

六、昌潍一套县委七人，地委科长一人，专署公安局科长一人，分区书记区长及相当于区书记区长干部十四人。

七、潍坊地委科长二人，公安局科长一人，税收局长二人。

八、青岛新解放，徐州干部奇缺，均不抽调。

以上共五百一十七人。此外分局训练工人三百、荣军五百、青年知识分子二百。总计一千五百一十七人，其中多余三百一十七人，作为机动。

每干部十人带一伙夫，一百人带一管理员、一上士。务于七月二十日集中分局党校，八月一日正式开课，学习时间二个月至三个月。

在抽调干部中，应注意如下各项：

1. 应首先抽调南方干部，特别是粤、桂、滇、黔、川诸省干部，如果工作十分需要者，可不调。

2. 抽调干部时要留本地与外调双方照顾，并保证一定的干部质量。

3. 凡适合干部条件的妇女干部，身体好，不带小孩者，均可配备各级内调出，但绝不能滥竽充数。

4. 抽调的干部要身体健康，无疾病，无严重政治问题及严重思想毛病者。

5. 相当于分区书记区长级干部，不得超过所调区干三分之一。

这次中央分配山东一千二百干部的数字并不算大，这是照顾了山东两次大批干部抽调后干部削弱的情况。我们认为抽调中可能碰到某些新的困难，我们应有信心完成中央所给予我们的任务。望你们立即着手进行布置，必须保证按期完成，并将你们的具体计划报告我们。

此致

山东分局

六月二十五日

［山东省档案馆、山东社会科学院历史研究所合编：《山东革命历史档案资料选编（第二十三辑）》，山东人民出版社 1986 年 5 月版。］

# 中共中央山东分局<br>关于抽调南下干部情况的报告

（一九四九年八月十一日）

华东局并报中央：

关于执行中央及华东局抽调一千二百南下干部情形简报如下：

**一、概况**

总的要求二百县级以上的老干部，五百工人，三百荣军，二百青年学生，共一千二百人。

甲、干部情况：地方干部地级以上二十人，县级以上一百四十二人，区级二百八十九人；军队旅级以上十人，团级十九人，营或相当于营十二人。共计地旅级三十人，县团级一百六十一人，区营三百零一人；男四百七十六人，女十六人，共四百九十二人。其中，北方籍者三百四十一人，占百分之七十七点九，南方籍者百分之二十二点一（军队干部未计在内）。工人五百四十八人，党员三百七十二，占百分之七十，年龄三十岁以上者三十人，以下者一百三十四人，二十五至十八岁者三百多人，脱产七年以上者一百零七人，三年以下者八十四人，其余均系五年的工人；南方籍者三百六十五人，北方籍者一百七十多人，内有排连级干部四十余人，但多系技术和工厂行政管理干部。青年学生现已甄别入校者九十六人，男七十人，女二十六人；家庭成分地主十七人，富农十七人，中农二十九人，大商人五人，工人一人，其他二十七人；年龄二十三岁者二人，二十四岁者二人，十八至二十二岁者九十二人；文化程度初中肄业者一人，高中后师毕业或肄业者九十五人；绝大多数系北方人。其他一百青年学生正在二次考查中。尚未入校荣军干部因不能长途行军，华东局曾指示决定不南调。

乙、思想动态：总的方面工人及青年学生情绪很好，特别是工人认为当干部十分光荣，有的反映，我们是被剥削无产阶级国际主义者，毛主席要咱到哪里就到哪里去。老干部顾虑较多，但各类干部除怕走的太远以外，主要要求带老婆或爱人共同南下，如能解决，南下一般无大问题。但设备没有，怕行军中有病无办法，大家都很担心。工人顾虑工资问题，原决定南下一次发二个月工资，发过后物价上涨生活发生困难，当了干部就不能发工资，家庭生活如何解决，到新区去党员与非党员不能结婚如何办，要求给家庭发军属证以期保证政治地位。青年学生南下动机一般想为人民服务，同时也为个人打算，怕失业，积极要求工作，但不愿当教员，一部分家庭有困难者要求工属待遇，家庭取得优待。

丙、已集中南下干校者，老干部四九二人，工人五四八人，青年学生一九九人，勤杂一九一人，共计一四二〇人，枪支二一四支，马五匹，脚踏车九辆。

**二、集中情形**

为集中训练，加强教育，愉快而有组织的南下，分局决定成立南下干部学校，派匡亚明、苏枚（一九二八年战士，战前长期作地下工作，在莫斯科学习，战后一直作党校等工作）为正、副主任，分掌教务与行政工作，其余干部均由南下干部中抽调充任。校部以下三个大队：第一为地方干部队，共四九二人（军队干部在内）；第二队为工人队，共五四八人；第三队为青年学生队，共一九九人。原计划八·一开学，由于军区开八·一大会借用校舍，大部干部未能及时集中，故改订十五号正式开学。但在集中开学之前较充分地作了“安民”工作，制定了教育计划（已送华东局），建立了图书馆、阅览室，作了两个报告，其内容：目前形势与南下干部的任务、论人民民主专政，虽未开学大家都在学习，情绪都不错。

**三、请示的几个问题**

甲、根据华东局上次抽调干部及最近疏散回来的区干看来，此项干部似不宜南下。我们这次配备将近三百多区干，如不适宜，我们意见可留下进党校学习，可否？请示。

乙、根据上次南下干部经验及目前南下干部身体情形，医药及生活是一严重问题，如第一次鲁中南干部集中临城时病千余人，并有肺炎与脑膜炎急症，当时措手不及，四处求援才成立一临时医疗队。现已立秋，时令多变，如行军生活较艰苦，更易生病，要求华东局派三两个医生能带药随军南下，解决其具体困难，在生活上一般应有步骤的提高一些，请具体指示。

丙、一般老干部都要求带老婆或爱人南下，我们意见能工作、身体好、能行军者最好同时调出，否则组织起来随队后走。

丁、新参加工作的青年学生不愿穿旗袍与老百姓衣服，要求穿军衣。没有军衣之工人和地方干部也有此意见。为照顾其政治情绪，可否补发军衣一套并普遍发鞋子一双，以便行军。还有部分干部未发蚊帐，因北方到南方生活习惯不同，水土不服，秋季蚊子又多，更易生病，我们拟补发帐子。

戊、这批南下干部究去何地，大概何时出发，望能早日电示，以便掌握和准备。

以上请示之问题是否妥当，请即电示。

山东分局

［山东省档案馆、山东社会科学院历史研究所合编：《山东革命历史档案资料选编（第二十三辑）》，山东人民出版社 1986 年 5 月版。］

# 中共中央山东分局关于中央分配山东调往西南干部任务执行情况的报告

（一九四九年九月十八日）

二野前委并报中央、华东局：

兹将这次山东调往西南干部的经过及这批干部的情况简报如下：

**一、分局执行中央分配调往西南干部任务的经过**

七月初，中央和华东局电示，分配给山东的调往西南干部的任务是一千二百名，其中二百名是县以上的老干部，一千名新干部。因为山东干部经几次大批外调，一般已很缺很弱。为了更好的在质量上完成中央和华东局分配的这一任务，乃一面向各区党委、各直属市及省直属机关抽调（有的是指名抽调的），一面派匡亚明、苏枚二同志负责筹设南下干部学校，准备调集干部、工人、青年学生和荣军共一千五百到二千名，进行二个月到三个月的新区政策学习后，再从里面按标准选择一千二百名南下。后接华东局指示，荣军因不能长途行军不要。八月中旬，康生同志由上海回鲁传达华东局指示：军事干部、工人和青年学生新区不缺，可均不要，只调地方县及区书记区长以上干部。根据这些指示，分局乃于八月下旬将南下干校重行甄别改组，挑选合乎南下标准的干部二百七十人（尚有南下干部的爱人及区以下干部及管理人员八十余人不在内），组成南下干部队；将其余不合南下的干部、工人、青年学生共八百余人另成立分局直属干部学校，给以三个月的基本政治训练后再加处理。南下干部队仍在该校按计划进行新区政策学习，随时待命南下。

**二、这次调往西南干部的特点**

南下干部队共计干部三百五十人（因为组织上几次甄别和变动，故前几次报告中数字有出入，当以此次报告为准），其中地委级干部十三人，县级干部九十一人，区书记区长级干部一百六十四人，以上三级合乎南下干部标准的干部合计二百七十人（二百六十八人）。此外尚有具有一定工作能力及身体健康能随同南下的干部爱人七十人，西南籍事务工作干部十二人。以上合计共三百五十人。这三百五十名干部中，三百三十八名是党员，只有十二名是非党员。三百三十八名党员干部中，抗战以前（包括大革命和内战时期）的党员二十二名，抗战初期（三九年以前）的党员九十二名，其余五年以上党龄的一百五十人，五年以下的七十四人。文化程度，中学以上的九十人，小学程度的二百十七人，粗识文字的四十三人。籍贯，山东二百三十九人，余为江苏、安徽、广东、四川、贵州等地人。

所有党员干部都发了新区工作手册（包括中央和华东局有关新区政策的十一个文件），区以上干部都发了中央编的政策汇编及二中全会决议。但由于时间匆促及组织上的几度变更，没有能按原定计划学习完毕。

**三、思想动态**

由于一个多月来的思想教育和政策学习，到西南地区工作的思想一般是确立起来了。但其中尚有一部分同志是组织服从，虽无问题，却不是十分自愿的。所有干部对于到西南去的最普遍的顾虑，是医药配备、家庭生活和老婆能否同去及照顾问题。后来允许一部分（共七十人）能工作能行军的干部爱人一同南下；其余有小孩的、不能工作的干部爱人将调来分局集中学习，到西南局面打开可以送去时，组织好送去，并普遍由省府发了南下干部家属证（作为军属待遇的证件），使之放下顾虑安心南下。但到新区可以提升、可以改行，在少数干部中不无此种想法。康生同志于九月十七日举行的欢送大会上作了一次报告后，有这些思想的干部都有所警觉。现在一般的没有什么问题，情绪亦好，只一致感觉对新区政策学习得不够。因距出发日期尚有几天空闲时间，又决定在出发前再由分局同志分别组织几次政策性的报告，并号召他们利用行军间隙抓紧学习。一般说来，这批调西南的干部，精神上是较饱满的，思想上是较愉快的。

山东分局

九月十八日

［山东省档案馆、山东社会科学院历史研究所合编：《山东革命历史档案资料选编（第二十三辑）》，山东人民出版社 1986 年 5 月版。］

# 苏州专署解放以来政府工作总结报告

（一九五〇年八月三十日）

**一、主要工作过程与基本情况**

（一）苏州于去年 4 月 27 日解放，至 5 月 12 日全境已无敌踪。我工作人员迅即进入城市进行接管工作，接着支援解放上海战役，筹借粮草供应和动员民力船只器材等，任务相当繁重，至 6 月中旬才大致告一段落。7 月初起，20 天的连绵阴雨，江湖水位暴涨，防汛救灾工作又紧张开始，7 月 24 日台风侵袭，更造成百年未有的严重水灾。全体党政军民历经月余奋力抢救克服，于 9 月中旬准备秋征，12 月初全面开征，年底基本完成。因灾荒严重，年后的年关救济和生产救济工作成为当时压倒一切的中心任务，修筑江堤海塘、低田复圩工程相当浩大。春耕开始，即又同时为完成增产任务而努力，动员组织群众加工施肥、治螟防害、消灭夏荒等，任务一个紧接着一个，确是相当繁重艰巨的。

（二）土匪特务等残余敌人，从我们解放开始，即大肆进行造谣活动，破坏阻挠我各种工作的进行，利用各种机会与我工作中的缺陷，对我做反抗斗争，威胁、利诱、暗害我干部、积极分子，抢劫公粮等。故剿匪肃特治安情况，始终是尖锐的斗争，并使我工作上遭受很大的损失与困难。

（三）去年 7 月份，敌人对我经济封锁，与农村封建势力地主富农的封锁、城乡关系的阻隔、银圆商贩的投机倒把，造成数次较大的物价波动和经济困难。城市工商业纷纷倒闭停歇，引起人心不安，导致不少工商业家相当悲观失望。自中央实行财经统一与调整公私关系，组织联营代纺加工以后，才渐有好转，但这种困难的情况，尚未有基本上克服。

（四）新区群众是热烈拥护我们的，由于依靠群众，完成了各种任务，我们又通过各种工作任务，教育发动了群众。但由于时间短促，任务繁重，群众的觉悟还是有限的，群众组织、基层政权的改造还不够健全。干部一般都能刻苦耐劳积极工作。但老干部少，对复杂的新区情况不熟悉，往往犯了狭隘经验主义的毛病；新干部多，但政治认识不够，政策水平差，致在团结群众、完成任务、执行政策等方面，容易发生偏差，发生强迫命令乱打乱扣等现象，使工作未能很好贯彻，造成工作中的若干困难与损失。

**二、具体工作**

解放以来一年余的工作，除接收、征粮、生产救灾、农业生产等已有专门报告不再赘述者外，特分别择要说明如下：

（一）基层政权的改造

1. 解放初期，由于我对新区情况不熟与群众认识不够，为达到顺利进行接管，稳定社会秩序及完成支前任务，以及逐步教育发动群众改造政权的目的，决定对保甲长暂时利用。各地都召开了有群众参加的保甲长会，向保甲长训话，并约法三章，指出保甲制度的反动性，交群众监督立功赎罪。在每个工作过程中，及时进行检查教育，部分保甲长尚能坦白悔过表现愿意立功自赎。如太仓县于去年秋征前全县保长会上，坦白出参加反动党派 63 名，帮会 71 名，枪 13 支，及其他贪污物资匿报土地等甚多，收效很大。但大部分是阳奉阴违、敷衍塞责，甚有少数的还为非作恶的欺压群众，因此，使我们工作无法继续深入，变成贯彻政令、联系群众的障碍。

2. 通过支前、夏秋征、防汛救灾等各种工作与农代会方式发动群众，发现与培养了大批积极分子，乃有条件地逐步地加以改造。一般采取以下两种过渡形式：一是在乡政府下成立各种工作委员会，如借粮救灾、夏征等。保甲长虽还存在，但只是在群众监督控制之下执行一定的具体工作；一是自上而下部分的撤换较坏的保甲长，或上面决定提交群众通过，吸收积极分子为村组长或各种工作委员会之委员进行部分的改造，以打下全面彻底改造的基础。

3. 去年 10 月后，通过减租反霸与其他中心工作，进一步提高群众政治觉悟，积极培养干部，做全面彻底废除保甲制度划小区乡的部署。至今年 2 月，除极少数外都已经废除保甲，选出村组长，做到初步改造。在改造中一般都能注意帮助积极分子建立威信，提高政策水平，树立民主作风。同时在群众中进行了宣传教育，说明为什么要废除保甲划小区乡，什么人可以当选人民的乡村长（组长）。改造方式一般先由各村（组）每 30 人选举代表 1 人，由代表产生乡行政委员会及乡村长，与成立各种工作委员会等。全区原 35 个区，现为 54 个区，原 182 个乡，现为 640 个乡。现凡经划小块与改造的乡村，政府与群众的联系进一步密切，任务贯彻迅速，领导便利，工作效率显著提高。群众反映“这次选举是公平合理的，的确是我们自己做主”，收获很大。

4. 工作中的缺点与错误还是严重存在的。在使用旧保甲长方面曾发生过右的与“左”的偏向，对废除保甲制度与保甲长本人混为一谈，更缺乏分清新老罪恶大小有分寸的分别对待。在改造乡村政权中，不少是宣传教育不深入，流于形式，领导上缺乏具体帮助，致目前基层政权方面还存在成分不纯、组织不健全、民主作风欠缺、违法乱纪现象还相当严重，以及乡以下的政权组织形式很紊乱等现象。

（二）征粮工作

1. 去年进行了筹粮与夏征秋征。每次征收，都掌握发动群众、贯彻合理负担的工作方针，都能胜利完成，且超过了任务。由于情况逐步熟悉、群众发动程度的逐渐提高以及准备、布置、掌握上逐渐具体深入，故能一次比一次贯彻与完成的更好。至于去年秋征时，不但任务数字超过了群众的发动，确已造成普遍的热潮。三次计完成筹粮 51521623 斤，夏征 81977672 斤，秋征 455197603 斤，合共 588696898 斤。

2. 检查负担政策基本上是合理的，但在筹粮工作上由于当时军需供应紧急，基层政权都未改造，大部分是利用旧有城镇商会及农村伪保甲人员进行的，开始部分地区产生平均摊派现象，使负担转嫁到小商人和中贫农身上，而减轻了部分大地主、殷实富户、大工商业资本家的负担，甚至逃避了负担。后经深入检查，做了纠正，给群众良好的政治影响。但地区与地区，人与人之间，尚有畸轻畸重现象。宣布停征筹借及以后决定不归还时，有“先缴吃亏”及群众对拖缴的不满反映。在秋夏征减免工作，一般是掌握了灾情轻重和负担能力，进行民主评定，使受灾困难户受到照顾。但少数地区由于缺乏调查研究，部分干部存有单纯的任务观点，对减免抓得过紧，而应减不减增加尾欠，不应减而减，短少国库收入，或只注意减免的扩大而没有掌握灾区是减免的重点，违反了合理负担政策的贯彻。因此有些地区群众在缴粮后情绪发生变化，影响到群众对政府的关系，这个情况秋征时较夏征已有很大进步。

关于归还预借和端正政策方面：专署在去年秋征结尾时曾指示各县遵照《苏南归还预借粮草办法》之规定执行，同时作出了具体归还手续。行署批准本分区归还预借粮 1000 万斤，即根据各县筹粮数字分配各县，现据各县汇报已发到群众手中者，总共 677 万斤，余尚在进行中。

端正政策：稻谷 1000 万斤，除以 200 万斤作修建海塘及以 50 万斤照顾常熟灾区严重，其余均按各县超出任务数计算分发。6 月份据各县汇报，余大多结合生产救灾发放，解决了群众生产与生活困难，提高了群众生产情绪，且使群众进一步与政府靠拢。但也有单纯用于生产救灾，以及修建海塘圩堤等，而对端正秋征偏向调整减免方面，有未能适当进行的。

3. 在干部工作作风上，三次征收工作，一般表现了积极负责、艰苦朴素等。筹借夏征时，匪特活动较厉害，有的干部被杀害，大多干部还能坚决完成任务，不顾疲劳，日以继夜的工作，但强迫命令、官僚主义的工作作风也严重存在。秋征中，乱打、乱罚的现象，虽较夏征已有纠正，据各县报告不完全的统计，全专区共打了 136 人，押了 288 人，绑了 1 人，使政府的政治影响遭受很大损失，经秋征总结时，向各地严格提出，已有了初步转变。

（三）防汛工作

1. 本分区地势极度低洼，江、湖、海三面包围，故去岁台风袭境受灾田亩竟达 1/3。为了贯彻增产任务，保护群众利益，今春政府通过各种组织，大力领导发动群众，动员民工 158750 余人，2777740 工，培修江堤、海塘、圩岸土方计 5013221 方，修建桩石工程 103040 公尺，使 170 万亩农田获得安全保障，50 余万亩可以争取安全，不仅增产任务有了保障，而且通过以工代赈付出大米 800 余万斤，使 18 万多灾民渡过一个半月春荒。

2. 春修工程结束后，险要地段，即将原有春修组织转变为防汛机构，一般县区乡于 7 月 15 日前后组织即告建立。各重点区建立了临时机构，普遍进行堤工检查，划分险工地段，通过农会等组织，进行了宣传动员。组织群众分为预备班、常备班、突击班，按层分段具体负责。春修期间，不合标准的弱点重新进行整修，土方达 20 余万，材料经费除分区已援发草包 5.8 万多只，块石 7465 吨，木梢 4000 根，大米 20 万余斤，吴江、昆山、太湖均动员群众准备了一批芦扉，毛竹、蒿草、土牛。各县对防汛领导，除吴县外，均比较认真重视。群众的思想，凡重灾区，皆非常认真，对政府大力领导春修、夏防，保护人民的生命财产，从实际利益中体验与认识到人民政府对他们的关怀。如吴江重灾区群众夏荒困难，再也不愿意向政府提出要求。一般群众反映这个大工程，是近 20 年来所未有。具体表现如常熟沙洲区遇险鸣锣，即可集中数千民；吴江城厢，大庙区修整险工很紧张热烈。但也有因教育不够而依赖政府的思想，在轻灾区干群思想上，总是麻痹乐观，虽有组织也是形式。

3. 按现在的水势情况与组织力量，提出具体要求，确保去年受灾田亩的 170 万亩田可以达到目的，争取保证的 250 万亩。如在 8 月份没有台风灾害，中早稻均已成熟，亦可能获得安全。

（四）剿匪肃特工作

1. 由于蒋匪事先大批布置和潜伏匪徒，故去年4月解放后，农村匪势猖獗，集股成群，打家劫舍，农村秩序紊乱，影响生产，并与解放前潜伏之匪特分子一度与其联络，又与舟山等蒋匪接上关系，收集人枪，正面利用湖沼山地省县交界之接合部建立“游击基地”，开辟“第二战场”，勾引叛变计拉去36人，33支长枪；又以风灾物价暴涨，煽动群众骚动请愿，妄图牵制我进军，颠覆我政权，据发现番号有数十种，46股之多。

2. 鉴于上情，于去年9月份、10月份党、政、军、民即以剿肃工作为中心，转变普遍存在的麻痹思想，明确剿肃工作是不可跳越的历史任务，确定军事清剿、政治攻势与发动群众相结合的方针，端正政策，确立重点，密切配合。县成立剿匪委员会，统一步调发动群众，共组织53336人参加防匪组织，又收容了散匪3615人（至年底计）。9月，专局破获了顾良溪武匪等三案，昆山争取瓦解倪超群股匪，常熟又连续破获朱江南等三案，吴淞江边有了发动群众剿匪范例，创造经验及时传播，使全区剿肃工作顺利。开展两月共剿灭15股358人，使群众靠近我们一步，能掩护干部下乡，推进工作。革命秩序确立，增加了斗争信心，压抑了敌人气焰，但也产生了若干乱抓、乱打甚至乱杀的现象。

3. 去年12月至今年2月，以冬防为中心加强护仓护粮，使国家财富基本没有受损失，并打击了水火帮惯匪。专局本身为打开隐蔽斗争局面，破获了叶枫案件；但另一面对武匪放松，误认为基本上已肃清。对剿尽匪首、斩草除根要求认识不足，过高估计了9、10月的收获。在舟山，敌人有计划的潜入和乘3、4月春荒时期，又形活跃，煽动群众骚动（也有自发的）达90余次。在活动上更趋隐蔽，分散流窜性大，善于两栖活动，破坏亦更毒辣，暗杀干部事件发生8起，进行内奸活动，建立反革命两面派政权，也有自立番号的，几达去年9、10月情况。各县工作陷于应付被动，基层干部普遍存在怕匪特，曾流传着“大陆虽然解放，我们还打游击”的说法，又产生另一极端而惊慌失措。

领导上为扭转这一局面，积极开展剿肃工作，5月、6月连续破案36起，破获了胡肇汉案件，基本上打中敌人要害，使更趋动摇而有携枪来归自首的，配合了舟山解放胜利，鼓舞了干群情绪，使社会秩序趋向安定。

4. 但仍存在很多问题：（1）武匪还未肃清，还有10余股。（2）干部自满情绪仍然潜伏着，有意识无意识表现出来，认为有了经验，如请示报告制度不严，曾因此而搞坏了案件，忽视与武装系统配合与发动群众。（3）执行政策，对首恶惩办不及时，无形中助长敌人气焰，而脱离群众。（4）敌人转入长期隐蔽，这方面还急待创造经验。

一年多剿匪工作，是有成绩的，单在数字上计共剿灭112起共287人，缴长短枪377支，机枪9挺，电台9部，并有了不少经验，但也走了弯路。为全面土改创造安定环境与巩固人民民主专政，还须力戒骄傲自满，认识今后斗争形势，虚心学习，接受教训，依靠群众继续努力，才能达到目的。

（五）其他工作

1. 财政工作。在本年3月中央统一财经工作的决定以前，主要为整顿与清理接管物资，加强经费管理，紧缩支出，保障供给。3月以后进行整编节约，加强现金管理，继续清理资财。整编工作在5月底结束，8500余编外人员已分别作了适当的处理，开始建立了定员定额制。现金管理工作，数月亦已获得显著成绩。至6月底止，较4月15日初成立时，增加122个存款户，已消灭了未开户及空白户，至7月底止，存款总额亦增加了200%（平均余额），使休滞的资金得以集中统一运用，另转账收付合计为现金的六倍。清理物资工作是凡大批缴获与接管物资，皆已集中上解，个别单位还有重视不够，把资产移作生产或擅自动用不报等现象，现仅有少数分散零星与尚隐存民间未被发现的物资。

2. 工商工作。建立工商联，改组同业公会，各县市都已完成。市场管理、平稳物价、回笼货币等均在上级统一布置与步调下进行，无大问题。公债推销实缴数完成了42%。因当时银根紧缩，工商业倒闭歇业现象较严重，已认购的缴不出来而不能如数完成，其他如整理摊贩，组织面粉、棉纺业的联营，代纺等工作已有若干成就。

3. 税收工作。从去年5月份至今年6月份，计征直接税31925464964元，货物税37331892966元，地产税19717029571元，其他127483966元，合计95933520465元，合米102073632斤，基本上完成了上级所交给的任务。但检查起来，有不少违反政策与不合理的现象，如春季营业税，由于对城市情况不够清楚，我们掌握的材料很少，干部能力又差，经验不足，单纯任务观点，急于求成，致负担上有不合理畸轻畸重的现象，各县市皆然。地价房捐为完成任务亦有普遍提高标准地价和标准租金，是脱离实际情况的，故拖延不缴滞纳，要求重评的现象比较严重，至春季夏季已基本上纠正了。

4. 司法工作。司法机构专区法院于去年11月正式成立。苏州市、常熟县人民法院最近已成立，其他各县暂仍为司法科，正筹组法院中。解放以来至今年7月底止，总计接受民刑案7307件，已结5471件，未结1836件。存在司法工作中的问题是司法干部对新的司法观点未确立，认识模糊，政策业务水平差，以及某些拖拉现象，大大影响了工作的开展；而在其他一般的干部与群众，对新的司法精神领会不够，又无完整成文司法条例，致有许多案件不能合理调处，往往造成混乱，增加了司法工作上的困难。

**三、总的检查**

（一）一年多以来，由于上级政府的正确领导，和全体干部的刻苦耐劳、认真负责、密切联系群众，并依靠和发动群众、掌握群众路线的方针，且不断有了改进，故各种工作任务基本上都完成了。政策的贯彻一般还好，通过各种工作和运动，群众觉悟程度提高，并普遍初步组织起来。为今后土改及生产建设打下了基础。这是好的一方面。

（二）检查我们各级领导，对具体指导，对干部的政治思想教育，也很不够，存在着严重的官僚主义、事务主义现象。

（三）一般干部的思想作风方面，在执行任务中严重存在强迫命令，乱打乱扣甚至打死人，干部轮奸女人等违法乱纪的现象，后来虽已一般的纠正过来，但至今还没有能彻底澄清，大大的影响了政府的政治威信与脱离了群众。其次贪污腐化行为亦不断发生，虽经不断教育，也还没肃清，在某种程度上来看，干部的资本主义思想还在滋长着，这是值得警惕的一个问题。

（四）目前基层组织尚不健全，干部尚有部分成分不纯，这是当前完成工作、贯彻政策所期待解决的问题。在一年余来的各种工作过程中，对通过组织深入宣传教育发动群众还做的很不够，这是值得我们今后更好掌握。

（中共苏州市委党史工作办公室编：《苏州城市接管与社会改造》，中共党史出版社 2009 年 4 月版。）

# 苏州专区两年来伟大成就
## ——地委第三次县、区干部扩大会议上的报告

（一九五一年三月）

**一、严厉镇压了反革命、清除了匪患**

解放以来，在我们分区部队、驻军、公安局协同地方民兵积极剿匪肃特下，全分区社会秩序已日益安定，一年中，共剿灭大小股匪 152 股，截获特务案件 169 件，逮捕土匪 1190 人，特务 1563 人，缴获电台 3 架、机枪 11 挺、短枪 385 支、各种子弹 11388 枚、炸药 20 斤余。在镇压反革命运动中，广大群众展开了控诉运动，检举反革命分子并积极协助政府捕捉，出现了很多英勇的故事（如苏州陈永康小孩捉住了企图破坏学校的特务，常熟一老太婆对企图潜逃的恶霸用计报告政府来捉拿），全专区参加宣判控诉反革命分子大会的群众，据初步统计约有 200 万人。太湖历史上之土匪湖匪出没隐藏之地，但解放后两年来已基本消除匪患。渔民反映“现在太湖才叫太平了”，他们并积极协助捕获了很多股土匪及镇反中的恶霸特务企图打游击的阴谋活动。

**二、抗美援朝运动深入至城乡每一个角落**

苏州专区在抗美援朝运动中政治觉悟、爱国主义的思想得到了空前的提高，在极大程度上肃清美帝国主义的思想影响，消除了崇美恐美的心理，高度树立了民族自尊心和自信心，在各项工作中表现了爱国热情和保卫祖国的决心。参加和平签名及投票反对美国武装日本的人数有 140 万人，参加五一示威游行的有 150 万人以上。在各城市、乡镇中，普遍订了基层单位爱国公约和增产捐献计划，农村中乡村为单位爱国公约已普遍订立，组户为单位的爱国公约亦约有 50% 左右。工人们把爱国热情化为力量，发挥了劳动智慧，提高生产效率，获得了增产上的显著成绩。吴县红叶瓷电厂，由每窑出次货 20% 降低至 5%。很多工厂企业劳资双方订立了共同爱国公约，在工人阶级的推动下，工商界亦积极扩大资金（太仓县即扩大 3 亿元），增添机器，改善经营。全专区市镇（苏州

在外）已超原来12架的任务（认捐达2073亿元）。各界缴款亦已超过原计划，太仓第一期交款已达任务的1/3。农村的捐献，农民情绪也很积极，认捐数字一般均超过了任务，他们以做好烈军属的秋收秋种，保证公粮交好、交快、交齐，保证将全部棉花卖给国家等实际行动，贯彻爱国公约。此外苏州专区有1万余名学生报告参加军干校，参加志愿军。各地对烈军属代耕，受代耕户1.9万户，田5.8万亩。慰问、慰劳等也已有了经常的组织和经常工作，解决了大部烈军属职业、就学、生活、生产等困难，造成了群众性的拥军运动，大大提高了烈军属在群众中的光荣地位。

**三、土改后农民的生产情绪空前高涨，人民民主专政更加巩固**

苏州专区今年已完成土地改革。全区依法没收征收了土地3539亩（占全区使用土地49.8%），全专区有475397户（占全专区总户数68.67%）的无地少地农民分得了土地、生产资料和生产工具，并且在绝大部分地区已认真颁发土地证，结束了土改悬案。土改后农民生产情绪空前高涨。在抗美援朝中通过回忆诉苦，觉悟程度普遍提高，到处呼出“过去生产为地主，今年生产既为自己又爱国”的口号，因此纷纷订立生产计划，在各项生产行动中充分发挥了高度热爱祖国的生产积极性。稻田普遍做到精耕细作，基肥超过往年的20%至30%，追肥每亩达50斤豆饼，棉田除基肥外每亩加肥10公斤。全专区农民在战胜今年自然灾害后（在抢救台风灾害中太仓某乡在水势汹汹圩堤突破的情况下，19个农民以身挡住缺口，使田获救。在治螟工作方面，农民更发挥了智慧如诱蛾灯点菜油捕捉。治虫中，他们提出“消灭田里的敌人，镇压田里的反革命”的口号，今年螟害已由往年20%降为5%），已使今年棉稻产量获得丰收。土改后广大农民在“不受二遍苦，保国保翻身”的口号下，纷纷报名参军，报名有12万人，参军中出现了很多生动的模范事例。十几万农民参加了民兵武装了自己，农会已扩大到100多万，青年团组织已扩大到17.3万余人，大批贫农积极分子、优秀青年团员参加了乡村政权的领导工作并加紧对地主和反革命分子的管制，进一步巩固了人民民主专政。

**四、两年来苏州专区经济建设和工农业恢复的成就**

在全国财政经济统一后，苏州专区的物价也随之稳定，使工商业日渐恢复繁荣，全专区在春夏二季中新开的工商业行号即有1292家。在城乡贸易上，仅以布业、百货两业来看土改后农民购买力的提高和工商业恢复。常熟某布号今年7月比去年7月增加营业13.7%，吴江福昌祥百货店今年7月比去年7月增加营业34%。此外，通过苏南、上海土特产展览会成交贸易即有1000亿元。过去滞销的有的已找到销路，有的已感到供不应求，如草席、绸类等，从而大大地鼓舞了工商业情绪，恢复了商业关系并建立了新的商业关系，进一步为今后工商业发展和人民生活的提高创造了有利条件。苏州专区地面水沟众多，江潮湖泛对生产的威胁很大，所以修圩筑堤、修建海塘是保证丰收的一项重要工作，亦是群众生产中的迫切要求。两年来人民政府以 1400 万斤大米和 13 亿货款投入水利春修工程，动员人工 6400 万，仅江堤海塘的修建即有 92 万亩田受益，全部受益田达到 250 万亩。群众修堤情绪极为热烈，在“保证全年丰收，也是爱国的实际行动”的口号下，男女老少积极参加，不少群众自动起来修堤。

1951 年苏州专区棉田原计划扩大到 74 万亩，现已达到 79.7 万亩，棉田产量已达战前水平，稻田产粮亦已恢复抗战前水平，大豆产量已超过战前水平。两年来蚕丝产量大大提高，农民纷纷订种、翻蚕田、治桑虫（因过去养蚕不好，已不积极培植）。山区花果已改变往年滞销和贱销的情况。

苏州专区 1949 年水灾，1950 年春荒也很严重，政府拨出 1300 万斤粮食，各地募捐 100 万斤，使广大灾民度过了春荒并在生产救灾的号召下，取得了棉稻丰收。当去年苏北、皖北受严重水灾时，在政府的领导下，全专区各界人民热烈捐献寒衣支援灾区同胞，计 1.36 万套，安置了 1.2 万余灾民。两年来提供给烈军属口粮 64 万斤，使他们获得了生产生活资料，解决了暂时的困难。今年政府以贷款和动员城镇游资 175 亿元下乡，有利地支援农村生产，使广大贫农解决了土改后缺乏生产资金的困难，大大巩固了城乡互助的关系。

在工业方面，由于工人爱国热情的提高，劳动智慧的发挥，创造了各种各样的成绩。如江南丝厂 7 月份超额产量 112%；惠农米厂改造了机器之后使产量由每小时加工米 3000 斤提高到 5000 斤；久生纱厂引擎间工人将炉子的痰盂罐斜度改进后，运转率保持正常 95% 以上；利太纱厂工人杨秀凤由于吸收了郝建秀工作法使回花降低到 1.5 刃；岷山公营加工米厂加工稻谷 3000 斤提高到 1.2 万斤，创全国最高纪录。

**五、很多青年学生在学习中发挥了创造性**

昆山省中团员张雪明用 4000 元制造了人人可做的显微镜，可放大 150 倍到 600 倍，大大鼓舞了同学学好正课的情绪。在维持改造过程中特别注意贯彻向工农兵服务的方针。两年来工农子弟入学数字日益增加，以本期不完全统计，15 个中学所招一年级生工农子弟入学占入学总数的 44%。工农教育方面的发展情况从无到有、从小到大并为今后文化建设高潮创造了条件，土改后已有 21 万农民入冬学。现常年民校有 1885 校，学员 9633 个人。农村冬学在土改期间进行了强烈的阶级教育，抗美援朝运动中受到了爱国主义和国际主义教育，同时更紧张地和当时当地每项中心工作结合，推动了工作的贯彻和完成。职工业余学校已有85所，学员约1万人，技术班10班，厂校45所。在镇反中进行了人民民主专政教育，普遍提高了政治觉悟、文化水平、爱国认识和树立了新的劳动态度。初步发展了人民广播事业，各县普遍建立了广播收音站共15处。工厂学校有线广播台近30座，收音小组340多个。苏南人民反对美帝武装日本广播大会，全专区平均每天至少有10万人收听。这些分布在全区的广播收音网在许多工作中显示了它的广泛迅速、直接深入的宣传鼓动作用，对鼓舞群众爱国热情、生产积极性以及充实社会文化生活内容都起到了很大的作用。

（中共苏州市委党史工作办公室编：《苏州城市接管与社会改造》，中共党史出版社2009年4月版。）

# 后 记

《文登干部南下——苏州篇》的编撰工作，从查阅资料、走访健在的南下老干部，到编写出版，历时两年。本书的编辑出版得到了中共山东省委党史研究院、山东省档案馆和苏州、威海、烟台、临沂等党史史志部门的大力支持，得到了吴江和太仓党史史志、档案和老干部局等单位的鼎力相助，尤其是南下干部及其子女积极参与、热情帮助，在此一并表示衷心感谢。

本书在编写过程中，参考了国内部分干部南下相关书籍、论文和回忆史料，书中没有一一标明，在此对所参考借鉴资料的编者和相关部门表示诚挚谢意。由于年代久远，史料有限，虽经多方征集资料，但难免有遗漏之处，敬请了解这段历史的专家学者和文登南下干部及后人予以指正。

**图书在版编目（CIP）数据**

文登干部南下．苏州篇 / 中共威海市文登区委党史研究中心编．-- 北京：中国文史出版社，2025.4.--
ISBN 978-7-5205-4764-2

I. D262.3

中国国家版本馆 CIP 数据核字第 2024P0J718 号

**责任编辑：** 蔡晓欧

**出版发行：** 中国文史出版社
**社　　址：** 北京市海淀区西八里庄路 69 号　邮编：100142
**电　　话：** 010-81136606　81136602　81136603（发行部）
**传　　真：** 010-81136655
**印　　装：** 山东黄氏印务有限公司
**经　　销：** 全国新华书店
**开　　本：** 889mm × 1194mm 1/16
**字　　数：** 281 千字
**印　　张：** 20
**版　　次：** 2025 年 4 月北京第 1 版
**印　　次：** 2025 年 4 月第 1 次印刷
**定　　价：** 368.00 元